北京科举地理

金榜题名的历史遗迹

毛佩琦题

师毅 王文慧 包纪波 等◎编著

世界知识出版社

图书在版编目(CIP)数据

北京科学地理：金榜题名的历史遗迹/师毅等编著 —北京：世界知识出版社，2015.12
ISBN 978-7-5012-5096-7

Ⅰ. ①北… Ⅱ. ①师… Ⅲ. ①科举制度-历史-北京市
Ⅳ. ①D691.3

中国版本图书馆CIP数据核字(2015)第304748号

责任编辑 张迎辉
责任出版 赵 玥

书 名 北京科举地理：金榜题名的历史遗迹
Beijing Keju Dili：Jibang Timing de Lish Yiji

编 著 师毅、王文慧、包纪波、见世君、王鸿鹏
出版发行 世界知识出版社
地址邮编 北京市东城区干面胡同51号（100010）
电 话 010-65265923（发行） 010-85119023（邮购）
010-65233525（编辑）
网 址 www.ishizhi.cn
印 刷 北京京科印刷有限公司
经 销 新华书店
开本印张 787×1092毫米 1/16 19½印张
字 数 320千字
版次印次 2015年12月第一版 2015年12月第一次印刷
标准书号 ISBN 978-7-5012-5096-7
定 价 48.00元

前言

《北京科举地理：金榜题名的历史遗迹》是介绍北京地域范围内与科举考试相关的文化遗存的专著，为文化部2015年全国文化信息资源共享工程地方资源建设项目。全书分为考场、官学、书院、孔庙、祠墓、会馆、故居、地名和其他共九个部分，内容涉及文物古迹概况、科举名人轶闻、重大历史事件等多个方面。通过对科举文献和古迹遗存全方位的搜集整理，从不同的视角展现了北京科举的历史进程。

科举遗迹是科举文化的重要组成部分，每一座建筑、每一片遗存都是历史的见证者，不同时期的政治、思想与文化在这里得以体现。《北京科举地理：金榜题名的历史遗迹》最大限度收录了北京地区与科举相关的文物古建，大到庙堂殿宇，小到民宅街巷，揭示了北京地区科举遗迹的全貌。她如同一幅北京科举鸟瞰图，科举的文脉经络，一览无余。一个个鲜活的科举学子、文坛巨匠、庙堂精英、皇权股肱，跃然纸上。随着时间的磨砺，很多遗迹淹没于市井之间，不为人所知。如今将其搜集、整理出来，既丰富了科举文献资料，为其他研究科举制度和科举文化的学者提供了素材和索引；同时也便于读者从不同角度认识科举制度的历史概况，理解科举文化的内涵和意义。

《北京科举地理：金榜题名的历史遗迹》的出版有利于展示北京的历史文化风貌，推动地方特色资源的开发和利用。北京是五朝古都，是科举最高级别的考试之地，其间诞生了约二百五十名状元，近五万名进士，与之相关的古迹遗存不胜枚举。通过对建筑遗存、名人轶闻、重大事件的介绍，可以多方位地展现北京作为历史名城的风采，树立文化品牌形象。对开发旅游资源、传承历史文化、宣扬爱国主义教育都有着积极的推动作用。

《北京科举地理：金榜题名的历史遗迹》中发现了很多具有历史和文化价值的古迹遗存，是文化遗产保护工作的重要依据。科举制已经停废了百余年，但是承载千年科举文化的古代建筑、遗迹，因其不可再生的性质应该引起社会的关注并加以保护。在撰写和调研的过程中，我们发现了很多非常有文化价值和历史意义的古建已经被现代化的洪流吞噬，令人无比惋惜。借该书的出版希望唤醒大家对科举文化遗迹的重视，为保护古都历史风貌贡献绵薄之力。

王鸿鹏

2015年11月5日

目 录

考场

官学

书院

孔庙

祠墓

会馆

故居

地名

其他

考场

太和殿

太和殿，俗称“金銮殿”，位于故宫南北主轴线的显要位置，明永乐十八年（1420）建成，称奉天殿。明嘉靖四十一年（1562）改称皇极殿。清顺治二年（1645）改今名。自建成后屡遭焚毁，又多次重建，今天所见为康熙三十四年（1695）重建后的形制。

殿试的地点，清初在天安门外，顺治十五年（1658）改在太和殿丹墀前考试，清雍正元年（1723）因天气寒冷，改在殿内考试，后延续在此。

保和殿

保和殿是故宫外朝三大殿之一。位于中和殿后，建成于明永乐十八年（1420），初名谨身殿，明嘉靖时遭火灾，重修后改称建极殿。清顺治二年（1645）改为保和殿。

乾隆五十四年（1789），殿试改在保和殿进行，从此以后，清代殿试都在保和殿举行。

箭亭

箭亭位于故宫东部景运门外、奉先殿南一片开阔的平地上，始建于清雍正八年（1730），是清代皇帝及其子孙练习骑马射箭的地方。

清顺治二年（1645）武科定会试之后为殿试，殿试于十月内举行，策文与骑射技勇分场。十五日试中式武举于殿内，十七、十八日于西苑门外中南海紫光阁大幄次，御试马步箭弓刀石。清嘉庆十九年（1814）改十八日在紫光阁亲阅马步箭，十九日在景运门外箭亭亲阅弓刀石并引见，后以为例。

紫光阁

紫光阁位于中南海西侧，始建于明代正德年间，初为明武宗朱厚燳跑马箭射之地，名曰平台。“台高数丈中作团顶小殿，用黄瓦，左右各四楹，接栋稍下，瓦皆碧。南北垂接斜廊，悬级而降，面若城壁……”后来废台建阁，到崇祯时面貌已大不一样，“阁甚高敞，树阴池影，葱翠万状，一佳景也。”

到了清代，紫光阁作为皇帝殿试武进士和检阅侍卫大臣较射之所。清顺治二年（1645）武科定会试之后为殿试，殿试于十月内举行，策文与骑射技勇分场。十五日试中式武举于殿内，十七、十八日于西苑门外中南海紫光阁大幄次，御试马步箭弓刀石。并由皇帝钦定一甲三人，二甲五人，三甲前列十人的人选。入选者，择其优秀充当御前侍卫。清康熙帝曾留有紫光阁阅射诗一首，中有“队引花间入，镳分柳外催”之句。清嘉庆十九年（1814）改十八日在紫光阁亲阅马步箭，十九日在景运门外箭亭亲阅弓刀石并引见，后以为例。

贡院

贡院原址位于东城区建国门内大街北侧中国社会科学院附近，现仅剩几条胡同：贡院东街、贡院西街、贡院头条、贡院二条、贡院三条。

明、清两代，顺天府乡试和京师会试的考场都设在贡院。因全国各地举人都来京应试，如同向皇帝供奉自己的聪明才智，故名贡院。

贡院于明永乐十三年（1415）在元礼部衙门旧址上修建而成，当时全国科举会试主要在南京举行，北京顺天府乡试仅有数十人，会试也不过数百人，加之北京又正开工修建紫禁城和京城城墙，财力物力有限，所以当时的贡院规模较小，只用简单的木板、苇席等物临时搭建完成。此后，在北京参加考试的举子逐年增加，贡院显得拥挤不堪。万历年间，由大学士张居正提议，贡院在旧址拓宽重建，改为坐北朝南砖瓦结构建筑。外建高墙，四周各建角楼以备监考瞭望之用，整个贡院建屋347间，号舍4800余间。清代时，北京贡院规模又有扩大。贡院正南大门增至五楹，正中悬挂黑字匾额“贡院”，大门前三座牌坊分别更名为东“明经取士”坊，西“为国求贤”坊，中间“天开文运”坊。清嘉庆十二年（1807），号房达到9200多间，而考生人数达到9700人，只得寻空隙搭盖席棚，以充号舍。光绪初年又有扩建。清光绪二十六年（1900），北京城被八国联军攻陷。德国人开车进入贡院，将号板等物品全部拉走，并在此地修建溜冰场、商店等，贡院建筑多被损毁。后来日军又在贡院处修建“北京神社”。民国后，贡院彻底荒废，所在地渐为民居，贡院当年的显赫已经不复存在。

通州贡院

通州贡院建于明代万历年间，由都察院改建而成。清康熙十八年（1679）在三河大地震中塌毁，后改建成贡院，现为通州区贡院小学。

悯忠寺

悯忠寺建于唐贞观十九年（645），是北京最古老的名刹。今名法源寺。为中国佛教协会、中国佛教图书馆的所在地。寺内收藏了众多名贵的佛教艺术品与书籍，特别是大悲坛内陈列的大量佛经版本，数量多、版本珍贵。

贞观十九年（645），唐太宗亲征高句丽兵败回朝途经幽州（北京），建寺以告慰阵亡将士，赐名“悯忠寺”。至武则天万岁通天元年（696）寺庙建成。安史之乱时，悯忠寺一度改称“开元寺”、“顺天寺”，平乱后恢复旧称。唐武宗李炎继位后，在全国范围内开展兴道灭佛的运动，悯忠寺依仗太宗、高宗开国建业悯缅忠烈的初衷幸免。不幸的是，唐僖宗中和二年（882），悯忠寺毁于一场大火。唐末景福年间（892—893），幽州卢龙军节度使李匡威重建悯忠寺，并增建“悯忠阁”，阁甚雄伟，唐谚语“悯忠高阁，去天一握”是也。

在辽代，悯忠寺成为北京城内最重要的寺院，备受皇家重视，辽帝多次在悯忠寺内斋僧建道场，北宋使者到南京，也往往住在悯忠寺，这里已成为皇家重要的行馆。在辽代，悯忠寺经天灾人祸多次毁圮，也经过多次整修。辽道宗大安十年（1094）进行了一次大规模的重建，奠定了目前寺庙的基础。

到金统治时期，由于统治者提倡“崇儒重道”，悯忠寺曾成为科举考试的场所。金王朝在选拔人才、任用官吏上，采用了自隋唐以来的科举制度。金代科举之制，略如辽、宋。金天会元年（1123），因为急欲得到汉族士人来统治新归附州县地区的汉族人民，太宗下诏始开科举取士，科举制度正式成为金朝的选官制度。金大定十一年（1171），世宗下诏，创立女真进士科。大定十三年（1173），举行了首次女真进士科考试，徒单镒夺得头名，成为金王朝历史上首位女真族状元，这个金朝首位女真族状元就是在悯忠寺应考高中的。

元末明初，悯忠寺破坏殆尽，几度沦为民舍。明朝曾四次修缮悯忠寺，明正统中改名“崇福寺”。清代顺治间在悯忠寺内增建了戒坛；康熙间重修了藏经阁；雍正间悯忠寺被定为律宗寺庙，专司传授戒法，并改名“法源寺”。

1949年以后，这座千年古刹得到政府保护，多次拨款维修。2001年，法源寺作为清代古建筑，被国务院批准为第五批全国重点文物保护单位。

官学

国子监

国子监位于东城区安定门内国子监街15号，与孔庙毗连，为元、明、清三代国学所在。古时国家设立的最高学府，汉称“太学”，晋称“国子学”，唐始称“国子监”。清顺治元年（1644），国子监由礼部掌管，后又改为本监管理，衙、学合一。其最高负责人为国子监祭酒，副职为司业，执教官有监丞、博士、助教等。现为全国重点文物保护单位。

国子监始建于元大德十年（1306）。明初，因定鼎南京，改为北平府学，明永乐二年（1404）又改为国子监，永乐十八年（1420），朱棣迁都北京，国子监改称京师国子监，其后屡有修茸、扩建。清雍正九年（1731），在国子监南，今方家胡同内新建宿舍，为国子监助教官员及学生居住，俗称“南学”。清乾隆四十九年（1784）建辟雍。1956年修缮国子监时，石经移到孔庙与国子监之间的夹道内。1981年又在夹道加盖了屋顶，使石经得到妥善保护。国子监保存尚好，曾辟为首都图书馆和北京少年儿童图书馆，对外开放，2003年图书馆另择新址，国子监得到更好的保护，现为中国教育博物馆。

国子监内辟雍是国子监的中心建筑，是中国科举制的象征，是中国古代教育制度的象征。辟雍殿占地2300平方米，为重檐黄瓦四角攒尖顶的方殿，屋顶右鎏金大圆球，殿的四周是圆形水池，筑有玉石栏杆，四面有四座石桥，形成所谓“辟雍圈水”的圣境，是北京六大宫殿之一。辟雍古制曰“天子之学”，即皇帝讲学的地方。自乾隆皇帝始，每逢新帝即位都要到国子监辟雍殿做一次讲学，以示中央政府对高等教育的重视。国子监的琉璃牌坊是北京唯一一座专门为教育而设立的牌坊，正反两面横额均为皇帝御题。是中国古代崇文重教的象征。

国子监的设立，标志着国家对培养统治人才的重视，学校管理走向专门化，以适应教育事业大规模发展的需要。自此后，虽经改朝换代，国子监作为贯彻科举制度的“大本营”和“总指挥部”长期存在，直到清末。

顺天府学

顺天府学位于东城区府学胡同内，是明、清两代的顺天府府属学校和文庙，保留着众多珍贵教育历史文物。

顺天府学前身为元代所建的报恩寺。元末，徐达攻克大都，朱元璋下令军队一律不许进入孔庙。报恩寺主持仓皇中把一座木制孔子像立到殿中，并声称这是孔庙，躲避了军队的进入。军队走后，庙中的和尚骑虎难下，不得不把这座寺庙改为学校。

明洪武初年，在此建立大兴县学。明永乐元年(1403)，改北平为顺天府，大兴县学改为顺天府学。因北京有国子监（中央官学）和顺天府学（地方官学），“乃革罢大兴、宛平县学，凡二县生员均属府学。”永乐十二年（1414），兴建了文庙大成殿、府学明伦堂、东西斋等，宣德至万历年间多次增建重修。清初府学建筑大都残破，清康熙四年（1665）至雍正四年（1726）重修，至嘉庆十三年（1808）后形成完整的规模，民国后陆续破败。新中国成立后顺天府学为府学胡同小学使用。清光绪二十九年(1903)顺天府学东部改为顺天府高等小学堂，这也是我国近代史上较早创办的新式小学堂。清光绪三十一年（1905）改称左翼八旗小学堂；1923年，改称京师公立第十八小学校；1934年改称北平市市立府学胡同小学；1949年改称北京市第三区中心国民小学。1958年9月改为北京市东城区府学胡同小学。

府学胡同小学在改扩建工程中，曾挖出12块记载明清年间管理、修缮顺天府学的石碑。碑文详细地记载了当时顺天府学的缘起、教学和建筑等情况，从而使一直以顺天府学作为自己前身的府学胡同小学找到了有力的证明。12块石碑现矗立在该小学的校园里。石碑连基座有一丈多高，因一直埋在地下的缘故，石碑整体保存得非常完整，只是有一些碑文已经比较模糊，但依稀可以辨认出碑文的内容。石碑中有8块分别是明朝洪武、万历、天启和崇祯年间的，另外4块分别是清朝康熙、嘉庆和咸丰年间的。这12块石碑均是珍贵的历史教育文物。

翰林院遗址

翰林院遗址即为明初鸿胪寺旧址，位于东长安街公安部内。始建于明正统七年（1442），清初并入内三院，清康熙年间定为正三品衙门，自雍正后成为重要的国家储才机构。雍正皇帝曾这样说过："国家建官分职，于翰林之选尤为慎重，必人品端方，学问纯粹，始为无忝厥职，所以培馆阁之才，储公辅之器。"清朝皇帝为表示对翰林院重视，常到翰林院与王公大臣、官员等举行宴会，事前通知有关部门做好陈设等准备工作，届时与王公大臣赋诗纪盛。

《北京名胜古迹辞典》记载，"清翰院有登瀛门内堂五楹，堂西为读讲厅，东为编检厅。左廊围门内为状元厅（后改为功臣馆）；右廊围门内有二祠，朝南为昌黎祠，朝北为土谷祠。堂之后为穿堂，左为待诏厅，右为典簿厅。再后为后堂，该堂朝南，中有宝座，特为皇帝临寺而设。后堂东西屋为藏书库。院内偏东有一井亭，据说为明代学士刘定之所浚，故名为刘井。西有一柯亭，为明代学士柯潜所建。自刘井而东为清秘堂（旧称东斋房），堂前是瀛洲亭，亭下方有凤凰池。池南有宝善堂，堂后为陈乐轩。自柯亭而西为先师祠，祠为南西斋房（旧称皇清文颖馆、功臣馆），又南为原心亭"。

清代的翰林院，是一个与科举制度密切相关的中央机构。由于翰林院成员主要来源于科举制度下的会试、殿试，因此，清朝末年停科举前后，翰林院也相应地发生了较大的变化。首先，清光绪二十八年（1902）改设庶吉士讲习馆，旋又钦命管学大臣张百熙于北京设立"进士馆"，以代替从前的庶常馆，延请中外专门教习讲求实用之学。令新进士用为翰林院中书者入馆学习，三年毕业。光绪二十九年（1903）、三十年（1904）两科的一甲修撰、编修及庶吉士，也都照例入馆学习三年，毕业后又在学部进行复试，根据复试和毕业考试的总成绩，分为一、二、三等，授予翰林院编修、检讨不等，相当于从前的"散馆"。其中亦有在馆学习一二年后被派往日本进法政学堂肄业的，毕业回国在学部复试以定优劣，考列最优等、优等、中等的，准留翰林院，授职编检。对于一些虽然未入进士馆和未往外洋留学而在各省办学三年卓有成效的，也可作为留馆，授以编检之职。

左翼宗学

宗学是专门为皇室后裔开设的学校，属于一种对象特殊、内容特殊、方式特殊的教育形式。早在明代就有专门针对宗室子弟的宗学。清代的宗学沿袭明代，也是八旗学校中的最高等级，宗室子弟在得到准许的情况下可以参加科举考试。清顺治十年(1653)，清廷设立宗学，规定凡宗室子弟年满十岁以上未封爵者都要入学学习。

清雍正二年(1724)，左翼宗学始建，有房103间。晚清宗学日渐颓废，光绪三十一年（1905）改称左翼八旗第五初等小学堂；宣统二年（1910）改称左翼八旗中学堂；1912年改称京师公立第二中学；1949年定名北京市第二中学，简称北京二中。

右翼宗学

清雍正二年(1724)，右翼宗学始建，校址在瞻云坊（俗称西单牌楼）以北的小石虎胡同，有房92间，校舍曾是明代东阁大学士周延儒、清代平西王吴三桂之子吴应熊的府第。清乾隆十九年（1754），右翼宗学移至东绒线胡同。晚清宗学日渐颓废，光绪二十八年（1902）改称右翼中学堂。今长安小学（原东绒线胡同小学）即其旧址。

乾隆年间文学大师曹雪芹曾在右翼宗学任老师，并在此酝酿《红楼梦》前八十回的写作。清著名诗人敦敏、敦诚兄弟都曾就读于右翼宗学,敦敏还曾做过右翼宗学的总管。

咸安宫官学

咸安宫官学是为内务府子弟举办的学校，始于清雍正七年（1729）。一开始，学校建在寿康宫后长庚门内，后又搬迁。清乾隆二十五年（1760）在尚衣监西边新建校舍，有房27间。咸安宫官学的学生是从内务府三旗和满洲八旗贡、监、生员、官学学生以及闲散人中择优录取的。每旗10人，共110名，其中学习汉文的有80人，兼学满文、弓箭；学习翻译的有30人，兼学弓箭。嘉庆十四年(1809)，学生限15至20岁之间。

咸安宫官学后来不断得到扩充。乾隆十二年（1747），在咸安宫官学内又增设了蒙古官学。招收24名学生学习蒙古经书，并书写乌木克蒙古翻译文字。蒙古官学设管理事务大臣1人，总裁3人，蒙古教习2人，额外1人，一切待遇都和咸安宫相同。乾隆二十一年（1756），又增设回缅官学，选用2名来京的回族人员做教习。在内务府幼儿中挑选10个学生学习回族文字。乾隆二十三年（1768），令回语学生兼学缅语文字，由云贵督抚选送熟习缅文者2人来京做老师，也有10个学生。回缅官学学生生活补助方面的待遇和咸安宫的官学学生相同。

清光绪二十九年（1903），内务府三旗高等小学堂（含初等小学部）建成。第二年，又建成内务府三旗第一至第六初等小学堂，咸安宫官学的使命宣告结束。

可以说咸安宫官学是一所培养国家高级人才的干部学院。清朝乾隆年间著名的和珅、和琳兄弟皆出于此官学。

景山官学

景山官学是专门为内务府三旗子弟开办的学校，因设在景山附近（景山门外西侧路南）而得名。

景山官学建于清康熙二十四年（1685），在景山前门两旁有30间官房，加上左右连房共计45间。基本编制是，清文学3房(房相当于现在的小班)，每房各有3个教习；汉文学3房，每房各有4个教习。官学有总督3人，再委派内务府5个下属小官来料理学校的各项事务。有来自内务府家属院的子弟学生360名。康熙三十四年（1695）规定，内务府子弟学生名额为388名，各部署按分配的名额推荐。清嘉庆十三年（1808），再次重新规定学生名额为392人。第二年要求学生必须是10岁以上、18岁以下。

清光绪二十九年（1903），内务府三旗高等小学堂（含初等小学部）建成。第二年，又建成内务府三旗第一至第六初等小学堂，景山官学的使命宣告结束。

镶黄旗官学

清顺治元年（1644），清廷要求京城八旗在各自驻扎地，寻官房一所，作为八旗子弟读书之处，每旗学生中，确定10名学习汉文，其余学习满文。八旗官学隶属国子监，由国子监二厅派教官分别教授。清雍正五年（1727），八旗官学制度确立。

镶黄旗官学位于东城区安定门内圆恩寺胡同，有房42间。清末改革学制，改称八旗第一高等学堂，后改称前圆恩寺小学，现并入北京市东城区黑芝麻胡同小学，为其分校。

正黄旗官学

正黄旗官学位于西城区西四北祖家街（今富国街），有房31间。校舍曾是清代平西王吴三桂舅父祖大寿的府第。清顺治十三年（1656）卒，旧宅后改为祠堂。清光绪二十九年（1903），改称八旗第二高等小学堂；1912年改称京师公立第三中学；1928年改称北平特别市公立第三中学校；1930年改称北平市市立第三中学校；1937改称北京市立第三中学校；1950年定名北京市第三中学，简称北京三中。

整个建筑坐北朝南，依次有祠门三间，过厅一间，东西配房各三间，享堂五间带左右耳房各一间，东西配房各三间。进垂花门的后院有后寝五间带左右耳房各二间，东西配房各三间及盝顶房各二间。西跨院有南房三间，北房七间均为筒瓦顶，现基本保持完好。

正白旗官学

正白旗官学与正白旗觉罗学合二为一，原址曾是明朝宦官魏忠贤的生祠，有房25间。清光绪二十七年（1901），改称八旗第三高等小学堂；1914年改称第一平民学校；1949年改称北京市市立第一区新鲜胡同国民小学；1951年改称东单区中心小学；1955年改称东单区第一中心小学。1958年改称北京市东城区新鲜胡同小学。著名作家李敖曾在此就读。

正红旗官学

正红旗官学位于西城区阜成门内巡捕厅胡同（今民康胡同），有房26间。详址无考。

镶白旗官学

镶白旗官学位于东城区东单观音寺胡同象鼻坑（今东冠英胡同），有房37间半。详址无考。

镶红旗官学

镶红旗官学位于西城区宣武门内头发胡同，有房32间，详址无考。

正蓝旗官学

正蓝旗官学位于东城区东单北新开路胡同内（今新开路小学），有房48间，清光绪九年（1883），移建于报子胡同（今西四北三条），详址无考。

镶蓝旗官学

镶蓝旗官学原在西城区西单北东斜街，清光绪九年（1883），移建于西斜街，有房31间，详址无考。

镶黄旗觉罗学

觉罗是清显祖的旁支亲属。清代早期，觉罗子弟与宗室子弟都在宗学学习。由于皇族子孙逐年增加，宗学难以容纳，乃于清雍正七年（1729）于宗学外又创办一种专为觉罗子孙读书的觉罗学。觉罗学学校的学生学成之后可以与旗人一样去参加岁考、科考以及乡试、会试。

镶黄旗觉罗学位于东城区安定门内香儿胡同（今香饵胡同），学生61人，详址无考。

正黄旗觉罗学

正黄旗觉罗学位于西城区西直门内北卫儿胡同（今西四北六条），学生36人，详址无考。

正红旗觉罗学

正红旗觉罗学位于西城区阜成门内宫门口，学生40人，详址无考。

镶白旗觉罗学

镶白旗觉罗学位于东城区东四十条胡同，学生15人，详址无考。

镶红旗觉罗学

镶红旗觉罗学位于西城区承恩胡同，有房32间，详址无考。

正蓝旗觉罗学

正蓝旗觉罗学位于东城区崇文门大院府胡同，学生39人，详址无考。

镶蓝旗觉罗学

镶蓝旗觉罗学位于西城区玉带胡同，学生45人，详址无考。

巴氏觉罗学堂

巴氏觉罗学堂建于清同治七年(1868），位于前门外打磨厂内中段路北的李真人祠，早期招收的学生多为清朝达官贵人子弟。光绪二十九年(1903)，巴氏觉罗学堂在铁柱宫庙的基础上进行扩建，改称铁柱宫学堂；1912年改称京师公立第十七小学校；1915年改称京师公立第十六高等小学校；1918年改称京师公立第二十四小学校；1934年改称市立打磨厂小学；1945年改称北平市第八区中心国民学校；1953年改称前门区第二中心小学；1958年改称崇文区第二中心小学；1996年定名前门小学。

书院

太极书院

元太宗十年（1238），太极书院在燕京创办。当时元大都城尚未兴建，院址应在金中都故城（今宣南地区）。“太极”是理学创始人周敦颐思想理论的出发点，从书院的命名就可以看出它是传授和弘扬理学的场所，而且是以南宋著名的岳麓书院、白鹿洞书院的体制为楷模。

蒙古军队进占北京，原有的金中都城的教育机构被严重破坏。蒙古统治者立朝伊始，为笼络士子，巩固政权，深切感到有鼓励恢复文教事业的必要。太极书院建立后，杨惟中将在伐宋战争中获得的八千余卷图书运到书院来，供儒生们研究切磋，并把俘获的名儒赵复请到书院中来，拜为书院的教授。于是，赵复和燕京本地有名的儒家士子王粹等人一起在太极书院宣扬理学的学说。太极书院日渐兴隆，成为当时北方最为著名的学府。

太极书院的创办，使元代时的燕京成为当时整个北方地区的学术中心，但书院毕竟不是官学，随着京城国子监及各类官学教育的发展，太极书院也就逐渐销声匿迹了。明万历十二年（1584），在原太极书院故址建立百泉书院。清乾隆十五年（1750），皇帝游百泉，书院被改建成供他居住的“万寿行宫”，百泉书院停止讲学。

首善书院

首善书院建于明天启二年（1622），左都御史邹元标与副都御史冯从吾共建于宣武门内东城墙下，房屋购自民间，共用银180两修建，经费由五厅十三道所输。御史周宗建董其事，大学士叶向高为之记。每退朝后径入书院，与同仁高攀龙等讲学其中，名望日著。御史黄尊以前人获罪之鉴告诫邹元标：“都门非讲学之地。”元标不听。其后不久，权宦魏忠贤迫害朝士，党锢大起。天启四年（1624）六月罢逐邹元标、冯从吾，首善书院被查封，典籍碑文均被毁。后礼部尚书徐光启将院址借西洋人作为修历局。

金台书院

金台书院位于东城区东晓市大街，它的前身是清朝名将洪承畴的赐园——洪庄，清康熙三十九年（1700），京兆尹钱晋锡在这里创办大兴、宛平两县义学，称“首善义学”，学生都是两县的贫困寒童，成为北京历史上第一个义学。

清乾隆十五年（1750），首善义学经过大规模修缮扩建，改名“金台书院”，直属顺天府管理。同治十三年（1874），陆润庠在金台书院备考，后中状元，当地居民俗称金台书院为“状元府”。清光绪三十一年（1905）改称公立顺直中学堂；1915年京师公立第十六初高级小学校迁入金台书院址；1934年改称北京市立东晓市小学校；2011年定名北京市东城区金台书院小学。

书院是我国旧学的一种模式，有官办、民办两种。早期书院注重讲学，清代书院大多以考课为主，是科举的预备场所，金台书院实际上是顺天府学的附属学校，甚至也可以说是国子监的附属学校。国子监和顺天府学具有更多官府衙门的特点，而金台书院则完全是从事教学的学府，生源主要是京师和各省准备参加会试、殿试的举人、贡生，顺天府的童生亦可就读。设官课与师课，教学内容为经书义理、八股文章及临摹法帖等。每逢朔望日考试，成绩优良者可受资助。书院设学长一名，学副二人，上舍六名，内课16名，外课20名，附课无定额。书院有大小房间64间，其中有聚会、讲学、备考的讲堂30间。金台书院是北京历史上二十多座书院中唯一保存下来的书院，1984年列为北京市文物保护单位。

经正书院（八旗书院）

经正书院建于清光绪十三年（1887），位于东城区鼓楼东大街宝钞胡同内，光绪二十年（1894）开始招生授课，原址为延煦宅，当时称八旗书院。光绪二十三年（1897）改称经正书院。

经正书院在教学内容上与八旗官学有很大不同，重视经史等实学，但是，其改革的主导思想仍然是“天不变道亦不变”；“经者，常也，万世不易之常道也”。所以尽管筹集的经费很足，建院之后尚余一万余两白银，校舍也很讲究，但终未能发展下去。光绪二十六年（1900），国势衰微，改革之风势不可当，在这种形势下，经正书院于光绪二十八年

（1902）改为宗室觉罗八旗中学堂；光绪三十年（1904）改称高等学堂；1912年改称京师公立第一中学校；1949年定名为北京市第一中学，简称北京一中。

经正书院落成时的两座石碑现存于北京一中，碑上有徐桐、孙毓汶给光绪的奏折、徐桐的《创建经正书院碑记》和全国各地捐款人的名单。

良乡卓秀书院

卓秀书院建于清道光二十七年（1847），原址在良乡东门外皇华馆旧址，知县程仁杰移建至城内东大街路南（今良乡小学）。并将隆峰寺抄没地产收租之半，用作书院修缮膏火之资（另一半交京师金台书院）。每月初二日堂课，由知县面试；十六日斋课，由掌院主持。清光绪三十年（1904），改办高等小学堂。光绪三十年（1904），学董见之深等在卓秀书院基础上，改建为良乡县立高等小学校，即今良乡小学的前身。

房山文靖书院

文靖书院始建于元初，院址在房山西南七十里的抱玉里，为里人总管赵密、宣德府教授贾壤所建。因二人师从容城儒学大师刘因，故院内设其祠堂以奉祀。刘因死后谥号“文靖”，皇帝御笔钦匾“文靖书院”。清雍正年间书院废止。

房山云峰书院

云峰书院建于清乾隆十八年（1753），由知县邱锦改义学而成。院址在房山县学宫义学旁（今房山中学）。清嘉庆八年（1803），知县黎德符率邑进士徐梦陈等增建斋舍18间。清道光十五年（1835），知县杨巨源建讲堂3间，并增置地亩，以为生童膏火之资。设山长主讲席，斋长主诸务，集诸生肄业其间，每月两试，前列者给奖。院外生亦可附课。清光绪十一年（1885），增购新书。光绪三十一年（1905），改称房山县高等小学堂；1987年改称房山区城关小学。

通州通惠书院

通惠书院建于明嘉靖二十七年(1548)，由巡仓御史阮鹗创建，位于通州学宫右侧，书院教学管理严格，生徒每天早上升堂听讲；晚上在院舍休息时，大家仍然相互切磋道学。

关于阮鹗创办通惠书院的经过，吏部尚书、通州人杨行中在《通惠书院记》中记载：通州原来没有书院，虽然创办了儒学，但校舍简陋，莘莘学子往往居住在寺庙、道观中。嘉靖二十七年（1548）九月，侍御史阮鹗到通州视察粮仓，首先到了儒学，拜谒先圣后，便升堂讲学，当他听说诸生没有学习的地方时，十分感慨，于是就在儒学右侧建造书院，由于靠近通惠河，故命名为“通惠书院”。嘉靖二十九年（1550），阮鹗奉命督理京畿学政，对由他倡议兴建的通惠书院尤其关注。嘉靖四十二年（1563），知州事张守中看到通惠书院已经颓圮不堪，遂裁撤，在原址改建通州学宫明伦堂。

阮鹗（1509—1567），字应荐，号函峰，南直隶桐城县（今安徽桐城）人，明嘉靖二十三年（1544）甲辰科进士，嘉靖三十六年（1557）正月，任福建巡抚。

通州杨行中书院

杨行中书院由左副都御史杨行中在嘉靖末年创办，书院位于通州旧城内水月庵，也就是今新华街道东海子居民区。那时，水月庵周围水波荡漾，清乾隆《通州志》记载：水月庵位于州城的东北角，是杨行中书院。万历年间，杨行中的孙儿把它改为佛家用地，杨行中书院停办。

杨行中（1489—1572），字维慎，号潞桥，通州人，明嘉靖二年（1523）癸未科进士。犯颜敢谏，官至南京都察院右佥都御史，后任南京刑部尚书和南京吏部尚书，因不附炎严嵩，被弹劾去职，在家乡创建了杨行中书院。

通州潞河书院

潞河书院建于清康熙五十九年（1720），由仓督张仪朝、通州知州朱英创建于西门内，因经费不支，一年后即停办。清乾隆二年（1737），知州韩亦诗重建于城东南文昌阁。乾隆二十三年（1758）延请庶吉士董元度为院长，办学有方，一时称盛。乾隆三十一年（1766），知州万廷兰合新旧二城为一城，在空城基南另建书院，仍名“潞河”。不到三年即拆毁。肄业者仍在东南角楼文昌阁院中就读。乾隆四十三年（1778），知州高天凤因文昌阁书院倒塌，学无固定场所，乃选择学宫西文昌祠为书院。乾隆四十六年（1781），通永道李调元购买天恩胡同（又称靳家胡同）房屋一所，仍用原名。光绪四年（1878），改称鸿文社。经史校勘家张云章、进士王茂荫曾先后在此掌教。

潞河书院后改为靳家胡同小学，2010年此地拆迁，靳家胡同及天恩胡同（又称靳家胡同）均已无存。

通州闻道书院

闻道书院建于明万历年间，由侍御史通州人马经纶所创，因其门人生徒私谥他为“闻道先生”而得名。马经纶曾任监察御史，在通州颇有影响。书院建在旧城东南角文昌阁附近，今中仓街道莲花寺胡同东端南侧，为马经纶别墅，兼有授课讲学论道之用。马经纶死后，闻道书院由其子马健顺维持了一段时间。

马经纶（1562—1605），字主一，号诚所，通州人。明万历十七年（1589）己丑科进士。授山东肥城知县，政绩显著。万历二十三年（1595）升任监察御史，因事抗疏，被免职归里。

通州双鹤书院

双鹤书院建于明万历三十九年（1611），位于通州区张家湾城内，由巡抚李三才辞官回家后创办，因设在自家双鹤轩内而得名。十余年后李三才去世，书院也停办。

李三才（？—1623），字道甫，号修吾，顺天府通州人。明万历二年（1574）甲戌科进士，万历二十七（1599）年，总督漕运，巡抚凤阳诸府，裁抑矿监税使。由于党争，李三才被迫于万历三十九年（1611）引退，著有《双鹤轩诗集》、《无自欺堂稿》、《诚耻录》等诗文集。

顺义蒙泉书院

蒙泉书院建于清同治七年（1868），由顺义知县王尔琨建于学宫明伦堂后，实际上是县学的读书场所，书院膏火银由义学学田地租项下列支。民国建立后与旧县学同废。

密云白檀书院

白檀书院建于明万历二十二年（1594），后因年久失修变为废墟。道光十三年（1833），知县李宣范集资，于密云鼓楼东南、学宫之西建新白檀书院，并立碑纪念（原碑现立在密云县图书馆院内），有屋若干，门、庭、斋、堂、庖毕具。耗银1000余两，余6500两，分储于县中质库中，权其本息，作为师生修脯膏火之资。光绪二十九年（1903），白檀书院改称密云县立高等小学堂；1928年改称密云县立第一完全小学；1949年，改称为密云师范附属小学；1956年定名密云县第二小学。

延庆冠山书院

冠山书院建于清乾隆十九年（1754），摄州事芮泰元集资银五百两，将州学宫后斋房十二舍改建，以境内有冠山而命名。余款付商行，生利以供书院开支，清道光六年（1826），知州周起瑶重为整修，添设经费。道光九年（1829），吴增嘉为书院增置地亩。清光绪二十八年（1902）秋七月，周文藻署州事，与永宁乡绅池光斌、旧县乡绅袁华林举办学务，将冠山书院改为高级小学堂，1925年学校购西院民宅后，校园面积扩大一倍，改称延庆两级小学校，1949年改称延庆城关完全小学校，1981年定名延庆县第一小学。延庆知州芮泰重修书院撰文立碑，碑现存于小学院内。

延庆缙山书院

缙山书院建于清道光十四年（1834），由地方士绅胡先达等捐田集资，共折银4557两，置得已裁旧永宁县阜民街巡检署，改义学为缙山书院。施工备器共用银645两，以利息作书院经费开销。清光绪三十三年（1907），改称单级学堂。1919年设东、西两分校，本校只设高级班。1924年原校址向东西扩建，两分校并入本校。1949年后，原校址向北扩建为两进院落，设南北分校。1978年，永宁镇小学划为4个中心校，本校成为独立的完全小学，定名延庆县永宁小学。

缙山书院存碑两块，一为清道光十四年（1834）大学士户部尚书英和篆额。经讲官吏部尚书金撰，礼部侍郎副都统撰文立碑。二是道光二十六年（1846）胡先达同年友撰文立碑。二碑现存于永宁小学。缙山书院章程碑于清道光二十一年（1841）立，现存于永宁镇太平街西头。

平谷近光书院（渔阳书院）

近光书院建于清道光二十三年（1843），由知县曹擢新择县衙东南朝阳观旧址创修，礼部尚书龚公命名为“近光”，又称渔阳书院。有尊经阁3

间，中厅3间，左右耳房各2间，东西配房各3间，龙门1座，大门3间。书院竣工后，当时的一些名卿宿儒至此挥毫泼墨，为书院题写匾额楹联。县内开明人士踊跃捐资助学。书院设有院长、监院等教职。自二月至十一月，每月课士一次，由知县主试，择优奖给诸生膏火费，以资鼓励。有本县人牛镇捐银200两，发典当行贷出，月息1分，又有本县士绅共捐地128亩，利息及地租充作课士奖金及教师岁修之需。清光绪三十年（1904），书院改为高等小学堂。

1951年，在近光书院旧址建成平谷中学，后学校择址新建，原址无存。

怀柔温阳书院（螺峰书院）

温阳书院建于清光绪七年（1881），原名螺峰书院，在怀柔县署前。知县严暄重建，经费银200两，每年得息48两，以供开支。原址无存。

昌平窦氏书院

窦氏书院建于五代后梁时期，院址设于今北京市昌平区，由窦禹钧所建。窦氏书院是一所家族书院，但教育对象不仅限于本家族的子弟，附近乡亲的子弟也可以来书院学习。窦氏书院有藏书楼、讲堂和斋舍，生徒数量应当也比较可观，是一所集藏书、讲学和科举于一体的书院。关于窦氏书院存在的时间、生徒学习的课程等，历史上没有留下记载。

窦禹钧（生卒年不详），又名窦燕山，范阳（今北京昌平）人，生于唐末，卒于后周。祖父窦逊，曾任玉田县令，父亲窦思恭，曾任妫州（今北京延庆一带）司马。唐天佑（904—907）末年，窦禹钧官幽州掾，是一名佐助官吏。唐亡后，相继在后梁、后唐、后晋、后汉、后周担任官职。后周初年担任户部郎中，后来担任太常少卿和右谏议大夫。宋朝人范仲淹、李昌龄，清朝人彭元瑞、李卫都曾在著作中提到过窦氏书院的情况，他们说窦禹钧把书院建在了自家庄园的南边，有房屋40间，藏书几千卷。

窦禹钧擅长诗词。窦氏书院聘请一些有学问的人士，前来讲学，教授生徒。无论贫富，无论相识与否，只要有心向学，就可以来书院肄业，还对贫困的生徒给予生活补贴。窦禹钧的五个儿子也都在书院学习。由于书院聘请了名师讲学，加上他很懂得教育方法，后来他的五个儿子相继登科，名气都很大，“五子登科”的故事也流传下来。

昌平燕平书院（谏议书院）

燕平书院建于元泰定二年（1325），昌平守臣在城西南五里的新店建书院，设山长主持。建书院的宗旨主要是纪念唐代本地贤才、秘书郎右谏议大夫刘蕡，故称谏议书院。明永乐年间曾毁，后又修复，仍名谏议书院。景泰三年（1452），长、献、景陵陵卫及县治所迁入城内。城内重建县学。刘谏议祠迁于县城学宫大成门西儒学旁，谏议书院遂废。

刘蕡（？—842），字去华，唐朝幽州昌平县（今北京市昌平区）人。唐敬宗宝历二年（826）丙午科进士。由于他秉公理事，耿直嫉恶，不畏权势，终为宦官诬陷，贬柳州司户参军。卒于浔阳（今江西九江），后葬于柳州城郊。唐昭宗时追赠为谏议大夫，封昌平侯。元泰定二年（1325）立祠于昌平故里，明代在县南西沙屯建祠，清代重修，占地面积约500平方米。明崇祯五年（1632）在此祠立碑，碑文为董其昌（1555—1637）手书。清光绪朝又在祠前立碑，现祠毁碑存，碑为青石质，碑身通高1.9米，宽0.6米，厚0.23米。已运至昌平石刻园集中保管。

清乾隆二十三年（1758），知州芮泰元重建于城内学宫西，改名燕平，不久倾圮。乾隆四十五年（1780），知州归景照重修，并立碑书《重修燕平书院碑记》。书院中为讲堂，堂左右有亭两座，右亭有井。堂之前依门为东西房，堂外为大门、二门，堂内有室，生童有居业之所，厨、廊、槛毕具。书院旧存地499亩，地基15段，房产1所，每年收租钱121贯465文，又旧有小书院1所，也出赁取租，作为经费收入。所有收租事宜归董事经理，令斋夫催取。清道光二十年（1840），朝廷将西沙屯药王庙官地5355亩的租息之半归书院作修脯膏火之资，每年计钱410贯904文，由州经管。如不足开支，道、州官员捐捧垫办；如有盈余，归下年支销，于是书院有了较为充足的经费来源。道光二十三年（1843），知州雷致亨重修，并订章程，聘院长主教，本道委派学师1人监院，于在城士绅内选董事2人监督钱物收支，斋夫2人分管门户器具、炊事洒扫，学生须为本地籍贯，取生员正、副课各8人，童生正、副课各5人，允许住院肄业，外课生不限员。书院每月课期两次，初三日为官课，由道、州轮流主持；十八日为斋课，由院长主持。两课均令州礼房伺值，等诸生全部交卷后方准散去。副课生员官、斋课连续三次考列超等，即升为正课；外课生员连续三次考列特等，即升为副课，其中间有考列超等者可与升副课后考列超等合并计算，达三次即可升为正课。童生考列优取、上取，升降同此例。士子外出欠考者，准予逢月课时赴州报名补考，列于外课。

清光绪二十九年（1903）改称昌平州立高等小学堂。1930年改称昌平县第一完全小学；1935年改称昌平简易师范附属小学；1939年改称昌平县立简易师范学校附属小学；1941年改称昌平县城内第一完全小学；1946年改称昌平县城内第一中心国民学校；1952年改称昌平县初级师范学校附属小学；1955年改称为昌平县城内第一中心小学；1956年改称昌平镇中心小学；1962年改称昌平县城关小学；1963年改称昌平县师范附属小学；1981年改称昌平区城关小学。2005年学校由书院旧址迁走，原址改建为昌平区人民检察院。

孔庙

北京孔庙

北京孔庙位于东城区国子监街13号，为元、明、清三代祭祀孔子的祠庙。儒家思想在我国漫长的封建时代占据了意识形态的统治地位，因此孔子不断地被历代帝王加封崇祀，成为士大夫的精神支柱。孔子被尊称为圣人，明代以后还享有某些与皇帝相等的待遇，故建筑规制极高。清代定制，每年阴历二月(仲春)及农历八月（仲秋）上旬丁日祭孔，叫丁祭，也称祭丁。此习一直延续到民国。至民国十七年（1928）后，祭孔之礼废除，只是在孔子生日这天，学校停课放假一日，以示尊孔。北京孔庙为国家性的祭孔建筑，规模宏敞，为仅次于山东曲阜孔庙的全国第二大孔庙。现为全国重点文物保护单位。

孔庙始建于元大德六年（1302）至大德十年（1306）。明永乐九年（1411）在旧址重建，嘉靖九年（1530）改大成殿为先师庙，大成门为庙门。明万历二十八年（1600）改易青琉璃瓦。清顺治八年（1651）重修，乾隆二年（1737）易覆黄琉璃瓦，乾隆三十二年（1767）又重修，并确定大门悬额曰先师庙，二门为大成门，大殿为大成殿。清光绪三十二年（1906）升祭孔为大祀，扩建大成殿，工程未完，清朝已被推翻，至民国五年（1916）始竣工，形成今日规模和布局。新中国成立后，曾对孔庙修缮多次。50年代末，曾在此筹备“首都博物馆”，1981年重新建馆，拨款维修，并于当年完工。大成殿内按原状陈列，东西两庑辟为陈列室。

孔庙占地约2.2公顷。大门外东西约十几米处，各立下马石碑一座。现碑为清物，高约4米，宽近1米，下为滚墩石碑座，碑阳、碑阴分别用满、汉、蒙、回、托忒、藏六种文字刻写“官员人等至此下马”。

正对先师门为大八字屏墙一座，嵌琉璃雕花砖。先师门为街门，面阔三间，中启大门，歇山顶，旋子彩画双龙枋心，斗拱硕大，为京地罕见，可能仍是元代旧物。门内东为神厨，面阔五间，进深一间，大式悬山顶，两山有金柱；宰牲所三间，进深一间，悬山顶，一斗三升，井亭六角，盝顶，一斗三升，均覆绿琉璃瓦。院西有神库、致斋所和持敬门。持敬门原通国子监，后关闭。

院东，省牲房西有一碑亭，院西有二碑亭，碑亭均为三间重檐歇山建筑，单围柱，四面开门，柱子较高，立面比例异于一般建筑。另有进士题名碑198通，其中元3通，明77通，清118通。元碑为清康熙时于崇圣祠发掘出土，明时磨元碑而刻新名，故元碑存之极少。明永乐十年（1412）前的碑在南京国学。今孔庙存放永乐十四年（1416）丙申科起到光绪三十年（1904）甲辰科止的118座。每碑均记以进士姓名、籍贯和名次。

先师门北为大成门，歇山顶，面阔五间，七踩单翘双昂斗拱，彩画为旋子点金，三启门，门在中柱。大成门建在高大的石基上，前后三出陛，中为丹陛，左右各13级。门左右原排有24列戟和石鼓10面；门内东置一鼓，西悬一钟。今戟已无，石鼓及钟、鼓均在。原石鼓为唐代在陕西出土，宋徽宗时移汴京，金太宗时移燕京，元建孔庙后，移于大成门内。抗战前为避战祸，送往南京，现存于故宫博物院。今庙内石鼓为清乾隆时仿制品。大成门内左右还各有一石碑，东为乾隆五十五年（1790）御笔《集石鼓所有文成十章制鼓重刻序》碑，另一为清代书法家张照草书《韩愈石鼓碑歌》。

大成门内古柏参天，甬道两侧有11座明清两代纪功碑亭，均为三开间歇山黄琉璃顶，四面开门，四角砖墙围护，用三踩斗拱。北为大成殿，是孔庙的主体建筑。建于明永乐九年（1411），后屡有修葺，清乾隆二年（1737）改易黄琉璃瓦，光绪年间因升孔子为大祀，大成殿由原七间三进扩建成九间五进。原建筑为周围廊，所谓扩建即把廊步围入主体建筑。重檐庑殿顶，三启门。建筑的大木结构高大粗壮，室内空间宏敞，从结构手法分析，此殿尚存明制。殿前有汉白玉月台，三面出陛，绕以石栏，前方台阶中嵌青石浮雕丹陛。殿内正中设木龛，龛内供奉“大成至圣文宣王”木牌位。正位两边设有配享牌位：复圣颜子(回)、述圣孔子(伋)、宗圣曾子(参)、亚圣孟子(轲)，称为“四配”；两边分列“十二哲”木牌位。从清康熙时起，新即位皇帝按例在大成殿悬一匾，现殿内明间悬民国总统黎元洪手书“道洽大同”匾，余匾挂两侧。明间里金柱挂乾隆御书的对联一副。

大成殿殿院有廊庑围合，东西两庑各19间，灰筒瓦绿琉璃剪边歇山顶，进深二间，前出廊，有雀替，隔扇槛窗装修。四角为转角房，进深一间，前出廊，在大成门和大成殿的两侧都有穿堂。

大成殿后为崇圣祠，为供奉及祭祀孔子先人牌位之场所。祠南向，前有崇圣门，左右有东西配殿，正面为祠堂，四周围以院墙，成为独立的一组建筑。该建筑建于明嘉靖九年（1530），清乾隆二年（1737）将屋顶的青瓦换成绿琉璃瓦。门为三间歇山顶，斗拱三踩单昂。东西配殿为三间悬山，斗拱一斗三升，前后有廊步。祠堂五间，歇山顶，三启门，斗拱为五踩双昂，前有月台，三出陛。现建筑俱无彩画。

在孔庙与国子监之间的夹道内陈列着十三经石刻碑林，原为露天，现顶上覆棚遮盖。孔庙内古柏极多，有“除奸柏”、柏上桑等名木奇观。总体布局虽无重重院落，但建筑尺度较大，空间严整，自有摄人的力量，而古木苍郁，虬枝劲干，更增庄严肃穆的氛围。

密云孔庙

密云孔庙位于密云县图书馆文化广场，其大成殿始建于唐显庆四年（659），后毁于战火，元至元二十八年（1291）重建。占地4000多平方米，坐北朝南。原址正院前有牌楼式大门。分三个门，中间为棂星门，东为金声门，西为玉振门；门内有人工凿砌的“泮池”，池上建有两座并列的单孔小石桥(即密云县八景之一的“三步两座桥”)。东西各有厢房三间，东厢为名宦祠，西厢为乡贤祠。过泮池即戟门，戟门三间，即“三门”，另有东、西角门各一个。

主建筑大成殿5间，东西两庑各7间。大成殿的后院还有明伦堂、尊经阁、学署、崇圣祠和启圣殿，东跨院有文昌殿，西跨院有节孝祠。现在除大成殿外，其余建筑均拆除。大成殿通高10米，总面积181.48平方米，是密云县仅存的一座明清殿式古建筑。1983年被列为县级重点文物保护单位，现为北京市级重点文物保护单位。

通州孔庙

通州孔庙始建于元大德三年（1299），当时规模宏大，在州与县衙西侧，建文庙，供奉至圣先师，跨有东西两院，紧挨衙署。此庙建筑年代，比北京成贤街文庙早四年时间，清光绪四年（1878）重新修缮，庙内孔子像曾毁于八国联军之手。

现仅存大成殿，面阔五间，单檐歇山式，青筒瓦覆顶。庙内另有残碑一块，为清康熙十四年（1675）重修碑记。

良乡孔庙

良乡孔庙创建于明隆庆五年（1571），清乾隆十九年（1754）、道光五年(1825)重修，坐北朝南，占地面积约1万平方米。原有大成门、棂星门、三通殿已毁，现存大成殿与部分配殿。大成殿面阔5间，17.2米，进深3间，7.2米，无殿顶，两侧配殿各5间，建筑保存较好，房山区文物保护单位。2002年重修孔庙，并题名为“文苑广场”。

顺义孔庙

顺义孔庙在北京顺义旧城西门里路北，这里原有一组规模宏大的古建筑群，孔庙居中，前有城隍庙戏楼，左有文昌阁、先贤祠，右有勾连搭式的西娘娘庙。民国时期，孔庙尚完整，中心为大成殿，内供先师孔子牌位，东西两庑，供奉孟子及72贤人牌位，前为戟门，为泮池，为石桥，为甬路，甬路两侧有元代古柏24株，高大粗壮，绿荫参天，棂星门是一座牌楼，在孔庙门前。1959年文物调查对此牌楼有较详细记述：木制，四柱三楼，九攒四翘，斗拱明间六攒，次间五攒，箍头脊，悬山筒瓦，垂兽五小兽。可惜这座斗拱飞檐、彩画绚丽的牌搂在20世纪70年代学校扩建中被拆除。

现仅存两座元代石碑，其一为曹宣微善行记碑。曹宣微名廷瑞，顺义人，在元大都做官。曹廷瑞为顺义孔庙捐资购地，赞助家乡教育，为此顺州乡绅请元朝的枢密副使商挺将此善举撰文立碑，以示纪念。其后元泰定年间，又有状元出身的知州梁宜，是最早考证论述顺义历史沿革的人，他写的顺州公廨记，是论述顺义历史沿革最早的一篇文字。在此期间他又写下顺州孔庙记一文，记述孔庙历史，立碑于孔庙，其后又邀当时元朝礼部尚书马祖常，为修建孔庙正门一事撰文立碑。这些文字，成为了解顺义历史的一批珍贵史料，同时也记载了元代顺州文教昌盛的一段历史。两座石碑为顺义区文物保护单位，今已移入顺义区博物馆。

清光绪二十九年（1903），利用文昌、文庙两所庙址，加上购置周围万姓、张姓民宅，建成顺义文庙小学，1949年改称顺义县城关小学，1997年定名顺义区仁和中心小学。后学校择址新建，原校址改为城关镇第二教师进修学校。

昌平孔庙

在唐朝到明朝前期的700多年里，昌平文庙是和县治所在地（今旧县村）在一起的。明景泰三年（1452），县治迁到永安城（今昌平城区镇），又于县城东南新建一处文庙，即现在昌平二中所在地。明正德八年（1513），昌平由县升为州，成为“州学”。

昌平文庙坐北朝南。由棂星门、泮池、戟门和大成殿等组成。新中国成立后，除主建筑大成殿保存至今以外，其余建筑连同儒学旧址，已随着改建校舍被陆续拆除。棂星门是木结构四柱三开间牌坊式大门。牌坊上方正中，有横写的蓝地金字“棂星门”，两边分别写有“德配天地”、“道冠古今”。牌坊背面上方正中有“金声玉振”，左右分别是“祖述尧舜”、“宪章文武”。这五句话，20个字，表述了前人对孔子的评价，尊崇孔丘为空前绝后、道德高尚、智慧全能的圣人。棂星门外三面有砖砌花墙，花墙东、西各一门，门外各立一块石碑，上刻“文武官员到此下马”，以示尊敬。进了棂星门，有个横向的水池，池上建有石结构拱形桥，栏板雕以花边。此处称之为泮池，两旁植有桧柏多株。戟门，砖木结构，三开间，中为过道。东、西有墙，墙各开一门，以通内外。穿过戟门，有个小广场，东、西两侧各有9间厢房。厢房前有许多桧柏，森森耸立，是由当时的天寿山守备兼提督黄花镇廖镛所植，至今已五百多年。

广场之北是个高约1米、长宽各约30米的平台。大成殿便建在平台的后半部。殿高约9米，歇山顶、5脊、5开间，进深3间，面积近400平方米。早年，大成殿内正中靠后的台子上，供奉高约1米的木制牌子，雕镶花边竖写涂金字“大成至圣先师孔子之位”。台前有供桌陈放礼器。孔子木主两旁，分列着颜（渊）、曾（参）、（子）思、孟（轲）的木主。

文庙东院，建有魁星楼、文昌阁和崇圣祠，分别供奉主管文运昌盛、能使读书人在科举考试中取得功名的神仙，以及历代发扬孔孟学说的学者。

文庙西院是从前生员们读书的“儒学”，建有大门、书房、明伦堂和教师生员的斋舍，通常可容纳生员六七十人。文庙和儒学之间，有乡贤、忠义、节孝三个祠堂，供奉本县的贤士和忠孝节义人士，用以宣扬封建礼教。

文庙和东院之间，有名宦祠。供奉在昌平任职且有政绩的官宦。以唐朝名相、曾任幽州都督的狄仁杰（607—700）最为著名。至今，旧县村仍有唐代以来修建的“狄梁公祠”遗址和碑记。

昌平文庙在明、清两代几百年里历经修缮。辛亥革命（1911）以后，军阀战乱不止，文庙失去管理，东院建筑横遭拆毁破坏，至抗战前，除魁星楼遗址尚存外，其余已成一片废墟。文庙和儒学建筑幸存，曾住过兵，民国时期的县参议会、国民党县党部也曾设在这里。

据历史记载，1935年前后，“昌平文庙，占地十一亩六分，房四十五间，礼器数十件，碑十一通，树五十五棵。”又据记载：昌平文庙，原立有洪武十二年（1379）二月的“学制碑”、“范氏心箴”、崇祯十三年(1640)六月的“百孝亭刻石并序”和清道光二十六年（1846）冬“昌平文庙碑”等。这些碑刻在“文革”前已被北京市文物工作者制成拓片，可供查考。而碑和泮池已被用作石料，今已荡然无存。那些五十多年以前还生长着的有几百年树龄的桧柏，如今只剩下五棵，和大成殿一起，成为昌平林业和文物部门重点保护的对象。

1934年，昌平乡村师范学校改名为昌平简易师范学校并由城隍庙迁至昌平县城孔庙内（即现在学校校址）。1942年，改作农职学校；1945年，又恢复为昌平简师，学生最多时将近200人。建国初期，文庙大成殿曾是召开昌平各界人民代表会议的会场。殿内和殿前平台是节日或庆祝活动的场所，大成殿还做过短期师训班的教室，殿前东西厢房为学生宿舍。从50年代起，昌平文庙和儒学旧址上的昌平简师、84中，增建扩建了大批校舍。80年代以来，昌平二中进行了大规模的改建，办公楼、宿舍楼、实验楼、教学楼拔地而起。90年代，文庙旧貌换新颜，明清两代文庙和儒学已经难以辨认了。

怀柔孔庙

怀柔孔庙建于明代，原有大成殿，清康熙五十五年（1716）修复。明三暗六，一脊双龙，雄伟壮观。殿内正中是孔子画像，上方高悬“万世师表”金匾。殿下筑有石条台基，三尺多高。殿前露台宽敞，旧时祭孔“八佾舞于庭”于此。露台前左右的石碑上刻有古代教育家的光辉业绩。大殿前的东、西两侧是明崇祯七年（1634）增建的，康熙五十五年（1716）修复的东、西厢房各六间，内设72贤人的牌位。再往前就是泮池，周七丈，深一丈，上设汉白玉两孔小石桥，下植清莲、养鱼。文庙的大门即是古牌坊式的“棂星门”。

文昌祠原名为明伦堂，有正殿五间，一座，大门三间，存心、养性斋各五间。明伦堂后有敬一亭。康熙五十九年（1720）地震，明伦堂全废。康熙六十一年（1722）重建，重建后的文昌祠为砖木结构的三间两层楼房，东、西各有耳房一间。

文庙和文昌祠于民国初年改为文庙小学，后又增设怀柔师范和初级中学，把两个院落连在一起。这些房屋由于年深日久，已成危房，于1969年先后改建为教室。今址为怀柔区第三小学，门前尚存一株古槐。

祠墓

张俭墓

张俭（962—1053），字师约，一说仲宝，宛平（今北京市）人。辽统和十四年（996）丙申科进士第一。历任枢密使、节度使、左丞相等要职，并受遗诏辅立辽兴宗，兴宗即位之后，加太师、中书令、尚父，先后受封为韩王、陈王。张俭是辅佐契丹主“功著两朝，世称贤相”的显赫人物。辽重熙二十二年（1053），张俭卒，终年91岁。葬于析津府宛平县仁寿乡陈王里。

1969年张俭的墓志铭在北京市西城区桦皮厂胡同出土。原墓位置不详，盖佚。志石长0.98米，宽1.05米，厚0.1米。志文首题：故贞亮弘靖保义守节耆德功臣洛京留守开府仪同三司守太师尚父兼政事令上柱国陈王食邑二万五千户食实封二千五百户清河张王墓志铭并序；志文载：辽重熙二十二年卒。同年葬于析津府宛平县仁寿乡陈王里。

杜悆墓

杜悆（1051—1119），辽中书令杜防从孙。辽咸雍十年（1074）甲寅科进士。辽大康四年（1078），授檀州军事判官。七年，为枢密院令史。辽天庆二年（1112），翰林院侍讲学士、昭文馆直学士、特进、左朴射、知辽兴军节度使事，官至宰执。

杜悆墓位于今石景山区鲁谷街道鲁谷西小区，1996年在韩资道墓西偏南约1公里处，发现砖室墓一座。墓已毁，仅出土墓志一方，盖佚。边长0.92米，宽0.89米，厚0.20米。志文首题故忠亮佐理功臣特进守太尉太保上柱国京兆郡开国公食邑二千五百户食实封贰佰伍拾户致仕杜公墓志铭。志文载：杜悆卒于辽天庆九年（1119），年六十八。天庆十年（1120）与夫人韩氏合祔。

赵励墓

赵励（1069—1123），辽德兴元年（1122）壬寅科进士。官将士郎、秘书省校书郎。辽末入宋再入金，未仕而亡。

2002年，在石景山八角村五环路工地京原路路口发现了一座砖室墓，为圆形单室壁画墓，墓顶已毁，墓室局部破坏。墓室用青砖砌出仿木立柱及斗栱，以朱红敷色。壁画自西向东依次为“散乐图”、“布宴图”、“侍寝图”、“庖厨图”、“撤宴图”。墓室上部间隔为六区，每区以白粉做底，用墨笔画出圆圈，圈中为一组生肖，从中区鼠、牛开始，按顺时针依次是虎、兔、龙、蛇、马、羊、猴、鸡、狗和猪，东侧一组虎、兔已被破坏。早期被盗，仅发现墓志一块，缺盖。志石方形，边长0.68米。志文首题：天水赵公墓志铭。志文载：赵励先祖为太原忻州人。赵九思之后。赵励曾在辽为官，宋宣和五年（1123）病死汴京，年五十四。其长子在“靖康之难”后，在金朝为官，于金天眷二年（1139）由汴京长庆禅院将赵励骸骨迁回。赵励妻吴氏于金皇统三年（1143）死于燕京。赵励与夫人合葬于燕城宛平县崇寿里黑山之西南隅。

巨构家族墓

巨构（?—1200），字子成，蓟州平谷（今北京市平谷区）人。幼笃学，辽大定年间进士。由信都丞察廉为石城令，补尚书省令史，授振武军节度副使。改同提举解盐司事，以课增入为少府监丞。再迁登闻检院，兼都水少监。章宗即位，擢横海军节度使。金承安五年（1200）致仕，卒。

巨构家族墓位于今平谷区东高村镇西高村北，此处为一大沙丘，面积约22万平方米。原排列有石人、石马、石碑等，后被掩埋。1984年发现一石椁木棺墓，石椁上置墓志一方，墓志部分字迹不清，可辨墓主人为巨构后代。出土铜镜、铜带扣6件，双鱼瓷盘、瓷碗14件，白玉环、水晶球14件。

杨瀛家族墓

杨瀛（生卒年不详），字彦深，临潢西楼（今内蒙古巴林左旗西南石房子村）人，金明昌二年（1191）辛亥科进士。先世为辽代显族。伯祖父辽进士杨丘文，父、伯、叔皆进士。历国子教授、助教，中都路都转运户籍判官，监察御史，太府监丞，同知南京路转运使事，沁南军节度使兼怀州管内观察使，并两知贡举。

杨瀛家族墓位于今房山区石楼镇石楼村西北，原墓道两侧有石象生，墓已毁，仅存石虎一对和神道碑一通。

文天祥祠

文天祥（1236—1283），字宋瑞，一字履善，号文山，南宋庐陵（今江西省吉安）人。初名云孙，字天祥。选中贡士后，更名为天祥，改字履善。南宋宝祐四年（1256）丙辰科一甲进士第一。南宋德佑二年（1276）抗元兵败被俘，元至元十六年（1279）文天祥被押至元大都兵马司土牢中，被俘期间，元世祖以高官厚禄劝降，文天祥宁死不屈，从容赴义，生平事迹被后世称许。文天祥著有多篇作品，以《过零丁洋》和在狱中所题《正气歌》最为人们所熟知和称道，其中“人生自古谁无死，留取丹心照汗青”乃千古绝句。

文天祥祠位于今东城区府学胡同63号，又名文丞相祠，是明、清两代为祭祀南宋抗元英雄文天祥而建，明洪武九年（1376）在其就义和被囚地附近建祠。明永乐六年（1408）朝廷正式重建该祠，正式列入祀典。明宣德四年（1429）顺天府尹李庸主持重新修葺。明万历年间，顺天府督学商为正将文祠从府学之西迁至府学之东，原祠处为怀忠会馆。清初至民国，因屡有修葺，原规模已不可考。新中国成立初，该祠尚存大门、前殿、享殿。1983年政府拨款重修，保留了原大门、过厅和享堂，占地约六百平方米。1984年10月对外开放。现为北京市文物保护单位。

耶律楚材墓

耶律楚材（1190—1244），字晋卿，号玉泉老人，法号湛然居士，契丹族人，金国尚书右丞耶律履之子。金泰和六年（1206）丙寅科进士。金贞祐三年（1215），成吉思汗的蒙古大军攻占燕京时候，听说他才华横溢、满腹经纶，遂向他询问治国大计。而耶律楚材也因对金朝失去信心，决心转投成吉思汗帐下。他的到来，对成吉思汗及其子孙产生深远影响，他采取的各种措施为元朝的建立奠定了基础。乃马真后称制时，渐失信任，抑郁而死。卒谥文正。有《湛然居士集》等。

耶律楚材墓位于今海淀区青龙桥街道颐和园昆明湖东岸，明代建好山园时，墓被土覆盖，清乾隆朝建造清漪园时，在原地恢复了祠墓，并立碑记其沿革，昭其功绩。现存墓及祠堂为清光绪时所建。祠堂和墓共一小院，门西向，分为二进，后院有房三间，墓在房内；前院为祠堂三间，筒瓦硬山顶箍头脊，内塑耶律楚材像。前有高宗御制《耶律楚材墓碑记》碑一通，高3.1米，碑阴为清大学士汪由敦（1692—1758）撰《元臣耶律楚材墓碑记》；东侧有元代石翁仲一，造型古朴。1984年向游人开放。

于谦祠

于谦（1398—1457），字廷益，浙江钱塘人。明永乐十九年（1421）辛丑科进士。明代著名军事家、政治家。“土木之变”后，于谦拥立朱祁钰为帝，率军民保卫北京城。明英宗复辟后，以“谋逆罪”于天顺元年（1457）将于谦杀害。

成化二年（1466），明宪宗特诏追认复官。将其故宅（今东城区西裱褙胡同23号）改为忠节祠。明万历十八年（1590），改谥“忠肃”，并在祠中立于谦塑像。祠坐北朝南，东为于谦故宅，毁于清初。清光绪年间重修。院内东侧建有奎光楼，为两层小楼。上层为魁星阁，悬“热血千秋”木匾，正房5间为享堂，硬山合瓦顶。光绪十六年（1890），义和团曾在此设神坛。1976年魁星阁在地震时被毁，小楼亦被拆除。现为北京市重点保护文物。

岳正墓

岳正（1419—1474），字季方，号蒙泉，顺天府漷县（今北京市通州区）人。明正统十三年（1448）戊辰科一甲进士第三，授编修。明天顺初改修撰，命以原官入阁。因忤石亨、曹吉祥，谪钦州同知，戍肃州。明成化初，诏复修撰。出知兴化府，致仕。卒，谥文肃。岳正博于学问，为文风骨峭劲。工书，画葡萄称绝品，雕镌悉臻其妙。撰有《类博稿》十卷，又有《类博杂言》等，并行于世。

岳正墓位于今通州区永乐店镇坚村北，南向，墓地面积2400平方米。神道两侧立有石翁仲、马各一对。

李宾墓

李宾（1416—1485），字廷用、别号敬庵，今北京市顺义人。明正统十年（1445）乙丑科进士。曾任太仆卿、大理卿、右都副御史、左都御史、南京兵部尚书，明成化十三年（1477）致仕。成化二十一年（1485）卒，年70，追赠太子太保。

李宾墓位于今顺义区李桥镇小临清村，原有祠堂、石像生、谕祭碑，“文革”中墓地被毁，仅存谕祭碑一通。1984年征集到墓志一合。志文首题：赠太子太保都察院左都侍郎御使李公墓志。礼部右侍郎襄阳艾福篆刻，户部尚书兼谨身殿大学士青齐刘翊撰文。据志文载：葬于族茔东新垄之原。

李衍家族墓

李衍（1420—1504），字文盛，隆庆州（今北京市延庆县）人，明景泰二年（1451）辛未科进士，累官至户部尚书。李衍为官期间重农桑，抓吏治，促兵备，是一位颇有作为的官员。

李衍家族墓位于今延庆县延庆镇庆园街路北，面积约68700平方米，有墓冢30多个。其中两个大冢，一为李衍墓，西为其父李谣墓。原有墓碑、石马、石羊等，现仅存石马一对，碑座一个。

黄钟墓

黄钟（生卒年不详），字伯魁，隆庆州（今北京市延庆县）人，明正德六年（1511）辛未科进士，曾任山西巡抚右副都御使。

黄钟墓位于今延庆县延床镇南菜园小学。原有石人、石马，当地俗称“石马坟”。墓已毁，石刻埋于地下。

倪光荐墓

倪光荐（生卒年不详），顺天平谷（今北京市平谷区）人。明嘉靖三十五年（1556）丙辰科进士，官至工部尚书。

倪光荐墓位于今平谷区渔阳地区原县城北门外，墓道两侧有石像生排列。1970年将倪氏墓地夷为平地，大部分石刻埋于地下，仅存石像生造像，呈拱手肃立状，通高2米，宽0.58米，厚0.32米。现存平谷区石刻艺术馆。

袁崇焕祠墓庙

袁崇焕（1584—1630），字元素，号自如。广东东莞县人，明万历四十七年（1619）己未科进士。是明末抗击后金、保卫山海关和北京的名将。明末，国势衰败，山海关外的后金兴起，袁崇焕奉命镇守山海关，多次击败后金的进犯。明崇祯三年（1630），袁崇焕在西市含冤而死，弃尸于市，“乡人惧祸不敢问”。后有佘姓仆人“夜窃督师尸，葬北京广渠门内广东旧义园。终身守墓不去，死葬督师墓旁”。

后人为纪念袁崇焕，先后修建了祠墓，俗称佘家馆。位于今东城区东花市斜街。祠有正房五间，前廊两端及室内墙壁上嵌有李济深撰《重修明督师袁崇焕祠墓碑》等石刻，屋檐下是叶恭绰敬题“明代先烈袁督师墓堂”匾额。袁崇焕手书“听雨”石刻保存完好，嵌于墙上。祠堂后为袁崇焕墓，葬着袁崇焕的头颅，墓前立有清道光十一年（1831）湖南巡抚吴荣光题写的“明袁大将军之墓”石碑及石供桌，坟侧小丘为佘义士之墓。1952年，北京市人民政府曾对其进行过重修，1984年被列为北京市文物保护单位。2002年，崇文区政府投资重新修缮袁崇焕祠墓，并于当年11月正式对外开放。2006年，袁崇焕祠墓被列入全国重点文物保护单位。

另有一处袁督师庙位于东城区龙潭路。庙建于1917年，坐西朝东，面阔三间，进深五檩，硬山过垄脊筒瓦屋面。庙坐落在高约1.3米的虎皮台基上，庙堂内三间各自分隔，内有康有为、梁启超等人撰书石刻及门联多方。1952年，袁督师庙划入龙潭公园内。1984年，袁督师庙修葺一新，定为北京市文物保护单位。

史可法祠

史可法（1601—1645）字宪之，河南开封府祥符县（今河南开封市）人，明崇祯元年（1628）戊辰科进士，明末任南京兵部尚书、东阁大学士。

史可法早年在南直隶参加镇压民变。崇祯末年，担任南京兵部尚书。弘光帝登基后，史可法任兵部尚书、武英殿大学士，督师江北，节制四镇。清顺治元年（1644），史可法在扬州抗清被俘，不屈而死。后人收其著作，编为《史忠正公集》。

史可法祠位于今东城区史家胡同小学，祠坐北朝南。主要建筑有大门三间、享堂三间，东西配殿各三间。享堂前出廊，后出抱厦一间。今仅存享堂，其余建筑已改。

洪承畴墓

洪承畴（1593—1665），福建南安人，明万历四十四年（1616）丙辰科进士。明崇祯十四年（1641）与清军在松山（今辽宁锦州南）会战，战败被俘，降清后隶汉军镶黄旗。清顺治元年（1644）从清军入关，次年官至南京总督军务，镇压抗清义军。顺治十年（1653）受命经略湖广、两广、滇黔。

洪承畴死后与其妻合葬于今海淀区紫竹院街道车道沟村。墓南向，为三合土筑墓冢，高2米，径7米，前有石翁仲（文武各一）、神道碑。1952年发掘，墓室为砖砌，平面呈方形，券顶，早年被盗，仅存杉木棺椁、衣物、残骨及墓志二合。墓旁还葬有其子洪士铭夫妻合葬墓，亦被盗。出土墓志二合。

洪承畴墓志，平面呈方形，长88厘米、宽85厘米，志盖篆书：皇清光禄大夫经略五省太傅兼太子太师武英殿大学士兵部尚书兼都察院右副都御史世袭三等阿达哈哈番谥文襄亨七十三寿亨九洪公墓志铭。志文首题：皇清光禄大夫经略湖广江西广西云南贵州等处地方总督军务兼理粮饷太傅兼太子太师兵部尚书都察院右副都御史武英殿大学士世袭三等阿达哈哈番致仕正一品顶带谥文襄亨九洪公墓志铭。卫周祚撰文，吴正治书丹，黄机篆盖。清康熙四年（1665）七月二十五日葬。

纳兰成德墓

纳兰成德（1655—1685）后改名性德，字容若，号楞伽山人。清康熙十五年（1676）丙辰科进士。少学骑射，后则经史、书法、诗词、书画无一不精，被誉为“清初学人第一”。授一等侍卫。英年早逝，死后作品被集纂为《通志堂集》。

纳兰成德墓位于今海淀区上庄镇上庄村，墓已毁，具体位置及形制不详。1974年发现墓志一块，1983年发现志盖及夫人卢氏墓志。纳兰成德墓志长宽各0.72米，通厚0.14米。志文载：“生于顺治十一年，卒于康熙二十四年，年三十一岁。葬于皂荚屯祖茔。”夫人卢氏墓志形如小卧碑，碑身高0.75米，宽0.95米，厚0.125米，四框浮雕龙纹，下为须弥座，高0.35米。志文首题：皇清纳腊室卢氏墓志铭。志文载：“卢氏奉天人，为卢兴祖之女，其父任两广总督、兵部右侍郎、都察院右副都御史。卢氏十八岁嫁成德，康熙十六年卒，年二十一岁。次年葬于玉河皂荚屯之祖茔。”

伊桑阿墓

伊桑阿（1637—1703），清满洲正黄旗人，伊尔根觉罗氏。清顺治十二年（1655）乙未科进士，授礼部主事。清康熙时累官文华殿大学士兼吏部尚书。

伊桑阿墓位于今房山区韩村河镇皇后台村，墓地面积约7500平方米。墓坐西朝东，依次有石狮、牌坊、华表、石碑、三合土墓冢三座，墓冢毁于“文革”中。

孙国玺墓

孙国玺（生卒年不详），清正白旗汉军人，清康熙六十年（1721）辛丑科进士。清雍正间（1723—1735）以知县累官安徽巡抚。

孙国玺墓位于今房山区青龙湖镇上万村西南，墓地面积约800平方米。墓冢在“文革”中被毁。现存碑一通，夯土围墙一道，全长91米。

高其倬墓

高其倬（1676—1738），字章之，号美沼、种筠，汉军镶黄旗人。清康熙三十三年（1694）甲戌科进士，五年迁内阁学士，历任广西巡抚、云贵总督、闽浙总督、两江总督，后坐事降为江苏巡抚、湖北巡抚。因屡立功勋，授工部尚书、户部尚书。清乾隆三年（1738）卒于进京途中，谥文良。著有《味和堂集》。

高其倬墓位于今顺义区李桥镇庄子营村南，墓地毁于“文革”期间，出土高其倬墓志与继配夫人蔡氏墓志各一合，孙嘉淦撰文，梁诗正书丹，陈守创篆盖。

徐元梦墓

徐元梦（1654—1741），字善长，姓舒穆禄。满洲正白旗人，清康熙十二年（1673）癸丑科进士。康、雍、乾三朝内阁大学士，直上书房加太子太保，卒谥文定。

徐元梦墓位于今通州区宋庄镇管头村东口，墓已毁，形制不详，仅存乾隆六年（1741）秋立墓碑一通。螭首龟趺，通高4.68米；碑高3.6米，宽1.12米，厚0.44米；龟趺高0.88米，长2.4米，宽1.2米。碑文满汉合璧。为乾隆帝御笔，记述徐元梦功绩及敬重怀念老臣之情。现移存于草寺村北。

马负书墓

马负书（？—1768），汉军镶黄旗人。清乾隆元年（1736）丙辰科武举进士第一，授头等侍卫。累迁至福建漳州镇总兵，后调任古北口提督。乾隆三十三年（1768）卒。

马负书墓位于今顺义区后沙峪地区吉祥庄村东，墓地已毁，仅存墓碑一通。螭首龟趺，碑身高3.9米，宽1.09米，厚0.43米。龟趺高1米，宽1.26米，长2.94米。额题：龙光宠贲。现存于顺义区博物馆。

钟音家族墓

钟音（？—1779），字闻轩，满洲镶蓝旗人，清乾隆元年（1736）丙辰科进士。官至兵部右侍郎和福建、浙江总督，晚年迁礼部尚书晋赠太子太保。

钟音家族墓位于今大兴区庞各庄镇福上村，墓早年被毁，现只遗留墓碑三通，由东至西排列，分别为钟音父母合葬墓碑、钟音生母张氏墓碑、钟音墓碑。三碑形制相同，均为汉白玉质，南向，螭首龟趺，通高4.6米，宽1.07米，厚0.4米，碑额刻：圣旨，碑四边浮雕云龙花纹，碑阳满汉文合璧。钟音父母合葬墓碑立于乾隆三十九年（1774），记述其父朱满任监察御史兼佐领，母吴氏赠为一品夫人等；钟音生母张氏墓碑亦立于乾隆三十九年（1774），记述其生母张氏亦赠为一品夫人等；钟音本人墓碑立于乾隆四十四年（1779），记其生平经历。

裕谦墓

裕谦（1793—1841），原名裕泰，字鲁山、衣谷，号舒亭，蒙古镶黄旗人，出身将门世家。清嘉庆二十二年（1817）丁丑科进士，选为庶吉士，先后任礼部主事、礼部员外郎、湖北荆州知府，武昌知府、荆宜施道、江苏按察使、江苏巡抚、两江总督。鸦片战争时，裕谦守卫定海，壮烈殉国。追赠太子太保，谥靖节。

裕谦墓位于今顺义区后沙峪镇后沙峪村南，墓原有享殿、石碑、石柱、望天吼和石羊等建筑，今已无存，墓地已毁。

潘祖荫祠

潘祖荫（1830—1890），字在钟，小字凤笙，号伯寅，亦号少棠、郑盦。吴县（今江苏苏州）人，清代书法家、藏书家。状元潘世恩孙。咸丰二年（1852）壬子恩科一甲进士第三，授编修。数掌文衡殿试，在南书房近四十年。清光绪间官至工部尚书，谥文勤。通经史，精楷法，藏金石甚富。有《攀古楼彝器图释》。辑有《滂喜斋丛书》、《功顺堂丛书》。

潘祖荫祠位于今西城区米市胡同内，祠原为关帝庙，始建于明天启五年（1625），清光绪二十六年（1900），为了纪念救灾大臣潘祖荫，将关帝庙改建为“潘祖荫祠”。

福锟园寝

福锟（1834—1896），爱新觉罗氏，字箴庭，满洲镶蓝旗人。清咸丰九年（1859）己未科进士，授吏部主事，晋员外郎。清光绪年间担任总理衙门行走，兼内务府大臣。官至体仁阁大学士。卒谥文慎，入祀贤良祠。

福锟园寝位于今朝阳区金盏地区长店村，园寝外有松墙子围绕，内建墓冢一座。其余子孙均没承袭爵位，葬于大、小宫门南侧。

王维珍墓

王维珍（生卒年不详），字嵋谷，汉军镶蓝旗人。清康熙九年（1670）庚戌科进士，选庶吉士，散馆授编修。官至浙江巡抚，谥敏悫。

王维珍墓位于今丰台区长辛店镇朱家坟，墓已毁，仅存墓碑一通。方座，碑高2.14米，宽1米，厚0.34米，四框卷云纹，碑文满汉合璧，首题：巡抚浙江等处地方提督军务兵部右侍郎兼都察院右副都御史加一级谥敏悫王维珍碑文。康熙三十七年（1698）十月初二日立。记载了王维珍的生平事迹。

黄大元墓

黄大元（生卒年不详），字号不详，直隶怀安（今河北怀安）人。清同治二年（1863）癸亥科武进士一甲第一。

黄大元墓位于今延庆县张山营镇张山营村，墓后来迁走，只剩石马一对，东西相对，花岗岩石质。东侧马通高1.2米，长2米，宽0.48米。西侧马通高1.27米，长1.8米，宽0.55米。东侧轮廓清晰，体态丰满，眉目、马嚼依稀可辨，前后肢两两相连，下承方座。西侧马与东侧马基本相同，但做工粗糙，头略方正，唇部残。

李鸿章祠

李鸿章(1823—1901)，安徽合肥人，清道光二十七年（1847）丁未科进士，曾任湖广总督、直隶总督兼北洋通商事务大臣。死后谥“文忠”。

李鸿章祠位于今东城区西总布胡同27号。清代，在京师为汉人官吏建专祠唯李鸿章一人。李公祠祠堂长144米、宽58米，占地面积8120平方米，坐北朝南。原有四进，主房24间，厢房24间，大小照壁各1堵，御碑1块。花园、鱼池、亭台、楼榭、回廊一应俱全。现尚存大殿、门厅、照壁，其他建筑已被拆除改建楼房。大殿坐北朝南，建筑面积305.9平方米，单檐硬山造，小瓦屋面，穿斗式梁架，通面阔五间23米，通进深13.3米。祠堂于1991年1月被拆除，在原址上建成东城区档案局办公楼。

张百熙祠

张百熙(1847—1907)，字埜秋，一作冶秋，号潜斋。湖南长沙人。清同治十三年（1874）甲戌科进士，清末著名教育家。先后任山东乡试副考官、山东学政、四川乡试正考官、日讲起居注官、国子监祭酒、江西乡试正考官、广东学政、内阁学士兼礼部侍郎、礼部右侍郎、都察院左都御史、工部尚书、吏部尚书、京师大学堂管学大臣、户部尚书、邮传部尚书等职。

张百熙祠位于今西城区盆儿胡同北侧西段。

张之洞祠

张之洞（1837—1909），字香涛，号壶公，晚年自号抱冰老人。直隶南皮（今河北南皮县）人，清同治二年（1863）癸亥恩科一甲进士第三，授翰林院编修，历任教习、侍读、侍讲、内阁学士、山西巡抚、两广总督、湖广总督、两江总督（多次署理，从未实授）、军机大臣等职，官至体仁阁大学士，卒谥文襄。洋务派代表人物之一，与曾国藩、李鸿章、左宗棠并称晚清“四大名臣”。

张之洞祠位于今西城区背阴胡同，坐北朝南，依次有祠门三间、影壁，前院有北房五间，后院有北房五间，带左右耳房各三间，东西配房各三间。今除祠门外，尚保持原建格局。

另一处张之洞祠位于今陶然亭公园内抱冰堂，《骨董琐记》称：“龙树寺本唐兴诚寺。龙爪槐，嘉庆中补植，其废亦久。南皮张文襄之洞尝补种二株，招名流觞咏其下，今即其地为祠，以祀文襄。”抱冰堂早于20世纪60年代拆除，改建为展览用房，仍称抱冰堂，已非旧貌。

杨增新墓

杨增新（1864—1928），字鼎臣，云南蒙自人。清光绪十五年（1889）己丑科进士，历任甘肃天水县知事，河州知州，陆军学堂总办，政绩突出。光绪三十四年（1908）入疆，先后在阿克苏、乌鲁木齐、巴里坤等地任道台。1912年被北京国民政府任命为新疆督军、省长。1928年6月，被南京国民政府任命为新疆省主席兼总司令，同年7月7日被下属樊耀南刺杀身亡。卒后，绕道苏联将其尸运回北京。杨增新多次击退外蒙古军队，保全了阿尔泰（今阿勒泰地区），使得新疆在他统治时期未受到严重的侵略。

杨增新墓位于今昌平区回龙观地区沙河南大桥东侧，1929年建圆形水泥墓，立石质螭首龟趺碑，碑身浮雕游龙。通高5.8米，宽3.2米。王树相撰文，陈廷杰书丹。碑文详述其在新疆的政治、经济、军事和外交等方面的重要活动。保存较好，1986年将碑北移200米加石栏保护。

蒲殿俊墓

蒲殿俊（1875—1934），四川广安人，清光绪三十年（1904）甲辰恩科进士。清宣统元年（1909），任四川咨议局议长，四川保路同志会长，为立宪派首领。在辛亥革命前夕，领导四川人民保路废约，进而发展为民立保路同志军，举行武装起义，形成了四川带有全民性的各地大起义。1911年11月27日，成都宣布独立，其任四川都督。1917年任民国北京政府内务部次长，兼任京都市政督办。

蒲殿俊墓位于今石景山区苹果园街道福田寺村东福田公墓。该墓于1984年9月由其女耀琼及长孙祖成重修。

傅增湘墓

傅增湘（1872—1949），四川江安人，清光绪二十一年（1895）乙未科进士，1917至1919年曾任民国北京政府教育总长。1919年辞职后，不问政事。华北沦陷，拒绝亲日派劝降，埋头读书，是民国著名藏书家和目录学家。

傅增湘墓位于今石景山区苹果园街道福田寺村东福田公墓。墓坐南朝北，青白石砌长方形墓，长2.85米，宽1.63米。墓碑高1.7米，宽0.58米。墓于1983年10月由其孙辈熹年、美年等五人重修，碑文由启功题写。重修时将其夫人及子附葬墓旁。

柯劭忞墓

柯劭忞（1850—1933），字仲勉，号凤荪，山东胶县（今胶州市）人。清光绪十二年（1886）进士，近代史学家。曾任翰林院编修、侍讲、湖北提学史等职。卒于北平。

柯劭忞墓位于今石景山区苹果园街道福田寺村东福田公墓。初葬右安门外草桥山东登莱胶义地。1953年移至福田公墓，1980年重修。墓南向，平面呈长方形，占地7.2平方米。墓前有柯劭忞子女奉祀所立石碑一方。

孑民堂

蔡元培(1868—1940），字鹤卿，号孑民，浙江绍兴人。近代著名教育家。清光绪十八年（1892）壬辰科补殿试，中二甲进士、点庶吉士。与章炳麟等发起组织中国教育会，创办爱国学社和爱国女学，提倡民权，宣传革命。1907年赴德留学，入莱比锡大学研究哲学、文学、美学和心理学。1912年任南京临时政府教育总长，1917年任北京大学校长，提倡学术研究，主张对新旧思想“兼容并包”。1919年五四运动爆发后被迫辞职。著作有《蔡元培先生全集》。

1947年，北京大学师生将1935年以前的北京大学旧图书馆（东城区沙滩北街甲83号）特辟为“孑民纪念堂”，以纪念蔡元培先生。该建筑是一座典型的清代北京四合院。此院原为清乾隆年间的国舅、大学士傅恒府邸中的一个院落，此院坐北朝南，正南起首为垂花门，过垂花门为前院；前院有正房五间，带东西耳房，有月台，另有东西配房五间，院内四周连以游廊。后院为七间后堂，东西亦有连通之配廊。2004年被公布为划定保护范围及建设控制地带，后为文化部使用。

天下英才冢

明英宗天顺七年（1463）春季会试，贡院起火，官员不敢开锁放人，考生也不敢擅自跑出，结果有近百名举人被烧死。后皇帝开恩，将这些举人都赠予进士出身，埋葬于朝阳门外，人称“天下英才冢”。有关这场火灾的起火原因未找到具体记载。清嘉庆中期修建北京外城时，“天下英才冢”被夷为平地，没有留下痕迹。

明初，由于修建紫禁城和京城城墙，财力不足，北京贡院只用木板、苇席等物，因陋就简搭建而成。古代的科举考试，不像现在几十个人坐在一间屋子里考试，而是一个考生在一个小隔断间(称为“号房”)中自己答卷，无人再面对面监考，所以进考场前防止考生携带作弊物件就是监考的关键。为了防止内外串联作弊，考试开始后要将号房区的大门锁起来，叫“锁围试贡”或叫“锁院”，严禁考生出号房，无关人等也不准接近号房和考生接触。一旦发生突发事件，很难及时采取应对措施，而且会试往往又在初春乍暖还寒的时候举行，考生要自备火炉取暖，容易引发火灾。

会馆

安徽会馆

安徽会馆是安徽旅京乡贤创建的省级试馆。安徽省位于华东地区西北部，东连江苏、浙江，西接湖北、河南， 南邻江西，北靠山东。民国之前，北京的安徽会馆有两处。一处在西城区后孙公园胡同25号，清同治年间创建。其是北京最著名的会馆之一，素有“京城第一会馆”的美称。清和民国时期地址为后孙公园4号，为全国重点文物保护单位。

会馆的前身是明末清初的学者孙承泽所建的私人宅邸——退谷别墅，时称“孙公园”。内有研山堂、万卷楼、大戏台和花园等建筑。孙承泽（1592—1676），字耳北，号北海，又号退谷，明崇祯四年（1631）辛未科进士，官至给事中。李自成攻入北京后，任四川防御使。清顺治初年，官至吏部左侍郎。 继孙承泽之后，清代曾有许多名人在此居住，如乾隆朝内阁大学士翁方纲（1733—1818）、刑部员外郎孙星衍（1753—1818）、道光年间以藏有甲戌本脂批《红楼梦》而闻名的藏书家和篆刻家刘位坦等。

清同治八年（1689），直隶总督、北洋大臣李鸿章为扩充淮军势力与其兄湖广总督李瀚章及淮军诸将集资购得孙公园的大部分，建安徽会馆，同治十年（1871）落成。与其他省级会馆不同，安徽会馆只接待在职的州、县级官员和副参将以上的实权人物。会馆占地9000平方米，有左、中、右三路套院，每路有五套四合院，附设花园。有文聚堂、思敬堂、藤闲书屋、戏楼、神楼等。楼台亭阁、雕梁画栋无不显出富丽堂皇、气宇轩昂之势，在京城会馆中堪称一绝。尤其是会馆的戏楼，与正乙祠、湖广会馆、阳平会馆的戏楼被合称为“四大戏楼”，蜚声京城。此后，会馆又多次扩建和重修。

安徽会馆自创建到后来的修缮都得到了李鸿章的大力支持。他不仅多次捐款，而且在会馆落成时欣然提笔，写下《新建北京安徽会馆记》。会馆重修时又写有《重修北京安徽会馆碑记》。李鸿章等曾在此频繁集会，并接待外国使臣。

戊戌变法期间，这里曾是康有为等维新党人的重要活动场所。光绪二十六年（1900），安徽会馆被八国联军侵占，成为德军司令部的所在地。德军在此烧杀抢掠，无恶不作。1937年日军侵华，会馆又落入日寇之手，东路院被用作海洛因的制造厂房，后因失火被毁。新中国成立后被改建成后孙公园小学。会馆中路的西楼和后楼，在1958年被建成“万人食堂”，后拨给椿树五金厂作库房。1984年5月，会馆戏楼被评为市级文物保护单位。2000年8月对戏楼等主体部分进行了修缮。会馆的西路在民国时曾开办京师私立安徽中学校，不久后停办。美术大师徐悲鸿曾在此开办美术专科学校。

现今，后孙公园胡同25号的安徽会馆建筑格局基本完好，在多方人士的努力下，腾退、修缮、保护工作正在稳步进行。

另外一处安徽会馆在今西城区椿树街道后孙公园胡同8号，清光绪十一年（1872）兴建。民国时地址为后孙公园12、13号。现为民居，建筑多有破损。

安庆会馆

安庆地处安徽省西南部，晋置县，隋升同安郡，南宋升安庆府，今为地级市。安庆会馆位于西城区铁门胡同35号，清嘉庆年间设立。民国时登记的地址为铁门17号。1912年9月2日，孙中山曾应北京报界邀请来到安庆会馆发表演讲。陈独秀亦曾多次寓居安庆会馆。新中国成立后，会馆被改建成北京塑料玩具三厂，现为“河东宾馆”，原有馆舍建筑均已无存。

池州会馆

池州位于安徽省西南部，原是郡属地，唐置池州，后更迭频繁，今为地级市。池州会馆在民国时的地址为西裱褙胡同5号。如今该胡同已经被拆除，会馆也已无存。

当涂会馆

当涂位于安徽省东部，西汉置县，今属马鞍山市。清代，试馆性质的当涂会馆在北京约有两处。一处位于西城区东北园胡同。清《光绪顺天府志》载：“东北园，井一。旧有当涂会馆，今废。”另外一处在今西城区桐梓胡同16号。原为大栅栏房管所一管段的办公用房，后改建成“天陶广大市场”。

凤阳会馆

凤阳地处安徽省东北部，秦代置县，明析置凤阳县，今属滁州市。民国以前，试馆性质的凤阳会馆在京约有两处。一处位于西城区排字胡同44号，清嘉庆六年（1801）设立。清和民国时的地址为排字胡同20号。清《光绪顺天府志》载："排子胡同，有江夏、凤阳会馆，小庙二。"会馆坐北朝南，为三进四合院，有正房三间，前后院均有过厅。现为民居，建筑多有破损。

另外一处在今西城区大宏巷22号，旧时地址为大宏庙13、14号，清光绪元年（1875）创建。新中国成立后被改建成煤铺，后为街道工厂，现为浴池。

广德会馆

广德位于安徽省东南部，东汉置县，今属宣城市。广德会馆在今西城区施家胡同2号，明末始建。清代地址为施家胡同31号，民国时为施家胡同30号。会馆坐南朝北，为一进四合院，有房15间，占地约90平方米。现为民居，建筑多有破损。

贵池会馆

贵池位于安徽省西南部，汉代置县，五代十国吴改称贵池，今属池州市。贵池会馆位于东城区长巷四条21号，明代创建。清代重修两次，民国重修一次。清《光绪顺天府志》载："长巷上、下四条胡同，有岳阳、上新、新城、乐平、休宁、金溪、南昌诸会馆。旧有贵池、德兴、南雄诸会馆，今废。"民国时登记的地址为长巷四条31号。会馆为二路布局，北路有倒座房五间，正房五间，南北厢房各两间。南路有东房两间，南房四间。现为民居，建筑多有破损。

和含会馆

和含会馆又名"含和会馆"，是和州、含山两地联合创建的同乡试馆。和州位于安徽省东部，秦代置县，北齐置和州，明清升直隶州，1912年改称和县。含山位于安徽省中部偏东，和县之西，汉属历阳县，唐析置含山县，今属巢湖市。和含会馆位于西城区杨梅竹斜街16号，明末兴建。清代地址为杨梅竹斜街137号、134号。据《北京会馆档案史料》中《1947年各省会馆登记表》载，会馆原大门内北墙曾树立有清乾隆三十九年（1774）石碑一座。现在为民居，建筑已破损。

怀宁会馆

怀宁位于安徽省西南部，汉代置县，今属安庆市。试馆性质的怀宁会馆在京约有三处，均是清代兴建。一处位于西城区粉房琉璃街106号，清和民国时期的地址为粉房琉璃街。清《光绪顺天府志》载："粉房琉璃街，有汾水、延平、晋江、廉州、解梁、萍乡、万载、河南、怀宁、新会、天津诸会馆。"会馆原是民居，正在拆迁改造中。

再有一处怀宁会馆位于西城区迎新街62号，清和民国时的地址为延旺庙街47号。会馆坐东朝西，为一进大四合院，有北房五间、南房五间、东房十间、倒座房八间含大门，另有一跨院。占地面积约300平方米。现为民居，建筑多有破损。

最后一处怀宁会馆在西城区潘家胡同，早年间废弃。此处会馆仅见于学术专著，尚待考证。

徽州会馆

徽州位于安徽省东南部，秦代置歙县，宋改徽州，今属黄山市。民国以前，试馆性质的徽州会馆在京约有两处。一处位于西城区宣武门外大街109号，又名"徽州郡馆"，清光绪年间设立。民国时地址为宣武门外大街53号。2000年地区改造时，会馆建筑被拆除。

另一处徽州会馆据推测在今西城区鹞儿胡同20号，清代兴建。清代地址为鹞儿胡同巷内。清《光绪顺天府志》载："鹞儿胡同，有浮山、平介会馆，旧有徽州会馆，今废。"

绩溪会馆

绩溪位于安徽省东南，唐代置县，今属宣城市。绩溪会馆在今西城区椿树上头条1号，清乾隆年间兴建。清《光绪顺天府志》载："椿树上、下头条胡同，有绩溪、龙溪、新城会馆。"会馆坐北朝南，为二进四合院，占地面积约600平方米。前房三间有过道，后房五间，有一小跨院。20世纪90年代地区拆迁改造时被拆除。

泾县会馆

泾县位于安徽省东南部，汉代置县，今属宣城市。民国之前，试馆性质的泾县会馆在京约有六处。分别位于西城区米市胡同64号、东城区长巷头条60号、东城区长巷二条胡同内、东城区长巷三条巷内、西城区中信城和西城区迎新街87号。

米市胡同64号的泾县会馆，创建于清乾隆年间。道光年间改称“泾县新馆”。为西城区文物保护单位。清代著名书法家包世臣（1775—1855）在嘉庆、道光年间十次进京赶考均住在此馆。1918年12月22日，李大钊与陈独秀在新馆北屋创办了《每周评论》，使泾县新馆成为新文化运动的喉舌之地。会馆现为民居，建筑多有破损。

长巷头条60号的泾县会馆旧址为长巷下头条30号。清代设立。清《光绪顺天府志》载：“长巷上、下头条胡同，有泾县、南昌、汀州、江右、丰城诸会馆。旧有武林会馆，今废。”会馆现为民居，建筑多有破损。

长巷二条的泾县会馆建于清代。清《宸垣识略》载：“东城会馆之著者，长巷二条胡同曰广丰、浦城、泾县。”因无具体地址，会馆现状不详。

长巷三条的泾县会馆在清末已经废弃。清《光绪顺天府志》载：“长巷上、下三条胡同，有长吴、金溪、临江、南城诸会馆。旧有元宁、泾县会馆，今废。”

中信城内的泾县会馆建于清嘉庆年间，旧址为兵马司后街4号。早年间废弃。

迎新街87号的泾县会馆亦称“泾县新馆”，清嘉庆十七年（1812）设立。清《光绪顺天府志》载：“南横街，井一。迤西隶西城，井四。旧有礼部所属会同馆，今废。有祥符、嘉兴、全浙、淮安、孟县、泾县、粤东诸会馆。”清末登记的地址为南横街32号，民国时为南横街30号。会馆坐北朝南，为四进四合院，西北部有跨院。20世纪50年代被拆除一部分，后南横街拓宽改造时被彻底拆除。

旌德会馆

旌德位于安徽省东南部，唐代置县，今属宣城市。民国以前，旌德乡人在北京设立的试馆共有三处。一处在东城区大江胡同19号，始建于明代。后因于小江胡同另建新馆，故此处又称“旌德老馆”。旧址为大蒋家胡同。清《光绪顺天府志》载：“大蒋家胡同，井一。有旌德、松江、吉安、贵州诸会馆。旧有韶州会馆，今废。”会馆坐北朝南，为两进四合院，另有一座东跨院。现为民居。

再有一处旌德会馆位于东城区小江胡同巷内，旧址为小蒋家胡同。清《光绪顺天府志》载：“小蒋家胡同，有河东、平阳、晋翼、旌德诸会馆。”现为民居。

最后一处旌德会馆在今西城区南大吉巷14号，清咸丰年间兴建，又称“旌德新馆”。南大吉巷旧称羊肉胡同。清《光绪顺天府志》载：“羊肉胡同，有奉新、旌德会馆。”清末登记的地址为羊肉胡同23号，民国时为羊肉胡同25号。会馆坐南朝北，为二进四合院，占地面积约300平方米。有正房三间、后房五间、倒座房四间加大门。1932年曾于馆内开办私立文化补习学校，1947年改为私立文化小学。1956年成立羊肉胡同小学，1966年更名红宇小学，1974年改大吉巷小学。21世纪初学校撤并，现为社区办公活动场所。

六安会馆

六安位于安徽省西部，秦代置县，元改六安州，清雍正初升直隶州，今为地级市。民国之前，六安在京自建的同乡试馆约有两处，分别位于西城区米市胡同和西城区骡马市大街。两处会馆均为清代兴建。其中米市胡同的六安会馆在早年间已经废弃，另外一处在骡马市大街改造时被拆除。

六英霍会馆

六英霍会馆是安徽六安州与英山、霍山二县合建的同乡试馆。六安在前面六安会馆中已述。英山位于湖北省东部，宋代置县，1932年由安徽划归湖北，今属黄冈市。霍山位于安徽省西部大别山区，汉代置潜县，南朝梁置霍州，隋改霍山，今属六安市。六英霍会馆在京约有两处，均是清代兴建。一处位于西城区中信城范围内，也称“六安会馆”。该地原称米市胡同。清《光绪顺天府志》载：“米市胡同，井二。东有关帝庙，详寺观。有中州、江阴、光州、六安、重庆、南海诸会馆。”清末登记的地址为米市胡同63号，民国时为米市胡同72号。会馆坐东朝西，为三进四合院，占地面积约400平方米。因地区改造，现已拆除，原址建成“中信城”小区。

另外一处六英霍会馆位于西城区南横西街17号，旧址为南横西街29

号。会馆在拓宽道路时被拆除了前院的一部分，剩余部分现为民居。

庐州会馆

庐州会馆是庐州府联合巢县（今为巢湖）、无为、庐江、舒城四县共同创建的同乡试馆。庐州位于安徽省中部，汉代置县，隋升合州，元改庐州，今称“合肥市”。民国以前，北京约有三处庐州会馆。其中一处在今西城区珠市口西大街128号，清中前期设立。旧址称作西柳树井。清《光绪顺天府志》载：“西珠市口大街，即南大街，迤西为西柳树井，北有万善给孤寺，传云，创自唐贞观间，疑即坊巷胡同集之万善寺也。有津南、潞安、赣宁、奉天、九江、平定、翼城、仁钱、庐州、盂县诸会馆。”清末登记的地址为西柳树井大街52号，民国时地址为西柳树井41号。2000年地区改造时，会馆建筑被拆除。

再有一处庐州会馆位于今西城区珠市口西大街中段，清代兴建，民国时地址为西柳树井71号。早年间废弃。

最后一处庐州会馆又称“庐州试馆”，位于东城区建国门内大街，兴建时间不详，民国时登记的地址为水磨胡同牛角湾5号。会馆现已无存。

南陵会馆

南陵位于安徽省南部，汉代置县，南朝梁称南陵，今属芜湖市。南陵会馆位于东城区草厂三条巷内，清代兴建。清《光绪顺天府志》载：“草场三条胡同，有南陵、临江、太平会馆。”清和民国时期的地址为草场三条。因无具体地址，会馆现状不详。

潜山会馆

潜山地处安徽省西南部，汉代置县，元改潜山，今属安庆市。潜山会馆位于西城区山西街7号，兴建于清代。清和民国时期的地址为山西街。新中国成立前，著名作家张恨水曾在此居住。会馆坐西朝东，占地面积约100平方米。有正房五间，东西厢房各七间，倒座房四间含大门。现为民居，建筑多有破损。

青阳会馆

青阳位于安徽省南部，三国吴置县，唐改青阳，今属池州市。北京约有两处青阳会馆，均属试馆。一处位于西城区施家胡同6号，清康熙年间兴建。清末登记的地址为施家胡同29号，民国时为施家胡同28号。会馆坐南朝北，为四合院落，占地面积约300平方米。金柱大门，进深七檩，屋顶后改。有正房三间、倒座六间，东西配房已无存。现为民居，建筑多有破损。

另外一处青阳会馆在今西城区骡马市大街119号，清代设立，民国时地址为四川营8号。骡马市大街拓宽改造时，会馆建筑被拆除。

歙县会馆

歙县位于安徽省东南部，秦代置县，隋升歙州，宋改徽州，元升为路，明升为府，1912年复改为歙县，今属黄山市。民国以前，试馆性质的歙县会馆在京约有三处，分别位于西城区宣武门外大街103至107号、西城区南半截胡同3号和西城区老墙根街107号。

宣武门外大街103至107号的歙县会馆始建于明代，原为商馆，清乾隆年间改为试馆。清时的地址为宣武门外大街47号，民国时地址为宣武门外大街51号。当时徽州歙县人虽身在异乡，却以程朱故里为荣。在《歙县会馆志》中有这样的文字记载："吾歙为秦旧县，黄山练水，世毓名贤，程朱遗范，渐摩熏染，情谊深而风俗厚，虽侨居寄籍他郡邑者，类皆不忘其乡，依依水源木本，矧京师为冠盖所集，可无会聚之区，以讲乡谊而崇古道哉。"徽籍官僚、名人，如休宁人吏部尚书、协办大学士汪由敦（1692—1758），歙县人户部尚书曹文埴（1735—1798）、军机大臣曹振镛（1755—1835）父子、画家罗聘（1733—1799）、清代大学士纪晓岚（1724—1805）、著名的思想家戴震（1724—1777）等人常在这里出入。此外，马克思在《资本论》中唯一提到过的一位中国人"王茂荫"，亦曾在此居住。王茂荫（1798—1865），字椿年、子怀，安徽歙县人。清道光十二年（1832）壬辰科进士。历任监察御史、户部右侍郎兼管钱法堂事务及兵、吏、工部侍郎等职。多次提出防剿太平军和其他农民军的方略。其任京官达30年，而不携眷属随任，一人独居歙县会馆，并以两袖清风、直言敢谏而闻名。会馆坐西朝东，为四进四合院，原占地面积约2500平方米。分北、中、南三院，其中大部分已改建。现为民居。

另外两处歙县会馆亦是清代设立。其中南半截胡同3号（旧址为南半截胡同2号）的会馆现为民居，老墙根街107号（老墙根30号）的会馆在地区改造时已拆除。

石埭会馆

石埭今称“石台县”，位于安徽省南部，南朝梁置县，今属池州市。石埭会馆始建于明天启四年（1624），现地址为东城区大席胡同20号。清《光绪顺天府志》载：“大、小席儿胡同，大胡同井一。有玉泉庵，有石埭、德化、庐陵会馆。”会馆在清代、民国历经重修，最后一次修葺为民国二十四年（1935）。现为民居，存清式古建筑面积约300平方米。

泗州会馆

泗州为古地名，位于安徽省东北部，泛指今泗县，泗洪，天长，盱眙，明光一带。泗州会馆在今东城区后赵家楼胡同11号，又称“泗州试馆”。民国时期登记的地址为后赵家楼胡同6号。据《1947年各省会馆总登记表》记载，会馆为：“后赵家楼六号房一所，计破房五间，空地一亩许。”现该处为民居，建筑多有破损。

太平会馆

太平地处安徽省最南端，唐代置县，1983年改称黄山县，1987年撤县改黄山区。太平会馆位于东城区草厂三条19号，清代兴建。清《光绪顺天府志》载：“草厂三条胡同，有南陵、临江、太平会馆。”民国时登记的地址为草厂三条30号。原建筑为三路布局，占地较广。中路及南路院落各两进，北路后院正房为两层重楼。2006年3月，会馆的倒座房、西正房及东西厢房被拆除，仅存一座后罩楼。

桐城试馆

桐城地处安徽省西南部，汉代置县，唐改桐城，今为地级市。桐城试馆位于西城区前门西大街15、17号，据说是清康熙年间，由大学士张英捐私宅而建。清《光绪顺天府志》载：“正阳门内西城根，有桐城试馆。”民国时登记的地址为前门内顺城街14号。试馆落成之日，张英还于正厅亲题一联：“前辈名声满天下，后来兴起望尔曹。”现今，会馆已被拆除。

望江会馆

望江地处安徽省西南部，东晋置县，隋改望江，今属安庆市。民国之前，试馆性质的望江会馆在京约有三处，均是清代设立。一处在今西城区石头胡同60号。清《光绪顺天府志》载："石头胡同，有望江、龙岩会馆、天仙宫、准提庵。"清末登记的地址为石头胡同75号。会馆现为民居，建筑多有破损。

再有一处望江会馆位于西城区中信城内，旧址为兵马司中街。清《光绪顺天府志》载："兵马司前街，明南城兵马司疑当在此，中街有南城、慈溪、望江诸会馆。"清末登记的地址为兵马司中街8号，民国时为兵马司中街9号。因地区改造，会馆建筑已拆除，原址建成中信城小区。

最后一处望江会馆在今西城区油坊胡同，又称"望江邑馆"，清末设立。民国时登记的地址为油坊胡同20号。会馆建筑现已无存。

芜湖会馆

芜湖在安徽省东南部，汉代置县，今为地级市。芜湖会馆位于东城区长巷五条7号，是安徽省芜湖旅京人士俞谟于明永乐元年（1403）捐家宅而建。旧址为高庙胡同。清《宸垣识略》载："东城会馆之著者，高庙胡同曰芜湖。"清康熙十八年（1679）、清雍正八年（1730）两次地震，会馆房舍先后倒塌，清嘉庆年间邑人邵士凯等人又劝捐添盖。清咸丰、同治年间馆舍渐为周围居民侵占，直讼至清光绪十一年（1885）方得归还，但房屋均已毁坏，地基亦丧失一半。于次年重建，民国五年（1916）再次改建。

会馆坐西朝东，存清式古建筑面积约160平方米，现作民居使用。中间为大门，前后两进院落，原二门墙嵌有石刻《重修芜湖会馆记》，高30厘米，宽80厘米，现已无存。

武河会馆

武河会馆又名"五河会馆"，是五河县旅京人士建立的同乡试馆。五河位于安徽省东北部，南宋置县，今属蚌埠市。会馆位于东城区好景胡同，清代兴建。清和民国登记的地址为高井胡同。清《光绪顺天府志》载："高井胡同，旧有武宁、义宁、进贤、武河诸会馆，今多废。"会馆现为民居，建筑多有破损。

休宁会馆

休宁位于安徽省南部，东汉置县，隋改休宁，今属黄山市。民国之前，试馆性质的休宁会馆在京约有五处。其中有三处在今西城区菜市口大街北段附近。民国时的地址分别为：丞相胡同13号、丞相胡同15号和丞相胡同33号。13号的休宁会馆创建于清乾隆十八年（1753），乾隆四十九年（1784）重修。15号的休宁会馆又称“休宁西馆”，原为徐乾学故宅。乾隆年间购建为会馆。徐乾学（1631—1694），字原一、幼慧，号健庵、玉峰先生，江苏昆山人。清康熙九年（1670）庚戌科一甲进士第三，授编修。官至刑部尚书。曾主持编修《明史》、《大清一统志》等书籍，著有《憺园文集》三十六卷。会馆坐西朝东，为两进四合院。占地面积约1000平方米。33号的休宁会馆建于清中晚期。清光绪三十二年（1906），汪绍铨在此创办外城私立女子传习所。清宣统元年（1909）改为外城官立两等女子小学堂。1912年更名京师公立第一女子高等小学校，之后又多次更迭。新中国成立后改建为小学校。清末大臣李鸿藻、孙毓汶亦曾在丞相胡同的休宁会馆内居住。李鸿藻（1820—1897），字兰孙，号石孙，砚斋，直隶高阳（今河北保定）人。清咸丰二年（1852）壬子科进士，选庶吉士，授编修。因曾为同治皇帝师傅，深受慈禧太后器重。是清政府中钳制洋务派的守旧人物之一。孙毓汶(1834—1899)，字莱山(亦作来杉)，山东济州人。清咸丰六年（1856）丙辰科一甲进士第二，授编修。2000年菜市口地区进行改造，三处会馆均被拆除。

再有一处休宁会馆位于东城区长巷四条，清代兴建。清《宸垣识略》载：“东城会馆之著者，长巷四条胡同曰岳阳、贵池、上新、德兴、新城、南雄、乐平、休宁。”清《光绪顺天府志》亦载：“长巷上、下四条胡同，有岳阳、上新、新城、乐平、休宁、金溪、南昌诸会馆。旧有贵池、德兴、南雄诸会馆，今废。”2014年，在拆迁中的长巷四条10号院中出土了两块石碑，分别为休宁会馆碑和功德碑，证实了休宁会馆的存在。

最后一处休宁会馆在今西城区中信城西南角位置，建于清晚期。民国时登记的地址为米市胡同56号。会馆建筑现已无存。

宣城会馆

宣城地处安徽省东南部，汉代置县，今为地级市。民国以前，试馆性质的宣城会馆在北京约有三处。其中最早一处在西城区铁门胡同11号，此处原为清代著名诗人施闰章的故居。施闰章（1618—1683），字尚白，一字屺云，号愚山，又号蠖斋，晚号矩斋。清顺治六年（1649）己丑科进士，授刑部主事，官至山东学政、江西布政司参议、分守湖西道。施闰章与宋琬齐名，称“南施北宋”。清初，施家在京宅邸被权豪所占。顺治六年（1649），施闰章赴京会试，考取进士后，将房产重新收回。后施闰章回籍，将此宅改为会馆，留作同乡住宿之用。《京师铁门宣城馆碑记》记载：“吾宣施愚山先生，为清初名宿一时诗人，有南施北宋之称，而公尤以理学著，其故宅在宣武门外铁门北头广信馆之北，即今之宣城馆也。”清乾隆时期，宣城人梅㲄成（1682—1764）在京城任御史，倡议捐赠修缮了宣城会馆。原建筑为一座小型四合院，大门坐西朝东，门内通道北侧为两座东配房，正房为北房两座，施闰章曾在北房居住。2004年地区拆迁改造时被拆除。

另外两处宣城会馆分别位于今天东城区香乐胡同和铁香胡同，两会馆在清代的地址都是铁香炉，实际上是两处，一处在今磁器口附近，更名为香乐胡同，另一处在今天的铁香胡同。现今，两处会馆仍是居民区，建筑多有破损。

黟县会馆

黟县位于安徽省南部，秦代置县，今属黄山市。北京约有三处黟县会馆，均建于清乾隆年间。一处位于西城区南半截胡同21号。清《光绪顺天府志》载：“南、北半截胡同，巷东隶北城，西隶西城，南胡同井一。有江宁、黟县、山会诸会馆。西小胡同曰七间楼。北有吴兴、潼川两会馆”。清末登记的地址为南半截胡同26号，民国时为南半截胡同10号。会馆坐西朝东，占地面积约500平方米。有蛮子门一间，倒座房四间。门内为两进院落。现为民居，建筑改动颇多。

再有一处黟县会馆在今西城区烂缦胡同76号，民国时地址为烂缦胡同70号，现为民居。

最后一处是西城区西草厂街中段的黟县会馆，早年间已经废弃，现原址建成棉花北片小区楼房。

颍州会馆

颍州今称“阜阳”，位于安徽省西北部，秦代置县，金改颍州，清升府置。北京的颍州会馆有两处，均是清代设立，由颍州及阜阳、颍上、太和、阜南、临泉、界首六县共同管理，属试馆。其中一处位于西城区椿树街道裘家街7号，清光绪十六年（1890）兴建。清和民国时地址为裘家街3号。现为民居，建筑破损。

另外一处颍州会馆位于西城区庄胜城内。旧址为海柏胡同。海柏胡同明代称“海波寺”，清和民国时称“海北寺”。清《光绪顺天府志》载：“海波寺街，井一。有广西、颍州、澧州、顺德、潮州会馆。”会馆现已无存。

大宛会馆

大宛会馆是顺天府大兴、宛平两县的同乡试馆。大兴位于北京市南部，最早为古蓟县地，辽更名为蓟北县，后又更名析津县，金再改为大兴县，属大兴府，明清改属顺天府。宛平位于北京市西城区西南部，唐蓟县置幽都县，辽改称宛平县。大宛会馆今址在西城区前门西河沿街22号，清代兴建。清末登记的地址为西河沿237号。值得一提的是，原会馆的管理人朱梁济（1845—？）曾是“公车上书”运动的参与者之一。当《马关条约》签订的消息传来，时任兵部主事的朱梁济立刻联络同乡的56名官员、举人、生员，于清光绪二十一年（1895）四月初九，上书朝廷，反对割地赔款。光绪三十二年（1906），该馆曾开设公立首善两等小学堂。会馆原有三个院落，现已拆除，原址建成新新宾馆。

安溪会馆

安溪地处福建省东南部，五代南唐置县，宋改安溪，今属泉州市。民国前，试馆性质的安溪会馆在京约有两处。一处位于西城区板章胡同9号，清朝初年设立。原是李光地在京的私宅。李光地（1642—1718），字晋卿，号厚庵，别号榕村，泉州安溪湖头人，1642年出生于安溪县祥华乡祥华村。清康熙九年（1670）庚戌科进士，进翰林，官至文渊阁大学士兼吏部尚书。其为官期间，政绩显著，康熙帝曾三次授予御匾，表彰其功。清康熙五十四年（1715），李光地送母归乡后，其宅充作会馆。馆坐北朝南，二进四合院，正房三间，后罩楼面阔三间，二层，为乡贤祠，楼上神位奉李文贞等人。馆后有屋两间，房颇宏敞，一度为安溪考亭书院。清光绪年间，北京遭到兵燹，馆丁张德林乘乱侵占了馆产。民国初年，馆董杨廷玑、律师朱北莘上诉外城警厅，方以得回。新中国成立后会馆改建成板章小学，后屡有更迭，现为香厂路小学分校。

另一处安溪会馆位于西城区珠市口西大街94号，清代设立。民国时登记的地址为西柳树井56、57号。会馆建筑的绝大部分在地区改造时被拆除，现仅余最后一排南房，作民居使用。

福建会馆

福建会馆又称“全闽会馆”，位于宣外大街203号，后门临车子营胡同。据民国期间李景铭所编的《闽中会馆志》所载，该馆旧时为财盛馆，俗称财神馆，是盛伯熙祭酒别业。清光绪三年（1877），由闽籍大官王仁堪购建。当时仅有房屋十余间。王仁堪（1848—1893），字可庄，又字忍菴，号公定，闽县（今福州）人。光绪三年（1877）己卯科头名状元。授殿撰，官至苏州知府。门上匾额“福建会馆”四字由后来的清末代皇帝溥仪之师陈宝琛所书。民国后，铁路停办，许多闽籍人士滞留京师，会馆成为闽籍旅京人士的寓居之所。一时迁入者，“兀榻炉鼎，分居各炊”。1915年，会馆复于西南角扩屋三间，且特意将大厅作为“乡人游燕之地”。

福建会馆成立后，闽籍旅京人士利用省馆这一得天独厚的场所，积极组织同乡人士，开展各种活动，使得福建会馆一时名扬京城。1897年冬，德国侵占胶州湾，“戊戌六君子”之一的闽藉人林旭遍谒京中同乡，于1898年1月31日，在福建会馆举行大会，发表演说，成立“闽学会”，并联络林庆禧等360位闽籍举子，在馆中起草《为圣像被毁、圣教可忧、请饬总理衙门责向德人公呈》奏折，后又率众参加了康有为组织的第二次“公车上书”活动。1902年，各省竞立学堂，助行宪政。陈壁出面以会馆为依托，向同乡官绅募捐，请求福建省财政补助及中央政府拨款等，筹金二万余元，扩建会馆，创办起“京师闽学堂”，先后聘请汪春霖、周景焘、张琴出任学堂监督，负责管理学堂事务。他们广招学生，礼聘名师，翻译家林纾就曾执教于该学堂。1909年，学堂因经费短绌，学生寥寥而停办。同年，闽籍留学生林志烜等在南列三屋筹建起宣南法政专门学校。林志钧、程毓亭等十余人先后登台执教。该校实行夜课制，夜间师生各自“挟书而至”，“灯火莹莹，周极一时已盛也”。同时，会馆还腾出北列三屋，开办春明女子中学。不仅将馆内大部分书籍、仪器、标本、模型及器具等提供给春明女子中学教学之用，还将原学堂之所优惠租给首善医院行医。

1924年，福建沿海飓风盛行，船只失事颇多，渔民生计断绝，生活艰难。而北京政府成立的华洋赈灾委员会因证据不足，灾情不明，迟迟未能派发救济金。1925年元旦会馆组织召开会议，请求免提证明。最终20万元救济款如数派发到闽省，赈救灾民。

1937年夏，福建会馆改为同乡会，实行理监制，即理事十一人，监事七人，候补各三人。同年省馆北屋二间因学生宿舍不慎失火烧毁。1938年，理事会募集资金将被毁二间及其他二十余间破屋修葺一新。于此，福建会馆保持原貌至1942年。

现今馆舍建筑已经拆除，原来位置建成了菜市口中学。

福清会馆

福清位于福建省东部沿海，唐代置县，五代改福清，今属福州市。民国之前，试馆性质的福清会馆在京有两处。一处位于西城区虎坊路7号院内，清乾隆年间兴建。此处与福州老馆同为叶向高故宅的一部分。清末登记的地址为帐垂营10号，民国时地址为福州馆街1号。福州馆街，在清代称为崇兴寺胡同。清《光绪顺天府志》载：“崇兴寺胡同，有福州、福清、濮阳、理化诸会馆，旧有鄞县会馆。”会馆在20世纪50年代被拆除。原地现为北京市工人俱乐部。

另一处福清会馆在今西城区虎坊路19号，旧时地址为虎坊路35号，清代设立。会馆现已无存。

福州会馆

福州地处福建省东北部，唐设州制，因有福山遂改称“福州”，今为福建省会。北京的福州会馆约有三处。一处位于西城区虎坊路7号院内，又称“福州老馆”。最初由明万历年间福建人叶向高捐赠私宅所建。叶向高（1559—1627），字进卿，号台山，晚年自号福庐山人。福建福州府福清县人。明万历十一年（1583）癸未科进士，授庶吉士，进编修。万历后期至天启年间任首辅。其家业较大，后将家宅一分为二，舍为福州会馆与福清会馆。福州老馆分东、中、西三院，大房45间，小房4间。馆外有门联“皇都烟景，福地人文”，顶悬“福州会馆”匾额。清代，闽籍人每年元宵节都要在此举行社火活动，燃放烟花爆竹。林则徐的日记中就曾提到："嘉庆二十一年（1816）正月十五日，上午剃头留须，夜赴福州会馆观烟火。"如今福州老馆已经拆除，原址上建了北京市工人俱乐部。

随着来京闽人日益增多，福州老馆逐渐不能满足需要。因此，清嘉庆年间，于今西城区骡马市大街51号另建新馆。新馆筹建之初得到林则徐等闽人的大力支持。嘉庆十八年（1813），林则徐初入京师，官卑俸低，寄住贾家胡同莆阳会馆。待得知福建籍刑部尚书陈望坡辞官告归捐出私宅建立福建新馆时，将代人书折写文的笔润，全部捐出，用于新馆装修，后闽籍旅京人士踊跃效仿捐助，促新馆建成。道光三十年（1850），林则徐逝世的消息传至北京，闽籍旅京同乡闻知十分感伤。为纪念林则徐爱国、爱民、爱乡之举，乡亲们特在福州新馆内设"桂斋"（名源于林则徐福州故居），并塑像祭祀。新馆现为民居，原有建筑多数已经拆除，仅余最后一进院落。

除上述两馆外，今西城区菜市口大街北段还有一处福州会馆，清代设立。现为西城区"中信城"二期所在，原会馆建筑已经被拆除。

福州会馆成立后，首要功能是为闽籍赴京应试举子和京城闽籍官员提供休息寓居场所。根据会馆章程，有资格住馆的分为四种人，即"应中央考试者、投考中央各学校之学生、因本省地方公益来京请愿者、经中央任命人员"；前两种人可以居住到考试揭晓后30天，第三种人可住至办事完结后20天，第四种人居住时间可延至上任后的30天。

作为福州同乡的在京组织，福州会馆还积极为同乡应试举子提供考前辅导、考后疏通关节甚至徇私舞弊的服务。清光绪三十年（1904），福州新馆聘请侍郎张元奇、陈壁、府尹沈瑜庆等同乡京官，轮流到馆为来京参加会试的福州籍举子指点温书。当时殿试在颐和园中举行。按规定，读卷大臣要提前一天入园候宣。陈壁受福州会馆之托，事先派遣自己的部员在颐和园外等候，在殿试之前，连夜将福州籍应试举子的名册递交到了读卷大臣手上。结果，陈壁的门人多数在二甲之列。

此外，福州会馆还仿效盛唐大雁塔提名，在馆中建立科举提名版额，让应试中举的同乡学子在上留名纪念，内容包括：籍贯、会试时间、所中甲第等，以此宣扬本埠人杰地灵、文化发达，并激励同乡举子金榜题名。其中福州老馆存有自顺治至道光朝的提名版额，共计887人，福州新馆存有自咸丰至光绪朝的提名版额，共计485人。林鸿年、王仁堪、林则徐、陈宝琛等著名人物均在其列。

惠安会馆

惠安地处福建省东南沿海，宋代置县，今属泉州市。惠安会馆又称“惠安邑馆”，位于西城区耀武胡同5号，清康乾时期创建。据李景铭《闽中会馆志》中描述，该馆面积半亩余。提起福建惠安会馆，人们不禁想起林海音的《城南旧事》，其实小说的原型是福建永春会馆，但是随着电影的上映，惠安会馆也大名远播。

清道光十二年（1832），一代名儒陈金城来京应试时就住在惠安会馆。陈金城（1802—1852），字念庭，号殿臣，洛阳镇岭头村人。其幼年颖悟，随父就学，所阅之书，过目成诵。曾写下《平夷论》、《筹守福州议》、《申明刑赏疏》等雄文。林则徐以“观文化成”四字作赠——“观乎天下，以察时变；观乎人文，以化成天下”，表达了对这位名儒的敬仰。一百年后的1932年底，陈金城的嫡系玄孙（四世孙）陈伯达也走进惠安会馆，并在此最后完成了他早期最重要的历史论著《论谭嗣同》一书。

现今，会馆坐北朝南，为一进小四合院，有北房三间、东西厢房各三间、倒座房三间含大门一间。作民居使用。

建宁会馆

建宁位于福建省中部偏北，东汉置县，唐改建州，宋升建宁府，民国后称建瓯，今属南平市。试馆性质的建宁会馆在京约有三处，均为清代设立，由建宁（建瓯）、建阳、崇安、浦城、松溪、政和、水吉七县联合管辖。其中最早一处在今西城区南华里小区域内，始于清朝初年，称作“建宁老馆”。后因入城较远，在康熙年间售出。

再有一处在今西城区椿树街道南柳巷44号，清乾隆年间购置。清《宸垣识略》载：“西城会馆之著者，南柳巷曰建宁、华州。”清末登记的地址为南柳巷47号，民国时为南柳巷54号。会馆坐东朝西，规模较大，北部为一个大四合院，有正房三间、东面厢房四间、倒座房三间。南部为两个小四合院，后院正殿为天后殿，殿西为魁星楼，殿前有亭名振衣亭。现为民居，建筑多有破损。

最后一处建宁会馆位于东城区冰窖斜街，清代设立。清和民国时地址为冰窖胡同。清《光绪顺天府志》载："冰窖胡同，有乾泰寺，康熙三十九年重修。有唐县、漳州、浙瓯、建宁平镇诸会馆。"因无具体地址，会馆现状不详。

晋江会馆

晋江位于福建东南沿海，唐代置县，今属泉州市。民国以前，试馆性质的晋江会馆在京约有三处。一处位于西城区南柳巷40、42号，由清初叶泉籍提督万中庵倡建。该馆坐东朝西，为四合院落，占地面积约300平方米。有北房五间，南房、东西厢房各三间，是西城区（原宣武区）文物保护单位。在这座其貌不扬的会馆里，曾经居住过多位台湾名人，例如台籍进士叶题雁、《城南旧事》的著者林海音以及前台湾国民党主席连战的祖父连横等。

叶题雁（生卒年不详），清光绪六年（1880）庚辰科进士。《马关条约》签订后，他率先和台籍人士上书都察院反对割台。《清光绪朝中日外交史料》卷三十九记载，在京任职的台湾进士叶题雁参与了安平县举人汪春源、嘉义县举人罗秀蕙、淡水县举人黄宗鼎等人的上书行动，抵制条约，史称台湾举人的"公车上书"。清光绪二十六年（1900）庚子事变，八国联军入侵，他以"户部郎中"身份，寓居南柳巷的晋江会馆内，亲见八国联军的暴行，愤而作《外侮痛史》。

清光绪二十一年（1895），大清政府割台后，所有的台湾民众都被强制加入日本籍，而连战的祖父连横先生却毅然向当时的北京国民政府提出申请恢复中国国籍，并于1914年专程赴京面呈申请。当时连先生就落脚在晋江会馆，帮他作申请担保的则是两位住在会馆里的晋江乡亲。

《城南旧事》的作者林海音于1923年随父母自台湾迁往北京，曾先后在椿树永春会馆、虎坊桥蕉岭会馆、南柳巷福建晋江会馆等处住过。目前三处旧居仅剩下晋江会馆这一处，其他两处已在旧城改造中被夷为平地。

还有一处晋江会馆位于西城区粉房琉璃街98号，清代设立。《光绪顺天府志》载："粉房琉璃街，有汾水、延平、晋江、廉州、解梁、萍乡、万载、河南、怀宁、新会、天津诸会馆。"会馆在新中国成立后被征用，现为民居。

最后一处晋江会馆在今西城区香炉营头条35号，清代兴建。民国时登记的地址为香炉营头条18号。现已无存。

龙溪会馆

龙溪今称“龙海”，位于福建省南部，南朝梁置县，属漳州市管辖。龙溪会馆大约在今西城区椿树园小区位置，清乾隆二十六年（1761）兴建。清《光绪顺天府志》载：“椿树上、下头条胡同，有绩溪、龙溪、新城会馆。”清末登记的地址为椿树上头条6号，民国时为椿树上头条9号。会馆坐北朝南，为三进四合院，有正房三间、东西厢房各二间。20世纪90年代地区改造时被拆除。

莆仙会馆

据当地居民指正，莆仙会馆应该在今西城区前门西河沿街200号，清代兴建。旧时地址为西河沿街197号。“莆仙”为莆阳和仙游两县的合称，关于莆阳和仙游的介绍，分别在莆阳会馆和仙游会馆中有述。会馆现为民居，建筑多有破损。

莆阳会馆

莆阳代指莆田，位于福建省东部，隋代置县，今为地级市。因所在莆田平原处于山峦的向阳面，故又称莆阳。民国以前，试馆性质的莆阳会馆在北京约有四处。分别是西城区福州馆街3号的莆阳老馆、西城区福州馆街4号和西城区高家寨胡同9、11、13号的莆阳会馆以及西城区贾家胡同35号的莆田新馆。

莆阳老馆又称“莆阳旧馆”。民国时登记的地址为福州馆街1–4号。据李景铭《闽中会馆志》记载，“莆阳会馆创建于明万历年间，由旅京乡人集资筹建，会馆在北京高家寨”，“其始专为便于公事之设，为士子会试之用”。

林则徐早年居京时曾寄寓在莆阳老馆。林则徐（1785—1850），字元抚，又字少穆、石麟，晚号俟村老人、瓶泉居士等，福建省侯官（今福州市闽侯县）人，清嘉庆十六年（1811）辛未科进士，选为庶吉士，授编修，是中国清朝后期政治家、思想家和诗人。因其主张严禁鸦片、抵抗西方的侵略、坚持维护中国主权和民族利益深受全世界中国人的敬仰，史学界称他为近代中国“开眼看世界的第一人”。林则徐中进士后，返回福州接家眷，于嘉庆十八年（1813）六月四日重抵京城，住进莆阳会馆，一住就是半年时间。自称是“九牧林”之后裔的林则徐，与莆田渊源极深，并为旅京莆仙籍老乡写下对联“学源泗水，心印莆田”。

福州馆街4号的莆阳会馆建于清雍正年间，旧时地址为福州馆街5号、6号。会馆在新中国成立后曾建起工厂，现为证仁医院。

高家寨胡同9、11、13号的莆阳会馆，清代设立。现为民居。其中9号地址原是空地，新中国成立后曾建煤场，后盖起民房。

莆阳新馆建于清光绪十五年（1889），由莆田籍的大清铁面御史江春霖倡议购置。据清同治十三年（1874）甲戌科进士涂庆澜的《荔隐山房集》记载，新馆内有景贤堂、文昌殿、天后殿等建筑，内有郑渔仲（樵）、林艾轩（光朝）、陈正献（俊卿）、刘后村（克庄）四先生神牌。天后殿祀妈祖。涂氏在天后殿留下一对“妈祖”楹联：“神力云帆济沧海，帝京香灯似湄洲。”莆阳新馆曾被列为西城区（原宣武区）文物暂保单位。2011年会馆的倒座房被拆毁，其余现为民居。

浦城会馆

浦城位于福建省北部，东汉置县，唐改浦城，今属南平市。民国之前，蒲城人士在京建有两处试馆。一处位于东城区长巷二条胡同内，清《光绪顺天府志》载：“长巷上、下二条胡同，有临江、汀州、浦城、武陵诸会馆。旧有广丰会馆，今废。”会馆现为民居。

另外一处在今西城区虎坊路附近，明代设立。清代该地区称作东砖胡同。《光绪顺天府志》载：“东砖胡同，有灶王庙。旧有浦城会馆，今废。”

泉郡会馆

泉郡即今泉州，地处福建省东南沿海，唐代置县，后改泉州。泉郡会馆位于西城区后孙公园胡同31号。清乾隆九年（1744），由泉州府及下辖晋江、南安、惠安、同安、安溪、思明、金门七县共建。《福建泉郡会馆记（1937年6月）》曾记载：“夷考郡馆之创建，始于乾隆九年，乡先达捐金所购置，距今一百八十四年，中间陆续建筑，屋宇相连凡四进，均南向，后有旷地，尚可筑室而居。”清同治十三年（1874）甲戌科进士第三的泉藉人黄贻楫上京赴试，便寓居泉郡会馆。并为会馆题词：“清紫葵罗钟间气，蒙存浅达有遗书。”

会馆坐北朝南，为四进四合院，原有正房五间，东西厢房各三间，倒座房四间含大门一间。北部还有政府投资建筑四十间。第三院正房有神龛，供泉州城隍，后部为一花园。现存三个院落，占地1000余平方米，主要用作民居。

沙县会馆

沙县位于福建省中部偏北，东晋置县，隋改沙县，后屡次更迭，今属三明市。沙县会馆又称“沙阳会馆”，位于东城区长巷二条胡同60号，始建于明宣德年间，是京师最古老会馆之一，属于试馆。

据清道光年间刊刻本《沙县志》卷四“经政志”记载：“沙阳会馆，坐落北京大兴县正阳门外，长巷二条胡同，在汀州馆之东。明宣德间，谨身殿大学士陈山为沙邑公车举人置也。迨后年，湮失管，几被侵占。至清康熙十二年（1673）癸丑科进士邓文修告理，取回八间，历年赁人住守其馆，租给修整外，每年三两以贴公车旅费。至康熙三十九年（1700）三月间，举人陈与谦、黄鼎清查馆租，又被奸人混踞，乃控于大兴，县令王公廷鼎亲勘訊明，又奉中城察院邓陈艾审断定案，交馆清还，给示存据，实为公车之利。复以年久路远，难以照管，又被人侵占矣。”文中叙述了沙县会馆的坎坷经历和最终无人照管以致荒废的结局。其中提到的“谨身殿大学士陈山（1362—1434）”，字汝静，又字伯高，沙县溪南九都溪口人，明洪武二十七年（1394）甲戌科进士。官至任户部尚书，兼谨身殿大学士、文渊阁直阁事、领文学士供职文华殿。陈山是明代官阶最高的沙县人。

会馆原有建筑已被拆除，现存均为后来改建。

邵武会馆

邵武地处福建省西北，三国吴置县，晋改邵武，今属南平市。北京有两处邵武会馆，均属试馆。一处位于东城区草厂二条3号，明万历三十四年（1606），由福建省邵武郡黄可让等人筹钱一千五百缗建立。清和民国时地址为草场二条。会馆房舍不多，但占地颇大。堂后空地之北有店屋一所，临兴隆街。馆的正堂奉武圣肖像，左右二龛则为四邑城隍主与故乡先辈位。堂后及南北大小空地有三棵古树，乡人聚会于此，叙乡谊，谈风月。清咸丰、同治年间，南方太平天国起兵，于是邵武、建宁等地文风寝衰，驻京者甚少。会馆无人打理，堂下左右厢皆断瓦颓垣，几近废弛。清光绪年间，应试举子人增多，馆舍渐不够用，不少举人移住他所。原有铁制鼎炉，高三尺许，为清道光九年（1829）三月光邑何长敦先生捐助，京城钟李老店铸造。院内种植石榴一棵，琼枝吸露，玉骨临风。馆内有历朝科甲题名录，其中龚文炳、龚文焕、龚文辉三兄弟同登进士的事迹流传最广，堪称邵武之骄傲。龚氏三兄弟为光泽城北百里、与江西贵溪交界的山头村新丰自然村人。龚家在当地是书香人家，家学渊博，远近有名。其父龚懋中年中举后无意进退，苦心培养三个儿子，除亲自指导考核外，还重金延聘名师到家长期教授，三兄弟受家庭环境熏陶，加之自身天资聪慧，勤奋好学，所以后来个个满腹经纶、出类拔萃，最后一举成名天下知。老二龚文炳为清嘉庆十八年（1813）癸酉科进士，被钦点翰林院庶吉士。老大龚文焕、老三龚文辉则分别是清嘉庆二十四年（1819）己卯科和清嘉庆二十五年（1820）庚辰科进士。会馆现为民居，建筑多有破损。

另外一处邵武会馆在东城区西兴隆街154—158号，也称“邵武郡馆”。该馆原是草厂三条邵武会馆的一部分，民国期间租与他人，后中间建墙分离出来。旧址为西兴隆街140号。现为临街商铺，建筑改动颇多。

汀州会馆

汀州位于福建省西部，西晋置县，唐改为汀州，范围包括今龙岩市和三明市的宁化、清流、明溪、永安一带。明清时期，汀州为府制，下辖长汀、连城、宁化、清流、归化、上杭、武平、永定八县。北京有两处汀州会馆，均属试馆。分别位于东城区长巷二条46、48号和东城区长巷头条62号、二条43号。

长巷二条46、48号为汀州北馆，是福建省清流籍人裴应章于明万历十五年（1587）捐宅所成。裴应章（1536—1609），字元暗，号淡泉，明隆庆二年（1568）戊辰科进士，官至吏部尚书。清《光绪顺天府志》载：“长巷上、下头条胡同，有泾县、南昌、汀州、江右、丰城诸会馆。旧有武林会馆，今废。”民国时登记的地址为长巷下二条32号。北馆共有六个院落，50余间房屋。中院为主院，有五开间大殿，院内原有祠堂，供奉天后娘娘和会馆创建先辈的牌位。祠堂的梁、柱、门、窗均由江南杉木制作，屋顶起坡平缓，前廊后庑。廊内装修一色花格子卷帘雕花门窗，廊顶露明天花，雕刻出象鼻形椽子，挑尖梁上有双象形蜀柱，梁头镂雕出天马、神牛等多种动物纹饰。其他院落各成一体。1984年，会馆被划定为北京市文物保护单位，所存北馆主院正房等建筑已修缮。

长巷头条62号是汀州南馆，与北馆隔街相对，清代兴建。民国时登记的地址为长巷二条26号。会馆坐西北朝东南，为两进院落，存清式古建筑约1900平方米。原院中有大殿，供奉硬木雕刻的文魁星像，装饰与北馆相似，另有“樾荫天南，宣统二年立”匾额、石刻碑记及雕塑等文物，今均已散失。南馆现为民居，建筑多有破损。

同安会馆

同安地处福建省东部沿海，西晋置县，今为厦门市下辖区。同安会馆又称“同安郡馆”，位于西城区板章胡同3号，清乾隆年间兴建。清《光绪顺天府志》载：“板章胡同，井一。有平定会馆，旧有分宜、西安、同安诸会馆。”（注：西安应为安溪。）民国时地址为板章胡同5号。

据《闽中会馆志》记载：“福建同安会馆最早建于明朝，立于内城，清康熙年间，总兵许盛尝创置于崇文门外，地稍僻，吾邑来者多僦屋西城，守馆人遂私拆卖。”清乾隆二十二年（1757），陈鸿亭与从弟丕亭捐出自己所购宅邸，在正阳门外大西板樟胡同建成同安会馆。后“咸丰初年，粤逆蔓延，直北都人士，率多南旋，而馆亦已岁久，渐就倾圮”。直至1860年，来京参加完恩科考试的莒塘等人见会馆寥落，于是募资重修，费银一千五十余两，历时一年完成。据《重修京师同安会馆记》（1867）载：修缮后的同安会馆“美轮美奂，灿然一新，其规模之宏壮，远胜于鸿亭创设之年”。

会馆坐西朝东，为三进四合院，有集雅堂，供有神位。现为民居，已完成原拆原建修缮工作。馆内有陈浩碑和李长庚碑。陈浩（1695—1772），字紫澜，号未斋，室名生香书屋，故自称“生香老人”，直隶昌平（今河北昌平）人。清雍正二年（1724）甲辰科进士，官少詹事。李长庚（1751—1807），字西岩，福建同安人。清乾隆三十六年（1771）辛卯科武进士，授蓝翎侍卫。

仙游会馆

仙游位于福建省东部，隋代置县，唐改仙游，今属莆田市。因境内有一条濑溪，故又多以仙溪代称。民国之前，试馆性质的仙游会馆（又名“仙溪会馆”）约有三处。一处位于西城区校场五条44号，清同治年间兴建。清《光绪顺天府志》载：“教场五条胡同，井二。有仙游、蒲城、泾阳、温州诸会馆。”会馆后来废弃。

再有一处仙游会馆在西城区西砖胡同51号，清末建立。旧时地址为西砖胡同24号。民国十四年（1925），会馆因房屋坍塌，搬至广安东里。原有房产售出。现原址为民居。

最后一处仙游会馆位于东城区草厂五条胡同内。清《光绪顺天府志》有载：“草场五条胡同，有宝庆、仙溪、黄梅诸会馆。”因无具体地址，会馆现状不详。

延平会馆

延平位于福建省中部偏北，东汉置县，晋改延平，今称“南平市”。延平会馆又名“延平郡馆”，在今西城区粉房琉璃街120号。明末，由黄天官创设。原有房10间。清咸丰年间，会馆毁于火灾，民国初年重建。原大门墙上镌刻有“延平郡馆”四字的汉白玉石板四方。1948年北平私立正宗小学迁入。1952年改为粉房琉璃街小学。会馆建筑于20世纪50年代被拆除。

永春会馆

永春位于福建省中部偏南，五代置县，今属泉州市。民国之前，试馆性质的永春会馆在京有两处，一处位于西城区梁家园胡同，清乾隆初年设立，称作“永春老馆”。后来废弃。

另外一处在今西城区椿树上三条3号。清道光三十年（1850），由永春人陈宝銮捐建。清《光绪顺天府志》载：“（椿树）上、下二条胡同，有永春、邵阳会馆”。会馆坐北朝南，为二进四合院。清末登记的前门地址为椿树上二条17号，民国时后门地址为椿树上三条7号。20世纪90年代地区改造，馆舍建筑被拆除。

漳浦会馆

漳浦位于福建省南部沿海，西晋置县，唐析置漳浦，今属漳州市。北京有两处漳浦会馆，均属试馆。一处位于西城区小椿树胡同5号，又称“漳浦老馆”，明中晚期设立。清《光绪顺天府志》载：“小椿树胡同，有漳浦会馆。”清末登记的地址为小椿树胡同2号。会馆现为民居，建筑多有破损。

另一处漳浦会馆在今西城区广内街道校场二条16号，明末兴建。清时地址为校场二条胡同，民国时为校场二条29号。明末反清人士黄道周曾在馆内居住。黄道周（1585—1646），自幼平，福建漳浦人，明天启二年（1622）壬戌科进士。官至武英殿大学士。会馆坐北朝南，四合院格局，有正房三间，东西厢房各三间，倒座房四间含大门一间。民国期间曾辟为医院。新中国成立后作民居使用。馆内原有阴文“漳浦会馆”四字壁书，“文革”期间遗失。

漳州会馆

漳州在福建省南部，南朝梁置县，明以后为府制。民国以前，北京的漳州会馆约有四处，均属试馆。一处位于东城区冰窖斜街上，又名“漳州东馆”。明崇祯年间设立。清代地址为冰窖胡同。清《光绪顺天府志》载：“冰窖胡同，有乾泰寺，康熙三十九年重修。有唐县、漳州、浙瓯、建宁、平镇诸会馆。”民国时地址为冰窖胡同24号。

再有一处在西城区煤市街133号，与东馆相对，称作“漳州西馆”。此处原为黄菊三私宅，清雍正四年（1726）捐为会馆。清《光绪顺天府志》载：“煤市街，有漳郡、赣州会馆。”民国时登记的地址为煤市街46号。馆舍建筑在20世纪50年代被拆除。

其余两处漳州会馆分别位于西城区校场二条27号（旧址为校场二条16号）和西城区大外廊营胡同13号（旧址为大外廊营路西），清代设立。两会馆现为民居，建筑多有破损。

甘肃会馆

甘肃省位于我国西北地区，与青海、四川、陕西、新疆、宁夏、内蒙古相邻。甘肃会馆是甘肃地区建立的省级同乡试馆，在京约有五处。分别位于西城区的教子胡同31号、宣武门外大街148号、菜市口大街中段、米市胡同33号和南横西街15号。

教子胡同31号的甘肃会馆成立最早，始于清乾隆末年。初为商业会馆，后兼具试馆之能。原会馆落门道北墙处王昶撰写的《庚辰秋月移居蒲褐山房又作》载："是宅旧为赵天羽给谏寄园故址，嗣李玉舟、沈椒园及邵叔宁诸公先后寓此，后沈归愚宗伯亦居焉，迄今几十年而余复以老门生继其迹，虽名位相悬而从之，盛殆不减往昔。"文中提到此处原为赵吉士的寄园，之后有李重华、沈德潜等清代名人先后寓居在此，直到王昶入住，取名蒲褐山房。李重华（1682—1755），字实君，号玉洲，江苏吴江人。清雍正二年（1724）甲辰科进士，授编修。著有《贞一斋集》及《诗话》、《三经附义》等。沈德潜（1673—1769），字确士，号归愚，江苏长洲（今苏州）人。清乾隆四年（1739）己未科进士，著有《归愚诗钞》、《归愚文抄》、《归愚诗钞余集》、《说诗晬语》等。除此之外，史学家朱筠、画家王蓬心、诗人翁方纲等也曾在此居住。原会馆坐西朝东，占地面积约500平方米，总体布局较为松散。民国时登记的地址为教子胡同13号。新中国成立后，曾一度被列为西城区（原宣武区）文物暂保单位。2000年地区改造时被拆除。

宣武门外大街148号的甘肃会馆，又称"甘肃北馆"或"甘肃武威会馆"，清嘉庆三年（1798）设立。清末登记的地址为宣武门外大街142号，民国时为宣武门外大街165号。会馆坐东朝西，为二进院落。2000年地区改造时被拆除。原址现为国家新闻出版总署。

菜市口大街中段的甘肃会馆，又称"甘肃南馆"，清光绪初年兴建。清和民国时的地址为官菜园上街。20世纪90年代地区拆迁改造，会馆建筑被拆除。

米市胡同33号的甘肃会馆建于清朝末年，旧址为米市胡同14号。1938年被改建为私立育文小学，新中国成立后撤并。会馆现为民居，建筑多有破损。

最后一处是南横西街15号的甘肃旅平同乡会，又称"吴柳堂祠"。原是清代大臣吴可读的故宅。吴可读（1812—1879），字柳堂，号冶樵，甘肃兰州人。清道光三十年（1850）庚戌科进士。其性颖悟，善诗文，以筹建甘肃贡院、尸谏慈禧太后名震朝野。吴去世后，李鸿章上奏慈禧太后，为其修建祠堂。最终选址于南横街吴的故宅。祠堂建成后，门上悬挂"吴柳堂先生故宅”横匾。清朝末年，“为联络乡谊，改为会馆”。20世纪50年代地区改造，会馆建筑被拆除。

皋兰会馆

皋兰地处甘肃省中部，汉代置县，清改皋兰，今属兰州市。民国以前，北京约有两处皋兰会馆，均属试馆。一处位于西城区南大吉巷20号，清同治年间兴建。清末登记的地址为羊肉胡同22号。羊肉胡同今称南大吉巷。会馆坐北朝南，为一进四合院。现为民居，建筑多有破损。

另一处在今西城区前兵马街上，清末设立。旧时地址为兵马司前街26号。清光绪二十八年（1902），会馆建立启蒙义塾，三十三年（1907）改为小学堂，转年改为外右四区第三小学堂。1913年改称京师第三十八小学校，1918年更名为京师私立第十二国民小学校，1922年改为务本小学校，抗战时停办。此后为民居。现今，会馆已被拆除，原址建成中信城小区。

凉州会馆

凉州今称武威，位于甘肃省东部，西汉置凉州，清升为府。北京有两处凉州会馆，均是清代兴建的同乡试馆。一处在今西城区大外廊营路东，建于清雍正年间，是甘肃在京兴建最早的会馆之一。清《光绪顺天府志》载：“大、小外廊营，井各一。有潮州、琼州会馆，旧有泾阳、凉州会馆，今废。”清同治年间，凉州进京赶考的举子不多，会馆先租、后卖给广东商人。数年后，改为广东潮州会馆。

另外一处凉州会馆位于西城区山西街16号，清咸丰年间兴建。旧时地址为山西街16号。新中国成立后被改建成椿树整流器厂车间。20世纪50年代，会馆建筑被拆除。

肃州会馆

肃州位于甘肃省西部，汉代置酒泉郡，后屡有更迭，清改肃州，今称“酒泉市”。肃州会馆在今西城区南柳巷20号，清代兴建。清末登记的地址为南柳巷18号。会馆坐东朝西，为二进四合院。清光绪初年，被转售给陕西华州会馆。

潮州会馆

潮州位于广东省东部，隋代建置，元改为路，明代为府。潮州商人是中国三大商帮之一，其中以海阳（今潮安）、澄海、饶平、丰顺、潮阳、普宁、惠来、揭阳等县的商人为主，号称潮州八邑。面对异乡的生疏和商场的激烈竞争，潮汕人习惯通过建立会馆达到集结力量、互帮互助的目的。据统计，仅大陆地区的潮州会馆就达一百多家。

北京约有四处潮州会馆，分别位于东城区西打磨厂、西城区菜市口胡同84号、西城区延寿街12号和西城区海柏胡同23号。有别于其他各地带有商业性质的潮州会馆，北京的潮州会馆均属于试馆。

西打磨厂的潮州会馆又称作“潮郡会馆”，清代设立，具体地址不详。清《光绪顺天府志》载：“打磨厂，有玉皇庙、关帝庙，有粤东、潮郡、临汾、宁浦、应山、钟祥诸会馆，旧有郢中会馆，今废。”

菜市口胡同84号的潮州会馆，又称“潮州老馆”或“潮州南馆”，始建于清雍正年间。原为甘肃凉州会馆。民国时登记的地址为丞相胡同30号。民国著名诗人、学者曾习经曾居住在此。会馆坐北朝南，为三进四合院。占地面积约700平方米。有北房五间，大厅五间，南房十间，规模较大。曾被列为区级文物暂保单位，后因“中信城”开发，原有建筑被拆除。现于菜市口大街与南横东街交汇处北侧进行了复建。该馆还有一处附产在今西城区菜市口大街北段，民国时地址为丞相胡同18号。在地区改造时被拆。

延寿街12号的潮州会馆，又称“潮州七邑馆”。所谓七邑是指：海阳、澄海、潮阳、饶平、惠来、普宁和揭阳。清末登记的地址为延寿寺96号，民国时为延寿寺100号。《北京会馆档案史料》的《1947年各省会馆总登记表》中记录潮州七邑馆成立的时间为清同治二年（1863）。但据嘉庆《澄海县志》卷十八循吏第二十七页之《陈时谦传》所载：“(陈时谦)历署广信、南康二府，皆有惠政，循良懋著，以报最引见，回任候升。其在都门日，见外廊营潮州会馆湫隘，捐金千余两，与孝廉陈芝择地构屋于前门外延寿寺街。自是公车选人至如归焉。高风义举，至今七邑犹啧啧称道勿衰。”苏州《潮州会馆记·潮州会馆祭业》碑刻拓片中也有这样的描述:“乾隆三十四年，契买京都张素亭房屋一所，价银一千两，坐落京都琉璃厂延寿街北头，坐东朝西，门面前后地基计六进，门口有‘潮州新馆’匾额。”说明此处会馆最初由陈时谦于清乾隆三十四年（1769）捐资创建。会馆的原广亮大门在20世纪被改为公厕，其余现为民居。潮州七邑馆有两处附产，一处位于西城区大外廊营胡同26号，民国时地址为大外廊营20号，新中国成立后曾建过煤场，现盖起二层小楼。另一处在西城区庄胜城内，民国时地址为香炉营六条6号。原有建筑已经被拆除。

最后一处潮州会馆是海柏胡同23号的潮州西馆，清晚期设立。清《光绪顺天府志》载："海波寺街，井一。有广西、颍州、澧州、顺德、潮州会馆。"民国时登记的地址为海北寺街13号。会馆坐北朝南，仅一个四合院，东、南、西、北各三间。2003年地区改造时被拆除。

东莞会馆

东莞位于广东省中南部，东晋置宝安县，唐更名东莞，今为地级市。民国以前，试馆性质的东莞会馆在北京有两处，分别位于西城区的烂缦胡同131号、上斜街56号。

烂漫胡同的东莞会馆又称"东莞老馆"，为明代建筑，原是明末抗清将领张家玉的故居。张家玉（1615—1647），字元子，号芷园，广东东莞人。明崇祯十六年（1643）癸未科进士，授编修兼给事中。他与明代后期抗清将领袁崇焕素有"东莞二烈"之称。《北京会馆档案史料》中《1947年各省会馆总登记表》载，清光绪元年（1875），东莞人邓蓉镜以九百二十五两银购得宅院改建成东莞会馆，属于东莞县明伦堂留置公产。近代名人叶恭焯曾书有"明代先烈张家玉故居"匾额悬挂于烂漫胡同东莞会馆大门之上，康有为也曾于1917年为东莞会馆题额"莞园"。我国著名史学家张次溪先生长幼三代曾在此居住55年，"文革"时迁出。会馆坐西朝东，为二进四合院，有正房三间、后房三间、北厢房和南厢房各七间、倒座房六间加大门。现为民居。

上斜街56号是东莞新馆，清末民初兴建。民国时登记的地址为上斜街54号。有石刻记载，此处原是年羹尧旧宅，后为四川人购得。再后来被日人赁居，一度改作"日本文学堂"。清末广东人陈伯陶以五千金赎得后改建为东莞新馆。年羹尧（1679—1726），字亮工，号双峰，汉军镶黄旗人，清康熙三十九年（1700）庚辰科进士。康熙末任四川巡抚，授总督，办理松藩事务，配合入藏各军平定乱事。雍正朝为抚远大将军，率岳钟琪等平定青海罗卜藏丹津。后被罗织罪状，于雍正三年（1726）下旨责令自杀。陈伯陶（1855—1930），一字子砺，晚年更名永焘，号象华，又号九龙真逸，东莞中堂凤涌人，清光绪十八年（1892）壬辰科进士第三，曾任国史馆协修、江宁布政使、广东教育总会长。会馆现为民居，院中建筑格局已破坏，且全部新建。

番禺会馆

番禺位于广东省中部，秦代置县，今属广州市。民国以前，试馆性质的番禺会馆在北京约有两处。一处位于西城区上斜街50号，清道光年间设立。是西城区文物保护单位。此处原为龚自珍的故宅。龚自珍（1792—1841），字璱人，号定盦。曾字尔玉，曾更名易简，字伯定，再更名为巩祚。浙江仁和（今杭州）人。清道光九年（1829）己丑科三甲同进士。我国近代进步思想家、文学家。清道光十一年（1831），其以银2200两将此宅卖于兵部侍郎潘仕成。潘仕成(1804—1873)，字德畬、德舆，广东番禺人，是晚清享誉朝野的官商巨富。关于会馆建造的历史，在潘仕成的《京师番禺会馆碑记》（1863）一文中有载："京师为首善之区，直省会馆无虑数百家，即岭南郡邑亦各有专馆，惟吾番禺屡经以集议未成，邑馆尚阙。道光辛卯余由驾部转秋曹，买宅于宣南坊上斜街，为赵象盦中翰旧居，颇有园亭木石之趣。象盦以艺鞠名都下，余亦艺鞠其间，每当花时宴赏甚盛。洎戊戌南归后，奉襄海疆事宜，未遑北辙，自捐此宅，为公车聚会之所。"清时这里为招待广东同乡进京会试旅居之所，科举废除后改为同乡仕宦眷属旅居之所，民国元年（1912）改为办理同乡公益事务之处，以利便同乡中之无房产而又无力租赁房屋者，得有所寄托，其有患难者得同馆团体之助。会馆现为民居，房屋的周围堆满了杂物，花园凉亭早已不复存在。

另一处番禺会馆又称"番禹新馆"，今址在西城区周家大院7号。清同治二年（1863）设立。清和民国时的地址为周家大院3号。会馆建筑在2003年被拆除。

高州会馆

高州位于广东省西南，汉代置县，南朝梁置州，唐称高州，今为茂名市下辖县。民国以前，试馆性质的高州会馆在京约有两处，分别是西城区贾家胡同15号的高州老馆和西城区潘家胡同43号的高州新馆，两馆仅一条胡同之隔。

老馆又称“高郡会馆”，建于清道光年间。清《光绪顺天府志》载：“贾家胡同，有归德、高州、高郡、开封、蕲水、永州、江震诸会馆。”民国时地址为贾家胡同8号。主持清东陵建设的杨颐曾在西馆住了十一年。杨颐（1824—1899），字子异，号蓉浦，晚号蔗农，茂名县（今广东省高州市）城西广潭村人，清同治四年（1865）乙丑科进士。被钦点翰林院庶吉士，因曾办过团练“剿匪”有功，奉旨加赏五品衔。历任顺天府丞兼学政、江苏提督学政、都察院左都副御史、兵部左侍郎兼署工部右侍郎，并主持承修清东陵工程。老馆现为民居，建筑多有破损。

清光绪年间，因进京赴考的高州籍士子太多，原有房舍不足，高州府先贤、中国历史上第一个驻美国公使陈兰彬于是在潘家河沿捐建新馆。清和民国时地址为潘家河沿22号。陈兰彬(1816—1895），字荔秋，吴川市（吴川民国前属高州府，现归湛江市辖管）黄坡镇黄坡村人。22岁以优行贡京师，清咸丰元年（1851）顺天举人，咸丰三年（1853）癸丑科进士，选拔为翰林院庶吉士，官至总理各国事务大臣兼兵部右侍郎、礼部左侍郎，任驻美国、西班牙、秘鲁公使等职。会馆坐西朝东，占地面积约500平方米。大门为蛮子门一间。第一进院有东房六间，第二进院有北房三间，第三进院有北房二间、西房六间、南房二间。现为民居，改动颇多。

广州会馆

广州地处广东省中部，秦属南海郡，三国吴置广州，明升为府，今为广东省政治、经济、文化中心。民国以前，试馆性质的广州会馆在京约有四处。分别位于西城区西草场街24号、西城区韩家胡同25号、东城区草厂头条7号和西城区前孙公园胡同25号。

西草场街24号又称“广州老馆”，建于明万历三十九年（1611）。由广东南海人郭尚宪创立。会馆今已被拆除。

韩家胡同25号的广州会馆，建于清乾隆年间。原为著名文学家、戏曲家李渔的私宅。清《光绪顺天府志》载：“韩家潭，有上虞、广州会馆。”民国时地址为韩家潭14号。会馆有房近50间，民国后曾开办戏园。1957年改建成北京市第九十五中学，2002年撤并。现为西城区（原宣武区）中小学卫生保健所。

东城区草厂头条7号的广州会馆，形成时期不详。清《宸垣识略》

载："东城会馆之著者，草场头条胡同曰广州、麻城、金箔。"清《光绪顺天府志》亦载："草厂头条胡同，有归德、广州、兴国、麻城、金箔诸会馆。"民国时地址为草厂头条20号。该会馆规模很大，有大小房舍近百间。广亮大门内是南北狭长的前院，在前院里有门房（传达室)、大车、马房、厨房等。内院分南、北组建筑，南、北各三进院落，其建筑形式基本是北方风格，四合院格局。民国十七年(1928)，国民政府从北京迁至南京。此后广州会馆多年空房不用。后来改为居民院。1992年，区政府对多年失修的广州会馆进行危房改造，建成居民楼。

最后一处广州会馆是前孙公园胡同25号的广州七邑馆。该馆建于清乾隆三十五年（1770），由广州下辖清远、龙门、增城、新安、新宁、东莞、新会七邑旅平人士集资兴建。清末登记的地址为前孙公园13号，民国时为前孙公园12号。会馆现为民居，建筑多有破损。

惠州会馆

惠州地处广东省中南部，秦代置县，唐改惠州，今为地级市。惠州会馆位于东城区草场七条12、17号。清乾隆年间，由惠州藉京官黄叔显、陈恒昌等人捐资兴建，后又陆续扩建。据乾隆四十年（1775）《惠州会馆碑记》载，"乾隆十五年（1750）十月初九日，买得朱惟一与母沈氏房屋二所，一连其地首，一所四进，头二三进具各三间，第四进三间加两廊，又南边门房一间，共十五间。其南首一所三进，前二厢后两游廊共计十三间，后面板壁大门左首另小房一间，应共价银八百一十八两正。其馆在东草场七条胡同从东向西"，"乾隆二十三年（1758）九月十二日买得胡僖同妻李氏房屋一所，连二进共六间，价银一百二十两。其房在东草场七条老馆正对，坐西向东"，"乾隆二十九年（1764）十月初六买得胡瑞桐房一所，前后共七间，地基一块，价银七十二两，其屋与东草场七条胡同老馆南头联接，坐东向西"。

清道光、同治年间，惠州先辈诸公犹以馆小，再购馆产。此规模直至民国时期。《重修惠州会馆补记》（1939年4月）中提到，会馆于民国四年（1915）、六年（1917）进行过三次整修，"工程浩大，历时春秋，所费银元超逾巨万，美轮美奂"。

会馆原为南、北两组院落，现存大门一间及两院原建部分，其余大部分已拆除或改建。原乾隆四十年（1775）《惠州会馆碑记》碑已无存。

嘉应会馆

嘉应位于广东省北部，南朝齐置县，宋称梅州，清改嘉应州，民国又改梅县，今为梅州市。北京原有三处嘉应会馆，一处在西城区香炉营头条，始建于清代。清时地址为香炉营头条32号，民国时地址为香炉营头条31号。会馆建筑于2003年被拆除。

另外两处会馆分别位于东城区香乐胡同和东城区铁香胡同。这两处地址在清和民国时期均叫铁香炉。据《京师坊巷志稿》和《光绪顺天府志》记载，东城区（原崇文区）曾有两处铁香炉，一处在今祈年大街中段，1965年更名为铁香胡同，另外一处在今磁器口附近，1965年更名为香乐胡同。现今，两处会馆仍是居民区，建筑多有破损。

雷阳会馆

雷阳会馆为雷州、阳江两地合建的同乡试馆。雷州位于广东省雷州半岛中部偏东，南朝梁建州，唐改称雷州，今属湛江市。阳江位于广东西南沿海，三国吴置县，隋改阳江，今为地级市。雷阳会馆在今西城区裘家街24号，清乾隆年间设立。嘉庆十七年（1812）遭火灾焚毁，后经同乡筹款，复建如初。清时地址为裘家街35、36号，民国时地址为裘家街37号。会馆坐东朝西，为二进四合院，占地面积约400平方米。现处在危改区，馆舍建筑已经拆除。

岭南会馆

岭南原指中国南方的五岭之南地区，包括今广东、海南、广西的大部分和越南北部，宋以后，越南北部被分离出去。京城的岭南会馆位于东城区北深沟胡同。明嘉靖四十五年（1566），由时任大金吾的广州人麦君祥捐资三百二十金创建。明万历年间和清顺治、康熙年间曾多次重修。该地区在清代称作深沟口。民国时改为北深沟，1965年更名成北深沟胡同。现今，会馆处于拆迁改造中。

南海会馆

南海地处广东省珠江三角洲北部，秦代置县，隋分置南海县，今属佛山市。北京有三处南海会馆，均属于同乡试馆。一处位于西城区米市胡同43号，清道光年间由广东南海籍京官捐资购置。清末登记的地址为米市胡同16号，民国时为米市胡同18号。据《新建广东南海县会馆碑记》（1835）载，自清朝开科至道光初年，“广东九郡举人中额七十有二”，其中“广州十四属南海县”约占四分之一。“新旧科来京会试者不下百十人”，却苦于没有地方居住，只好“或赁僧庑，或僦市舍”。清道光三年（1823），以吴荣光为首的广东南海籍京官捐资在米市胡同现址购置房舍，建立南海会馆，以应进京举子之需。道光五年（1825）春整修完毕。吴荣光（1773—1843），原名燎光，字殿垣，一字伯荣，号荷屋、可庵，别署拜经老人、白云山人。清嘉庆四年（1799）己未科进士，官至湖广总督。

清光绪六年（1880），由于南海赴京应试举人越来越多，原有房屋不敷使用，便在会馆南面另购一处房舍，使其和原有宅院连接起来，形成一个大院。南海会馆遂具规模。会馆为典型的清代“三轴四部分”官宅格局。十三个院落既独立又间有高丈余的木走廊相连，更有假山、花回、凉亭、榆树、丁香、青藤遍布其中。

中国近代著名政治家、思想家、教育家康有为曾在会馆中居住。康有为（1858—1927），字广厦，号长素，广东南海人。清光绪二十一年（1895）乙未科进士。光绪十七年（1891），在广州设立“万木草堂”学馆，从事维新变法理论的宣传和著述，撰写了《新学伪经考》、《孔子改制考》等书。康有为的住所在会馆的北跨院，院中有北房三间，西房三间，东房三间，占地面积约200平方米。因植有七棵古槐，又名“七树堂”。西边为卧室，北房为书房，因似船型，康将其命名为“汗漫舫”。康有为每次来京应试和向皇帝上书，都住在“汗漫舫”中，先后长达十六年。光绪二十一年（1895），康有为在会馆内创办了北京第一家民办报刊《中外纪闻》，后又创立“粤学会”。并常与梁启超（1873—1929）、谭嗣同（1865—1898） 等人在此共商变法。会馆遂成为维新党人的活动中心，一时群英荟萃，门庭若市。其间，康有为撰写了139首反映“公车上书”和强学会战斗历程的诗词，后题名《汗漫舫诗集》。康有为之弟康广仁（1867—1898）在会馆中间第二进院的耳房居住。变法失败后，在馆中被捕，并与谭嗣同等六人于会馆西北角的菜市口刑场遇害。康有为晚年时重游北京，尝到行刑地临风凭吊。继而又返回南海会馆，伫立于门外，感慨万千，老泪纵横，久久不忍离去。

现今，会馆被列为北京市文物保护单位，院内居住着百余户人家，假山、凉亭、走廊等早已随着时间的洗礼荡然无存，而“七树堂”的七株古槐如今也仅剩一个枯桩。

其余两处南海会馆分别位于今西城区骡马市大街268号和西城区庄胜城范围内，清代设立。民国时地址为米市胡同100号和香炉营头条16号。现因地区拆迁改造，两会馆已经被拆除。

南雄会馆

南雄位于广东省东北部，汉代置县，宋改南雄州，前后屡有更迭。南雄地处五岭入粤要道，自古即有文献之邦美誉，据《直隶南雄州志·选举》载：宋代，保昌（南雄）县举进士39人，另特科64人，进士之多为粤北之冠，在粤省内仅次于南海、番禺。南雄城邓向世家，四代三进士。古城村李氏一门五进士。北宋元符元年（1098）保昌县应乡试者2000人。南宋嘉泰二年（1202）壬戌科，保昌县举进士三名，堪称南雄科举时代的盛况。

北京的南雄会馆位于东城区长巷四条22号，是广东省南雄旅京人士在京建立的同乡试馆。始建于清乾隆年间。清咸丰元年（1851）《重修南雄会馆碑记》载：“南雄会馆，创自何公其玮及胡给谏静园先生。地界前至官街，后至崇真观，左至新城会馆，长八丈二尺，宽四丈七尺五寸。右至乐平会馆，长八丈二尺，宽四丈七尺五寸。”会馆因“历年久远，风雨飘摇，栋宇垣墙，日就坏漏”，于清道光二十三年（1843），由陈国淦、邱季生、孔朴斋、麦耕余、萧如谷及刑郎中叶善堂等人主持重建。其间喜得州、县两属人士资助。清《宸垣识略》载：“东城会馆之著者，长巷四条胡同曰岳阳、贵池、上新、德兴、新城、南雄、乐平、休宁。”会馆分前后两院，与湖南岳阳，江西新城、乐平、德兴、南昌，安徽贵池等会馆为邻，有房19间半，占地约0.5亩。民国时地址为长巷上四条6号。

在《京师坊巷志稿》书中，南雄会馆被记为“今废”。实则不然，该馆至1954年尚存，是广东省会馆财产管理委员会统一上交北京市人民政府的粤籍会馆之一，只不过其面积最小，房产也最少。解放后会馆成为民居，现该地区正在拆迁改造中。

三水会馆

三水位于广东省中部，明代置县，今属佛山市。北京的三水会馆在西城区保安寺街29号院。据《北京会馆档案史料》中《1947年各省会馆总登记表》所载，该馆创建于光绪元年（1875）三月，由三水县政府出资建立，专为三水县贫苦京官考科甲所住。《北京的会馆》一书中有这样的描述："三水会馆，保安寺街14号(旧)，西部路北，与湖南湘潭，江西丰城(广丰)、奉新，陕西关中等会馆为邻。馆由四座大院组成，有房58间，占地3亩4分。"

三水县历代文人名士辈出，单明清两朝的进士就达数百人之多。颇受慈禧太后宠信的兵部尚书郑绍忠以及北洋政府交通系首领梁士诒都曾在此馆住过。梁士诒（1869—1933），字翼夫，号燕孙，汉族，广东三水人，光绪二十年（1894）甲午科进士，授翰林院编修。他参与了袁世凯胁迫清皇室退位的活动，曾担任袁世凯总统府秘书长、交通银行总理、财政部次长、北洋政府国务总理等职务，是清末民初非常活跃的一位重要政治人物。1911年11月，三水县的时代骄子——汪精卫因暗杀摄政王载沣被捕，获释后也曾暂住三水会馆。50年代初，该馆作为粤籍会馆之一由广东省会馆管理委员会移交北京市人民政府。

如今馆内屋舍大多已被拆毁，只剩断壁残垣。

韶州会馆

韶州今称"韶关"，位于广东省北部，西汉置县，隋改韶州府，唐升州治，元、明、清皆为韶州路、府治，今为地级市。民国以前，试馆性质的韶州会馆在北京约有两处。一处在今东城区大江胡同，又称"韶州老馆"。清代地址为大蒋家胡同。清《光绪顺天府志》载："大蒋家胡同，井一。有旌德、松江、吉安、贵州诸会馆。旧有韶州会馆，今废。"另据《韶州新馆记》（1868）载，会馆由曲江叶倚蟾和乐昌王亨炜购置。现今，该地区正在进行拆迁改造。

另一处韶州会馆位于东城区草场二条2号，又称"韶州新馆"，始建于清同治年间。旧址为草厂二条1号。据《韶州新馆记》（1868）载，老馆"地势稍洼，楹垣易圮"，清同治四年（1865），陆存斋等韶州乡贤捐资七百余两在草场上二条胡同购置新馆。有"正座厅房五间，左右旁房各三间”，内供奉三昌及乡贤先辈。会馆坐东朝西，四合院布局。大门与倒座房共五间，正房五间，南北两侧厢房各三间。现为民居大杂院。院内原有石刻四方，位于正房与厢房之间的院墙壁上及北厢房东山墙上。其中一方为同治七年（1868）《韶州新馆章程条例》，一方为《韶州新馆记》。另两方字迹不清。

顺德会馆

顺德位于广东省南部，明代置县，今属佛山市。民国以前，试馆性质的顺德会馆在北京约有六处，分别位于西城区的海柏胡同16号、前青厂胡同39号、椿树园小区、菜市口大街北段、宣武门外大街8号庄胜崇光商场南座之南和天景胡同9号。

其中以海柏胡同16号的顺德会馆最为有名。这里原是清初著名学者朱彝尊（1629—1709）的住宅。朱彝尊曾入翰林编修《明史》，后遭弹劾，谪居于此，《日下旧闻》即在此撰写。朱迁出后，由在朝官员温汝适等人于清嘉庆十九年（1814）集资购买，改为顺德会馆。后于道光、咸丰年间多次修建。清和民国时的地址为海北寺街28号。除了朱彝尊外，这里最为人津津乐道的是会馆曾出过清朝的状元郎——梁耀枢。梁耀枢（1832—1888），字冠祺，号斗南，顺德杏坛光华村人，清同治十年（1871）辛未科状元，授翰林编修。顺德历史上的三大状元之一。官至侍读学士、参事府詹事。梁不仅文才好，而且长得眉清目秀，气度非凡，很得两宫太后的关注。会馆正门朝北，分为东、中、西三跨，西轴应为主要轴线，存有后罩房、正厅和过厅，过厅以南的建筑已毁，推测为朱彝尊故居及曝书亭。中轴布局改动较大，尚存正房、倒座房数间。东侧轴线有三组小院，应是后来添加的会馆客房。现为北京市文物保护单位。目前因拆迁改造，大部分建筑已被拆除，仅剩门楼及个别房屋的结构部分。

前青厂胡同39号、椿树园小区内和菜市口大街的顺德会馆均是清晚期设立。民国时登记的地址分别为后青厂15号、椿树上二条6号和丞相胡同路西。因地区拆迁改造，现三处会馆均已无存。

宣武门外大街8号的顺德会馆建于清光绪七年（1881），又称“顺德南馆”或“顺邑会馆”。清代地址为永光寺西街5号。清《光绪顺天府志》载：“永光寺西街，有四川、新会、顺德诸会馆。”民国时地址为永光寺西街6号。20世纪90年代，会馆建筑被拆除。

最后一处是天景胡同9号的顺德会馆，又称“顺德新馆”，清光绪十六年（1890）设立。清末地址为大井胡同3号，民国时为大井胡同4号。会馆现为民居。

协中会馆

本书并未查找到与“协中”相关的地理、历史资料，现参考《北京会馆资料集成》等著作将其收录在广东省会馆之列。协中会馆位于西城区骡马市大街9号，清代创建。旧址为棉花头条。清《光绪顺天府志》载：“棉花头条胡同，旧有协中、川东会馆。”该片区域已经进行拆迁改造，原址建成中国联通（集团）有限公司北京市分公司办公大楼。

新会会馆

新会地处广东省珠江三角洲西部，东晋置县，南朝宋改新会郡，隋改新会县，今属江门市。民国以前，试馆性质的新会会馆在北京有两处，分别位于西城区的粉房琉璃街115号和宣武门外大街8号庄胜崇光商场域内。

明清时期，很多新会人出省经营葵扇、陈皮等生意，称作“出江行”。为了方便买卖、联络乡情、处理商务、保障共同利益，新会商人在全国多个地方开设会馆。与其他地方的商业会馆有所不同，北京的两处新会会馆是专门为新会读书人赴京参加科举而设的“同乡试馆”。

粉房琉璃街115号的新会老馆又称“新会邑馆”或“新会老馆”，始建于清咸丰年间。清代，新会属广州府，来京的新会士子多居住在广州会馆，但苦于人多房少，很多人长途跋涉到京后无处落脚。设立新会会馆成为众多新会士子的愿望。据李星辉撰写的《新会邑馆记》（1853）所载，会馆由新会人陈焯之于清咸丰三年（1853）捐资兴建。清末登记的地址为粉房琉璃街50号，民国时为粉房琉璃街53号。中国近代思想家、政治家、教育家梁启超1890年、1895年两次赴京参加会试，1891年入京完婚及1898年回京参加“百日维新”时均在此馆居住。其住所为会馆中路的三间北房，因梁自号“饮冰室主人”，故有人将该屋称作“饮冰室”。2011年北京旧城区改造，新会老馆亦曾被列入拆迁范围，后经考证是梁启超暂居地而得以保存。西城区政府正在对其进行腾退，计划原址保留，修缮后对外开放。

清光绪年间，新会老馆不敷使用。于是新会举人吴铁梅联合番禺县举人何淡如，筹白银6000两，于清光绪九年（1883）在今宣武门外大街8号另建新馆，光绪十一年（1885）落成。清和民国时地址为永光寺西街1号。吴铁梅（1827—1890），名荣泰，字文翰，新会古井文楼村人，清同治三年（1864）中举，后曾八次进京会试均落第，便回乡设馆授徒。其治学严谨，擅于育人，晚清新会名士多出其门下，一生育才逾千人。新馆坐北朝南，为两座二进并列三合院，占地面积约500平方米。有正房三间、后房五间带抱厦。房产面积及房屋数量远大于旧馆。著名教育家陈垣17岁进京参加顺天府乡试时曾暂居于此。20世纪90年代地区拆迁改造，馆舍建筑被拆除。

兴宁会馆

兴宁位于广东省东部，东晋置县，今属梅州市。兴宁会馆又称“兴宁邑馆”，在今西城区潘家胡同39号，始建于清代。清末登记的地址为潘家河沿21号，民国时为潘家河沿20号。会馆坐西朝东，为二进四合院，有正房和后房各五间。现为民居，建筑多有破损。

徐闻会馆

徐闻地处广东省西南部，南朝齐置县，唐改徐闻，今属湛江市。徐闻会馆位于今西城区菜市口大街北段，清代建立。清时地址是丞相胡同巷内。此会馆仅见于学术专著，尚有待考证。

阳江会馆

阳江位于广东省西南沿海，三国吴置县，隋改阳江，今为地级市。阳江会馆在今西城区粉房琉璃街111号，始建于清代。清末登记的地址为粉房琉璃街48号，民国时为粉房琉璃街57号。会馆坐东朝西，为二进院落，有正房三间、后房七间。现为民居，建筑改动较大。

粤东会馆

粤东为广东的别称。广东省位于我国南端沿海，与香港、澳门、广西、湖南、江西和福建接壤。广东的省级会馆通常以“粤东会馆”命名。

民国之前，试馆性质的粤东会馆在京约有六处。一处位于东城区西打磨厂街90号，其余则在西城区的南横西街11号、南半截胡同24号、醋章胡同25号、铁门胡同37号和铁鸟胡同17号。

东城区西打磨厂街90号的粤东会馆成立的时间较早，又称“粤东旧馆”。据清光绪二十三年（1897）《重修粤东会馆碑记》（1897）记载，该馆始于明代。相传是金吾麦公捐宅而建。清乾隆三十六年（1771）进行过修葺，光绪八、九年间（1882、1883）重修，后亦有修建。清时地址为打磨厂。清《光绪顺天府志》载：“打磨厂，有玉皇庙、关帝庙，有粤东、潮郡、临汾、宁浦、应山、钟祥诸会馆，旧有郢中会馆，今废。”民国登记的地址为打磨厂179号。会馆原为三进的大四合院，有房产41间，占地2亩。现存清式古建筑面积约600平方米。坐南朝北，三进院。现为民居，馆舍格局保存基本完整。前院原有石碑一座，刻有《重修粤东旧馆碑记》（1897）。碑高约1.65米，宽0.71米，厚0.22米，现已埋入地下。

南横西街11号的粤东会馆又称“粤东新馆”或“粤东邑馆”，清中期兴建。清时地址为南横街24号，民国时为南横街26号。此处曾是明代权相严嵩的别墅“怡园”中的一隅，建有四松亭。广东乡贤后来将其改建成为粤东会馆。较之粤东旧馆，新馆空间更大，且周边各省县会馆较多，联系、交际更为方便，使其地位逐渐超越旧馆。清光绪二十四年三月二十二日（1898年4月12日），维新派组织“保国会”在馆内的戏楼中成立。民国初年孙中山来京时，曾应旅京粤省人士的邀请，来此出席联欢会。会馆坐北朝南，分东西两路。1958年，被改建为南横街小学。菜市口大街扩建时，大部分被拆除，现仅存西部三间北房。现今，会馆被列为西城区文物保护单位。内部已经腾退，计划建成辛亥革命纪念馆。此外，会馆还有多处附产，分别位于西城区广安门内大街165、167号，丞相胡同5号，北大吉巷34号和迎新街24号等地，在清末民初时建立中小学堂或乐善堂，为广东籍子弟提供服务。

余下的四处粤东会馆又称“广东会馆”，亦是清代建立。其中，南半截胡同24号的粤东会馆旧时地址为南半截胡同28号。20世纪60年代，被改建为北京汽车附件厂。现作民居和出租房使用。铁鸟胡同的民房在几年前由房管部门进行了修缮，而醋章胡同25号和铁门胡同37号的粤东会馆现已被拆除。

肇庆会馆

肇庆地处广东省中部偏西，南朝梁置县，北宋改称肇庆府，今为地级市。民国以前，肇庆乡人在北京的李铁拐斜街上建立了两处试馆。分别是肇庆西馆和肇庆东馆。清《光绪顺天府志》曾载："李铁拐斜街，有襄陵、延定会馆，又有肇庆会馆二。"西馆在今西城区铁树斜街86号，清乾隆五十六年（1791）设立，是肇庆府在京师所设会馆的主馆。民国时地址为李铁拐斜街68号。会馆坐南朝北。洋式大门，规模较大，占地面积约1000平方米。有八座院落，每院均有正房；西侧每院正房五间，东侧每院正房三间。现为民居，破坏严重，大部分已经进行了翻建。

东馆在今西城区大栅栏西街114号，清中后期设立，属于附馆。民国时地址为李铁拐斜街96号。现今，会馆的门面房由原北京市第一低压电厂销售部使用，其余皆为民居。

肇庆近代历史文化名人苏廷魁、吴桂丹、陈焕章、吴大猷等都曾在肇庆会馆长住过。其中肇庆籍高要举子苏廷魁自清道光十四年（1834）秋进京师参加科考，直至道光二十二年（1842）被任命为都察院右副都御史一直住在肇庆会馆，前后有七年之久。

镇平会馆

镇平位于广东省东北部，南朝齐置县，明分置镇平，今属梅州市。民国以前，试馆性质的镇平会馆在京约有两处。一处在今东城区冰窖斜街15号，又称"平镇会馆"。明崇祯年间，平远籍人韩元勋有感于镇平、平远二县举子赴京赶考路途遥远，居京应试糜费甚巨，令两地人才难出，于是联合二县在京邑人捐资筑建会馆，取名镇平（镇平和平远各取一字）会馆。韩元勋（1608—1650），字昌颖，号雪岩，又号奕候，广东省平远县八尺镇凤头村人。明崇祯十年（1637）丁丑科进士。会馆在清代地址为冰窖胡同，清《宸垣识略》载："东城会馆之著者，冰窖胡同曰平镇。"民国时登记的地址为冰窖胡同20号。民国三年（1914），镇平县更名为蕉岭县，会馆以示区分，则改称平镇会馆。原会馆坐西北朝东南，有房31间，占地1.4亩，为二进四合院。一进院倒座房五间，正房五间。二进院正房五间，东西厢房各一间。东北有跨院一座，有东房五间。

清代著名诗人丘逢甲曾寓居平镇会馆。丘逢甲（1864—1912），谱名秉渊，字仙根，号蛰仙，晚号仓海君，台湾府淡水厅铜锣湾（今苗栗县铜锣乡竹森村）客家人，祖籍广东省嘉应府镇平县（今梅州市蕉岭县），清光绪十五年（1889）己丑科同进士。清光绪十四年（1888），丘进京参加会试，先住在福州新馆。后因福州馆参考举子甚多，馆舍不及，遂移住镇平会馆。

2007年前门地区拆迁改造时，会馆的大部分建筑被拆除，仅留第一进北房的半堵北墙、门道房、第二进北房和东西厢房。现政府将该处列为东城区文物登记普查单位，正计划修缮中。院内有石刻一方，今已无存。

另外一处镇平会馆位于西城区珠市口西大街253号，清嘉庆年间由蕉岭人黄香铁设立。民国二年（1913），镇平更名为蕉岭，会馆亦随之改为蕉岭会馆。清末登记的地址为虎坊桥大街49号，民国时为虎坊桥大街51号。原馆占地1亩，有房20余间。解放后曾被京华书局使用，后改为民居。2000年珠市口大街扩建时，会馆建筑被拆除。

中山会馆

中山位于广东省珠江三角洲南部，南宋分东莞县置香山县，1925年为纪念孙中山先生改为“中山县”，今为地级市。中山会馆原名“香山会馆”，位于西城区珠朝街5号。初为清康熙三十六年（1697）丁丑科进士刘云汉购置的一块义地，义地北侧盖有祠堂，供集会悼念及停柩之用。清嘉庆年间义地迁移到左安门内龙潭湖一带，原址由广东香山县乡友筹建成香山会馆。

清光绪五年（1879），香山会馆扩修，购得附近部分房屋及空地。光绪二十一年（1895）唐绍仪寓居此处，筹资再次进行了扩建。工程历时三年，建成后的香山会馆有魁星楼、亭榭、戏台、假山、水池、小石桥、什锦窗、院墙等，布局严谨，建筑精美，颇具岭南建筑特色。

1912年夏，孙中山来京时，曾在会馆花厅会客。孙中山逝世后，香山县为纪念他更名为中山县，“香山会馆”随之改为“中山会馆。”会馆花厅被用来陈列《总理遗嘱》等纪念物。

民国时期，中山会馆是青年革命运动的基地。其中“广东青年会”便以中山会馆为会址，开展活动。后来成立的“中山少年学会”也设在这里。第二次国共内战时期，中共华北地下党组织将中山会馆作为秘密联络站。刘仁等人曾在此开展地下活动。

1933年，唐绍仪再次筹资，对中山会馆进行维修。1951年，会馆由“北京广东省会馆财产管理委员会”接管，作为公房供居民使用。最多时居住有近400户人家。70年代，会馆曾一度面临被拆的命运，在中山会馆末任会长何源盛之子何威廉的奔走呼吁下才得以保存。后被定为市级文物保护单位。

2006年起，院内居民逐步迁出，直到2014年腾退完毕。现今，已被建设成为电力博物馆的一部分。

广西会馆

广西位于我国南部边疆，分别与广东、湖南、贵州、云南接壤，今称广西壮族自治区。民国以前，以“广西会馆”命名的省级同乡试馆在京约有三处。分别位于东城区銮庆胡同9号和西城区的果子巷74号、香炉营东巷2号院。

鸾庆胡同9号的广西会馆成立时间最早，始建于明嘉靖年间，又称“粤西会馆”或“粤西东馆”。原为明大学士蒋冕私宅，其归家后捐为省馆。蒋冕（1462—1532），字敬之，号湘皋，广西承宣布政使司桂林府全州（今广西全州镇北门一带）人，明成化二十三年（1487）丁未科进士。官至明朝内阁首辅，是明弘治、正德两朝及嘉靖前期重要的政治人物。清初，会馆被强占，经同乡京官力争方得还。清康熙年间进行了扩修。清乾隆年间，大学士陈宏谋等重修，清光绪间再修。清《光绪顺天府志》载：“鸾庆胡同，鸾或作銮。有襄阳、粤西会馆。”会馆现为民居，存前部两组宅院，后部已改建；中院原有戏楼，已被拆除；东院存重楼“魁星阁”一座。

果子巷74号的广西会馆又称“广西中馆”，始建于清嘉庆元年（1796）。清光绪五年（1879），时任云贵总督的岑毓英曾出资重修。清代该地区称作驴驹胡同。清《光绪顺天府志》载：“驴驹胡同，驴驹或作骊珠。有河间、奉新、广西会馆。”民国时登记的地址为驴驹胡同17号。会馆现已拆除。

香炉营东巷2号院的广西会馆又称“广西新馆”。据《北京会馆档案史料》中《广西新馆总登记表》所载，会馆于清道光三年（1823），由广西京官买商人地创建。清光绪末年改建成广西旅京学堂，房舍改为教室，不久后停办。因地区拆迁改造，会馆现已无存。

另据《北京会馆档案史料》记载，省馆拥有五处附产，分别为当时的鸾庆胡同23号、北柳巷4号、阎王庙街46号、永光寺街2号和椿树上三条1号。在此不作详述。

广西南馆

广西南馆又称“广西三馆”，由邕州、思恩、太平三府联合创建。邕州位于广西壮族自治区南部，东晋置晋兴郡，唐更名邕州，元改邕州路，明改为府，1946年设南宁市，为广西首府。思恩位于广西的中南部，隋置武缘县，唐更名思恩，明升为府，今称武鸣，隶属南宁市。太平位于广西西南部，汉置鸩阳县，唐置羁縻州，宋改太平州，元为太平路，明再改为府，今称崇左市。民国之前，试馆性质的广西南馆在北京有两处，分别位于西城区的达智桥胡同12号和贾家胡同43号。

达智桥胡同12号是老馆，清乾隆六十年（1795），由通政使上林张鹏展等人购置。清《光绪顺天府志》载：“校场上、下三条胡同，有川西、广西会馆。”清末地址为教场三条49号。清光绪三年（1877），会馆毁于大火，一直无款修复。直至宣统二年（1910），直隶省京官推广杨忠愍公祠，因南馆与之毗邻，双方商定将其与直隶公产贾家胡同一所房屋交换。于是，南馆迁到了宣外骡马市南贾家胡同，是为新馆。民国时登记的地址为贾家胡同24号。会馆现为民居，建筑多有破损。

广西三馆

广西三馆又称“广西会馆”，是浔州（今称桂平）、梧州、郁林（今作玉林）三府联合创建的同乡试馆。浔州位于广西东部，唐分燕州而置，以浔江命名，元改为路，明改为府，今称桂平，属贵港市。梧州在浔州东部，唐代置州，元改梧州路，明升为府，今为地级市。郁林在浔州的南部，唐置郁州，清升直隶州，民国元年（1912）改为府，次年（1913）改县。民国之前，试馆性质的广西三馆在京约有三处，分别是广西三馆老馆、广西三馆试馆和广西三馆新馆。其中老馆在今西城区庄胜城范围内，清朝初年兴建。旧时地址为海北寺街4号，早年间废弃。

广西三馆试馆建于清乾隆二十五年（1760）。今址在西城区后青厂胡同9号。旧时，其前门开在后青厂5号，后门开在海北寺街32号。海北寺街即今海柏胡同。会馆坐北朝南，为四合院二进，占地面积约500平方米。有前房三间、后房五间。2003年该地区拆迁改造时被拆除。

新馆同样位于今西城区庄胜城范围内。清嘉庆年间增置，清和民国多次重修。民国时地址为香炉营四条32号。现今，会馆已无存。

廉钦新馆

廉钦会馆又称“廉州会馆”，位于西城区粉房琉璃街69号，是廉江县与钦州合建的府馆。钦州原属广东，隋置县，唐改钦州，元升为路，明复为州，清为直隶州，民国改为钦县，1965年划归广西，改称钦州市。廉江与钦州接壤，位于雷州半岛西北，唐置石城县，后改廉江，今为湛江市下属县。据北京档案馆所辑的《北京会馆档案史料》中《1947年各省会馆总登记表》记载，该馆为清道光十五年（1835），由廉钦同乡购置，以作廉钦举子赴京会考之试馆。当时房屋老旧，后作部分翻新。旧时门牌为路西31号，占地2.58亩，有房58间。

钦州籍抗法名将冯子材曾寓居于廉钦会馆。清同治三年（1864）7月，太平天国天京陷落，清廷大封“功臣”，冯子材因功被赏穿黄马褂，封骑都尉世职。其自8月进京述职，直至同治四年（1865）秋被派往两广督办军务，其间都寄住在会馆里。

会馆坐西朝东，为二进院落，占地面积约700平方米。有蛮子门一间、倒座房三间。院内建筑分为南、北两路。南院有正房（西房）三间、北厢房六间、南厢房七间。北院第一进院有正房（西房）五间、北厢房三间、南厢房一间。第二进院有中式楼五间两层和南、北厢房各二间。现为民居，该地区已经被划定为拆迁区域。

柳州会馆

柳州地处广西壮族自治区中部偏东，唐代置州，明清为府，今为地级市。北京有两处柳州会馆，均属试馆。一处位于西城区贾家胡同26号，清光绪十二年（1886）由顺德人左宗藩捐资购置。民国十一（1923）、十二（1924）年间，广西省长马平、陈炳坤等人捐资重修。会馆坐东朝西，占地面积约500平方米。前院为四合房，随墙门改在南边。后院为三合房，有正房五间。另外一处柳州会馆在今西城区校场五条40号，建于清末。旧址为校场五条31号。现两处会馆均为民居，建筑多有破损。

平乐会馆

平乐会馆又称“平乐九邑会馆”，九邑是指平乐、临桂、阳朔、荔浦、修仁（今并入荔浦）、恭城、永福、富川、昭平九县。平乐地处广西壮族自治区东部，三国吴置县，今属桂林市。其他八邑分布在平乐县周围。会馆位于西城区延寿街29、31号，清道光二十年（1840）由刑部郎中李佩莲等人捐资购置。清光绪三年（1877），兵部郎中廖振椝等人重修。清《光绪顺天府志》载：“延寿寺街，有平乐、潮州、长元吴诸会馆。”清末登记的地址为延寿寺街19号，民国时为延寿寺街16号。会馆坐东朝西，为三进院落，有南北房九间、东西房二十间。现为民居，建筑格局已经改变。

兴安会馆

兴安位于广西壮族自治区东北部，唐代置县，北宋改兴安，今属桂林市。兴安会馆成立于清代，今址在西城区门楼巷内。民国时登记的地址为门楼胡同9号。现该地区已经进行了拆迁改造，会馆建筑已无存。

贵州会馆

贵州省位于我国西南部，与湖南、广西、云南、四川接壤。贵州会馆在北京出现得较晚。虽然明永乐十一年（1413）已经开始在贵州置省，但一切政治设施进展缓慢。尤其是建学方面，洪武年间建立的只有贵州宣慰使司学及播州宣慰使司学两处(当时播州还属四川)，永乐时始增设思南、思州、黎平、石叶、铜仁等府学，州、县学仍未普遍设立。当时贵州乡试的名额很少，而且附试于湖广或云南。所以来京的贵州举子相对较少。直至明嘉靖十六年（1537）丁酉科，才正式在省会开设乡试。此后，随着入京会试的贵州学子逐渐增多，才开始建立会馆。

贵州建立的省级试馆统称为“贵州会馆”，在京约有八处，分别位于东城区的大江胡同83号和西城区的樱桃斜街57号、樱桃斜街50号、广安门内大街93号、校场二条33号、校场小六条13号、棉花上七条13号、四平园小区内西部。

大江胡同83号的贵州会馆又称“贵州东馆”，建于明万历二十年（1592），是贵州所建会馆中最早的一座。由时任御史的贵阳人李时华倡导集资兴建。李时华，字芳麓，明万历十年（1582）壬午科举人。新添卫(今贵定县)人丘禾实的《循陔园集》有《新建贵州会馆碑记》一文，详细记载了建馆经过。明末清初，战事混乱，贵州数科停止举行乡试，无人入京应试居住，会馆房屋被一土豪乘机霸占。后经商人李之茂、在京黔人王丰雪等会集同乡反复抗争，方得收复。清时地址位于大蒋家胡同。清《光绪顺天府志》载：“大蒋家胡同，井一。有旌德、松江、吉安、贵州诸会馆。”民国时地址为大蒋家胡同39号。2007年前门地区大规模修缮整治之前，保存的会馆占地面积约为414平方米，其中清代晚期建筑面积约为150平方米。现会馆已修缮一新。

樱桃斜街57号的贵州会馆被习惯称为“贵州老馆”，由周起渭之父周国柱于清康熙五十四年（1715）独资捐建。周起渭（1662—1714），字渔璜，号桐野，贵阳青岩骑龙人。康熙三十三年（1694）甲戌科进士。历任翰林院检讨、编修、侍讲学士。后任浙江正考官、直隶学政和詹事府詹事等职。有碑文记载，当时周起渭病逝于京师，其父来京归柩时，为了偿子之心愿而捐建此馆。民国四年（1915），适逢内政总长朱启钤整改市容，因拓宽街道需要，双方商议将会馆拆除新建。后朱因洪宪帝制案被通缉避难天津，于是会馆新建计划被搁置。贵州部分议员对此十分不满，借机抨击朱，并赴天津向朱追讨赔偿。民国八年（1919），解除通缉的朱启钤返京后，将自己所得薪俸计14000银元悉数捐出复建贵州会馆。建成后的新会馆共有房屋67间，规模宏丽，设备完善，焕然为各馆之冠。会馆为了加强管理，重新拟定规章制度，规定以后馆内不准住人，只供同乡开会之用。日军占领北平后，会馆成为日军一处秘密机关。日本投降后，国民党宪兵队进驻。原会馆坐北朝南，门前有卧地上马石一对，西侧南房后墙上有四副拴马桩，门楣上悬本省广顺县（今长顺县）刘清题写的“贵州会馆”四字汉白玉牌匾。馆内因无举子楼，庭院宽敞，成为在京乡旅每年中秋赏月的雅集之地。解放后，会馆被划分给北京市水产供销公司使用。20世纪80年代，馆舍建筑被拆除。原址上建成红樱桃宾馆，现为欣燕都连锁旅店。

樱桃斜街50号的贵州会馆，初名为“贵州新馆”，后因又有新馆成立，故改名为“贵州中馆”。清乾隆十七年（1752），由贵州思南人郭石渠捐建。郭石渠（1717—1789），字文渊，号介弢，清雍正五年（1727）丁未科进士，授翰林院检讨，历任吏部、刑部郎中，江南道监察御史等职。其致仕后，将自己在京城樱桃斜街的住宅捐赠给贵州同乡会，作为会试的寓馆。清时地址为樱桃斜街78号，民国时为樱桃斜街84号。会馆现为民居，政府曾出资进行修缮。

广安门内大街93号是贵州西馆，设立于清乾隆年间，由时任御史的大定人（今大方县）贺有章捐建。因居住者多为贵筑人，又被习惯称作“二贵会馆”。清末大臣贵筑人陈夔龙曾寓居在此。陈夔龙（1857—1948），又名陈夔鳞，字筱石，一作小石、韶石，号庸庵、庸叟、花近楼主。清光绪十二年（1886）丙午进士。陈从1886年进京参加会试到1896年调任天津，一直在贵州西馆内居住。他的《梦蕉亭杂记》一书中有不少相关记载。清《光绪顺天府志》载：“广宁门大街（今称广安门大街），俗称彰义门大街，有洪洞、西晋、河东、贵西、扬州诸会馆。扬馆今在菜市口，离慈仁几二里。按：扬馆旧为江甘仪馆。”民国时登记的地址为广安门内大街48号。会馆坐北朝南，为三进院落，占地面积约600平方米。有正房三间、后房三间带过厅。20世纪90年代地区拆迁改造，会馆的大部分建筑被拆除，现仅存三间北房，仍为民居。

校场二条33号的贵州会馆又称“贵州南馆”，清道光年间建立。清《光绪顺天府志》载：“教场下二条胡同，有贵州会馆。”清末登记的地址为教场二条19号。会馆坐西朝东，仅一进四合院。多是黔西人在此居住。现为民居。

与南馆相对是位于校场小六条13号的贵州北馆，清咸丰年间兴建。清《光绪顺天府志》载：“教场六条胡同，有贵州会馆。”旧时地址为校场小六条7号。居住在此馆的多为黔东人。现为民居。

棉花上七条13号的称作“贵州新馆”，清道光五年（1825）捐置。捐建者是“祖孙四进士，父子两翰林”的安平陈氏之孙若畴、若藻二人。安平陈氏原为军功世家，直至第八代传人陈懿，开始弃武从文，后四世皆有人入仕，以“四世为令”而闻名乡里。清康熙三十八年（1699），第十三代陈恭锡参加科考授直隶丰润知县之后，其子陈法、陈徵，其嫡孙陈庆升及子陈若畴，相继登科。陈法、陈庆升父子还被钦点翰林院庶吉士，终成就了“祖孙四进士，父子两翰林”的佳话。新馆建成时有房屋二十余间。

清时地址为棉花上七条6号，民国时为棉花上七条7号。会馆坐北朝南，为三进四合院。现已拆除，正在建“四合上院”住宅区。

最后一处为四平园小区内的贵州会馆，其是北京创建最晚的贵州会馆。由在京任官的贵阳人李端棻于清光绪十年（1884）集资购户部公产房屋而设。光绪十九年（1893）会馆建成。因当时老馆均已破旧，故众多贵州人选择此处作为聚会娱乐的场所。清和民国时使用的地址为椅子圈1号。会馆坐西朝东，为四套四合院，内有垂花门。20世纪90年代，该地区拆迁改造，会馆建筑随同椅子圈等地名一同消失了。

毕节会馆

毕节位于贵州省西北部，原属罗甸国地，明设毕节卫，清改县治，今为地级市。毕节会馆位于西城区潘家胡同，旧时称潘家河沿，清代设立。现该地区正在拆建中。

琼州会馆

海南故称琼崖，明属广东布政使司，清属琼州府。今简称“琼”。民国以前，试馆性质的琼州会馆在京约有两处。一处位于西城区大外廊营胡同8号，清乾隆三十七年（1772）兴建。据清乾隆四十七年（1782）撰刻的《京都琼州会馆碑记》记载：“琼州去京都九千余里，人士至此者稀；以故他郡多有邸舍，而琼独阙焉。公车之上，南宫选人之赴吏部，往往寄寓全省行馆。屋少人众，或不能容，有力量者僦屋以居，否则投诸逆旅。湫隘杂沓，要挟苛索，不可终日。”直至清乾隆三十四年（1769），海南籍吴典到京参加会试，与同乡王斗文等商议谋建会馆，得众乡人捐资白金九百六十余两。于乾隆三十七年（1772），花费560两在北京正阳门外灵中坊，大外郎营北口内，先后买下17间民宅和左边空地。乾隆四十七年（1782），会馆进行扩修，将房间增至32间。《碑记》中描述，会馆建好后，“琼人万里而来，息肩投足，至若家居，乡语喧哗，忘其为客，不复有湫隘杂沓之虞，与夫要挟苛所之患矣”。

琼州会馆倡建者吴典（1740—1797），号学斋，府城草芽巷人。清乾隆三十四年(1769)己丑科进士，曾参与《国史》、《四库全书》的编纂和《永乐大典》的补佚，被“赐宴文渊阁”，后因父亲去世辞官返乡。回家后，出任海南最高学府琼台书院主讲，并创办“珠崖义学”学堂，免费授徒教学，最终成为海南一代大儒。

会馆坐东朝西，为三进四合院。清末登记的地址为大外廊营30号，民国时为大外廊营31号。1958年被改建为北京继电器厂，现厂址尚存。

此外，在今西城区西砖胡同13号还有一处琼州分馆，也是清乾隆年间设立。现为民居，建筑多有破损。

高阳会馆

高阳位于河北省中部，汉代置县，晋为高阳国，间屡有更迭，今属保定市。高阳会馆又称“高郡会馆”，位于西城区贾家胡同13号，清末设立。旧时地址为贾家胡同7号。现因地区拆迁改造，会馆建筑已被拆除。

河北会馆

河北省地处华北平原北部，分别与山东、辽宁、山西、河南、北京、天津、内蒙古等省市接壤。河北在京城建立会馆的历史可追溯至明代。其中以“河北会馆”直接命名的省级同乡试馆约有六处，分别位于西城区的珠市口大街237号、中信城范围内、潘家胡同1号、达智桥胡同43—45号、达智桥胡同12号、校场胡同2号和龙爪槐胡同16号旁门。

珠市口大街237号、中信城范围内和潘家胡同1号的三处会馆成立于清代，旧时地址分别是虎坊桥43号、兵马司中横街1号和潘家河沿1号。因仅见于专著记载，尚有待考证。

达智桥胡同43—45号的河北会馆，建于清光绪年间。民国时的地址为达智桥13—18号。此地原为严嵩入阁前的宅邸，后改为其私园。严获罪后，该园逐渐荒废。北平沦陷时期，会馆由河北在京同乡会管理，因此又称“同乡会馆”。现为民居。

达智桥胡同12号和校场口三条2号的河北会馆又称“松筠庵”，清末设立，是北京市重点文物保护单位。这里曾是明朝杨继盛的故居。清道光二十七年（1847），住持释心泉募款进行了修整、扩建。因杨继盛是河北人，故很多河北藉士子来前来这里吊唁，久之，松筠庵逐渐发展为河北的同乡试馆。清代文人、士大夫常喜在这里集会吟游。甲午战争结束后，中日签订《马关条约》的消息传到北京，各地参加会试的举子纷纷串联。1895年5月1日，康有为邀集当时在北京的举人到松筠庵集会，由康起草

《上皇帝书》。梁启超等人分抄若干，邀请众人签名后，于5月2日赴都察院上书，反对割地赔款，史称“公车上书”。清至民国间，在松筠庵还成立过慈善机构、助账局、平粜局等机构，用于救济河北及其他地区的灾民。会馆现为民居，建筑保存基本完整。

龙爪槐胡同16号的河北会馆是河北省级会馆中建立最晚的一处。原为张之洞的“抱冰别墅”。清光绪三十三年（1907），张之洞调任军机大臣后，在龙树寺建“抱冰堂”，闲暇之余常到此休息。清末充公改为会馆。民国时地址为龙爪槐8号。现今，会馆原址包含在陶然亭公园之内。东部改造成“少年儿童活动中心”，西部为“陶然江亭观赏鱼花卉市场”。南部在1974改建成“抱冰堂”，现由北京市红十字会使用。

河间会馆

河间地处河北省中部偏南，汉代置郡，隋改县治，明清为河间府，今属沧州市。河间会馆位于西城区果子巷77号，清代兴建。因宋代该地区称作“瀛洲”，故又名“古瀛郡馆”。据《河间会馆碑记》（1759）和《增修河间会馆内外房屋创建河间客寓碑记》（1770）载，直隶因离京城较近，一直没有设立会馆。清顺治年间，直隶乡人公置一区，久之圮废。清康熙年间，舒成龙的先祖完白先生曾经寓居在旧馆，感叹旧馆的荒废，立志修之，未逮。直至清乾隆二十年（1755），舒成龙首输千金，手券贷三千金，创建河间会馆。因一直未能还清贷资，房屋日久失修，渐次倾圮。乾隆三十三年（1768），舒返京见此情景后，又贷千金，于乾隆三十五年（1770）主持进行了扩修。但因住馆者太多，房屋不敷使用，舒又陆续购置两处房产，改建成河间客寓。“从此合郡绅士有如归之安，忘羁旅之苦，宿宿信信，皆舒畅顺适而去。”民国初期，此处曾一度作为北洋直系军阀冯国璋的住所。会馆坐北朝南，为并排东西两座二进四合院，占地面积约600平方米。有后罩楼五间。20世纪80年代地区改造时被拆除。

蓟州会馆

蓟州今称蓟县，位于天津市北部，秦代置县，隋改渔阳，唐代升为蓟州，清属顺天府。解放后属河北省，1973年划归天津。民国以前，试馆性质的蓟州会馆在北京有两处。一处位于东城区花市上二条。清《光绪顺天府志》载:“（崇文门）上二条胡同，有蓟州会馆。”另外一处位于西城区莲花胡同11号左近。两处会馆均是清代兴建，因地区改造，现均已被拆除。

津南试馆

津南即天津以南的地区。津南会馆位于西城区珠市口西大街41号，属于试馆。清道光年间，由青县、静海、沧县、南皮、盐山、庆云六县仕绅募捐而成。民国时，沧县、盐山二县又分出新海，该处遂成为七县学生和公教人员寓居之所。其中静海和庆云在今天津市和山东省境内，其余五县均属河北省。清《光绪顺天府志》载："西珠市口大街，即南大街，迤西为西柳树井，北有万善给孤寺，传云，创自唐贞观间，疑即坊巷胡同集之万善寺也。有津南、潞安、赣宁、奉天、九江、平定、翼城、仁钱、庐州、孟县诸会馆。"清末登记的地址为西珠市口28号，民国时为西珠市口29号。会馆坐北朝南，为三进院落，占地面积约700平方米。1992年因拓宽马路被拆除。

南皮会馆

南皮位于河北省东南部，秦代置县，今属沧州市。南皮会馆创建于清中前期，今址在西城区珠市口大街129号。民国时地址为西柳树井29号。会馆因地区改造已被拆除，现原址为安城商务酒店。

深州会馆

深州位于河北省中部偏南，汉代置县，明改深州，今属衡水市。深州会馆今址在西城区"报国晨钟"花园内，清晚期设立。民国时登记的地址为报国寺前街。会馆现已无存。

唐县会馆

唐县地处河北省中部偏西，汉代置县，今属保定市。北京有两处唐县会馆，均建于清代。一处位于东城区冰窖斜街。清时地址为冰窖胡同。清《光绪顺天府志》载："冰窖胡同，有乾泰寺，康熙三十九年重修。有唐县、漳州、浙瓯、建宁、平镇诸会馆。"民国时地址为冰窖胡同40号。

另外一处唐县会馆在今西城区下斜街53号，清晚期设立。民国时地址为下斜街27、28号。

邢州会馆

邢州位于河北省西南部，秦代置县，隋改龙冈，后又改邢州，1953年改称邢台市。邢州会馆位于西城区樱桃斜街14号左近。因仅见于学术专著，尚有待考证。

盐山会馆

盐山位于河北省东南部，西汉置县，隋改盐山，今属沧州市。盐山会馆创建于清代，今址在西城区珠市口大街131号。旧时地址为西柳树井30号。会馆因地区改造，现已被拆除。

正定会馆

正定位于河北省西部，秦代置县，汉称真定，清雍正元年（1723）因避胤禛名讳改为正定。民国以前，北京有两处正定会馆。一处在今西城区教佳胡同1号、3号，明代兴建。为正定、晋州、新乐、获鹿、井陉、平山、灵寿、行唐、元氏、赞皇、无极、栾城、藁城、阜平十四县共有。初为商馆，后改试馆。清和民国时的地址为敫家坑1号。会馆占地面积约700平方米。1号院坐西朝东，有随墙门一间、正房五间、南北厢房各三间。3号院坐西朝东，有随墙门一间、正房五间、倒座房七间。院内分两路，均为三进院，有正房三间、南北厢房各三间。两院现均为民居。

另外一处在东城区铁香胡同。清时地址为铁香炉。清《光绪顺天府志》载："铁香炉，旧有山右、宣城、海昌、正定、嘉应诸会馆，今多废。"现该地位于居民区，建筑多有破损。

直隶会馆

直隶为旧称，意为直接隶属京师。明永乐十八年（1420）以后称北直隶，泛指今北京、天津两市，河北省大部和河南、山东的小部地区，南京等地被称为南直隶，清初改南直隶为江南省，北直隶为直隶省。1928年直隶更名为河北省。民国以前，试馆性质的直隶会馆在京约有五处，分别位于西城区的宣武门外大街137号、骡马市大街9号、贾家胡同43号、四川营胡同7号和下斜街22号。

宣武门外大街137号是直隶老馆，建于清中前期。清《宸垣识略》载：

“西城会馆之著者，顺承门大街曰关中、才盛、翼城、韩城、歙县、直隶、建昌、咸长、抚临、永济。”宣武门大街俗称顺承门。民国时登记的地址为宣武门外大街64号。清光绪三十二年（1906），中国历史上最后一名状元——刘春霖捐资在馆内设立畿辅学堂，李士珍主持。1912年改称燕冀中学校。1954年改为北京市第五十一中学，1958年迁出后改称宣武门外大街小学。20世纪初地区改造时，学校撤并，原有会馆建筑也被拆除。

骡马市大街9号的直隶会馆亦为清前期兴建。清《宸垣识略》载：“西城会馆之著者，骡马市曰中州、三晋、直隶。”清末登记的地址为骡马市大街70号，民国时为骡马市大街75号。会馆坐北朝南，为三进四合院，占地面积约600平方米。自南而北分别有北房三间、五间、七间。2000年地区改造时被拆除。

贾家胡同43号的直隶会馆建于清代，旧时地址为贾家胡同24号。清宣统年间，因扩建杨继盛祠，将此处与校场三条的广西南馆交换。后被纳入杨继盛祠范围。

下斜街22号的直隶会馆又称“畿辅先哲祠”。清光绪四年（1878），直隶籍军机大臣、总理各国事务衙门行走李鸿藻与兵部尚书沈桂芬等人商定，在宣武门外下斜街创建祠堂，以纪念畿辅京师历代先哲。张之洞负责操办，直隶籍张佩纶、张人骏等共同参与。祠堂坐西朝东，分为东西两部分，东部是园林，间有荷塘、假山、花木等。西部为主体，祠堂位于中间。建成后为省公用，同时具备了会馆功能。祠内按圣贤、忠义、孝友、名臣、循吏、儒林、文苑、独行、隐逸分类，供奉1458位先贤。每年仲春、仲秋进行祭祀。1927年3月31日康有为去世，4月7日梁启超等在此处为其举行公祭。1928年，原宣武门外大街的燕冀中学迁移至此。建国后，改称北京市第十四中学。20世纪80年代，会馆建筑被拆除。

最后一处是四川营胡同7号的直隶会馆，清代设立。旧时地址为四川营4号。因仅见于学术专著尚有待考证。

遵化试馆

遵化地处河北省东北部，后唐置遵化县，清初改为州，今为县级市。遵化试馆位于东城区花市上头条，清代设立，是遵化、玉田、丰润三属士子应试及谒选人员寓居之所。民国时的地址为上头条70号。会馆现已无存。

陈州会馆

陈州位于河南省东部，秦代置县，汉高帝时为淮阳国都，隋改为陈州，今属周口市。陈州会馆在今西城区醋章胡同33号。清宣统二年（1910）11月，由屠勋庵、王佩初等人出资创办。民国时登记的地址为醋章胡同32号。会馆坐南朝北，为一进四合院。因地区拆迁改造，现已拆除。

光州会馆

光州今称“潢川”，地处河南省东南，南朝梁置县，元改光州，今属信阳市。民国之前，试馆性质的光州会馆在京约有三处，均为清中晚期设立。光州会馆隶属于光州及下辖的光山、固始、息县、商城四县。民国时更名为“潢光固息商五县会馆”。旧时地址分别是米市胡同59号、兵马司前街13号和官菜园上街9号。三处会馆在地区改造时已被拆除。其中前两处位于今西城区中信城范围内，最后一处今址在菜市口大街上。清《光绪顺天府志》有载：“官菜园上街，井一。有光州、镇江、四川、香山诸会馆。”

归德会馆

归德位于河南省东部，秦代置县，唐升归德府，明改商丘，今为地级市。民国以前，试馆性质的归德会馆在北京有两处。一处在西城区贾家胡同42号，于清咸丰二年（1852），由归德府及所属商邱、夏邑、永城、虞城、考城（今称兰考）、睢州（今称睢县）、鹿邑、柘城、宁陵九邑联合创建。清《光绪顺天府志》亦载：“贾家胡同，有归德、高州、高郡、开封、蕲水、永州、江震诸会馆。”清末登记的地址为贾家胡同43号，民国时为贾家胡同48号。会馆坐东朝西，为二进四合院，占地面积约500平方米。一进院有北房五间、南房五间、东西厢房各六间。二进院有东房六间、南北厢房各三间。

另外一处位于今东城区草场头条胡同内。清《光绪顺天府志》载：“草场头条胡同，有贵德、广州、兴国、麻城、金箔诸会馆。”

现今，两处会馆均是待拆改造中。

河郏汝会馆

河郏汝会馆是洛阳、郏县、汝州三地联合创建的同乡试馆。洛阳又称“河洛”，位于河南省西北部，明清为府治。郏县位于河南省中部偏西，秦代置县，今属平顶山市。汝州位于河南省西部，秦置梁县，汉升汝州，后间有更迭，今为县级市。会馆在今西城区宣武门外大街127号，清代设立。民国时地址为宣武门外大街60号。宣外大街拓宽改造时，会馆的部分建筑被拆除。其余现为民居和门面房。

河南会馆

河南又称“中州”，因此河南省级的会馆又多称为“中州会馆”。河南省位于我国中东部，分别与安徽、山东、河北、山西、陕西、湖北接壤。民国之前，试馆性质的河南省馆在京约有八处。分别位于西城区的宣武门外大街1号、骡马市大街9号、达智桥胡同55号、米市胡同111号、菜市口大街北段、醋章胡同29号、粉房琉璃街104号和校场五条48号。

宣武门外大街1号是河南老馆，始于明万历年间，由明代大学士高拱创建。是河南省在京创建最早、历时最长的试馆。高拱（1513—1578），字肃卿，号中玄，河南新郑人。明嘉靖二十年（1541）辛丑科进士。官至内阁首辅。明万历元年（1573）被免官后，于上斜街与北河胡同之间购得一亩多地，建起三间平房，专供旅京豫人集会之用。清康熙十年（1671），工部尚书汤斌进行了扩建，定名为“中州乡祠”。清代地址为上斜街10号，民国时为上斜街13号。原有建筑已无存，现为“环球财讯中心”所在地。

骡马市大街9号的河南会馆实际上是两处，一处旧址是骡马市大街87号，建于清顺治十四年（1657）。后称作“中州东馆”。清乾隆五十六年（1791），会馆进行扩修，在当时的骡马市大街89号位另建了一处中州会馆，又称“嵩阳别业会馆”。清《光绪顺天府志》载：“骡马市大街，有直隶、三晋、中州诸会馆。迤东有桥，曰虎坊桥，明虎坊遗址也。有福州、湖广、宜昌、三原、襄陵、曲沃、杭州诸会馆。”两处会馆位置相连。2000年地区改造时被拆除，现为中国联通（集团）有限公司北京市分公司办公大楼。

达智桥胡同55号的河南会馆又称“嵩云草堂”。康熙十年（1671），汤斌在扩建中州乡祠的同时，在街对面原招提寺的基础上，兴建了“洛社”、“海棠院”、“听涛山馆”、“池北精舍”、“月牙池”、“嵩云亭”、“听雨楼”等建筑。清咸丰十一年（1861），户部侍郎毛树棠购买了月牙池南边的土地，将路南的“乡祠”与路北的建筑连成一片。清同治十二年（1873），兵部尚书毛昶煦、漕运总督袁保恒（袁世凯的从叔）等人又筹资在会馆内修建了“精忠祠”和“报国堂”，祠内奉岳飞像，供乡人缅怀祭祀。至此，会馆北到北河沿，南至达智桥，共有大小厅堂亭舍150余间，成为当时最大的河南省馆。时人习惯称之为“嵩云草堂”。清《光绪顺天府志》载：“炸子桥，松筠庵在南，杨忠愍继盛故宅也。西偏为谏草堂。有河南会馆，颜曰嵩云草堂。”炸子桥由“鞑子桥”转音而来，民国时更名为达智桥。清光绪二十年（1894）以后，嵩云草堂逐渐成为近代维新人士聚会、议事的场所。1895年公车上书时，河南藉举子曾在这里集会、签名。1898年保国会成立后，康有为、梁启超等均曾在草堂开会议事，还将《保国会叙》“榜于会所”。科举废除后，袁世凯、张仁黻等人利用嵩云草堂设立河南公立旅京豫学堂，民国初改为京兆私立河南中学。1938年，河南中学改名为北平市私立嵩云中学，并在中学西北隅、原海棠院增设嵩云小学。1952年嵩云中学男生部与燕冀中学合并为北京市第十四中学，原址建成北京二〇四中学，现为西城区（原宣武区）青少年科技馆。嵩云小学改为上斜街第二小学。经过多年变迁，会馆的建筑大部分已经被拆除，仅南院民居仍留有部分遗存。

米市胡同111号是中州南馆，清代设立。清《光绪顺天府志》载：“米市胡同，井二。东有关帝庙，详寺观。有中州、江阴、光州、六安、重庆、南海诸会馆。”清末登记的地址为米市胡同42号，民国时为米市胡同49号。会馆现已拆除，原址被纳入“中信城”范围内。

菜市口大街北段的河南会馆又称“中州新馆”。清《宸垣识略》载：“西城会馆之著者，绳匠胡同曰中州、休宁。”清《光绪顺天府志》又载：“绳匠胡同，绳匠或作丞相。井一。北有伏魔寺，有中州、休宁、潮州诸会馆。”清末登记的地址为丞相胡同59号，民国时为丞相胡同66号。清代丞相胡同又称绳匠胡同。2000年地区拆迁改造，会馆建筑被拆除。

粉房琉璃街104号的河南会馆建于清代，旧址为粉房琉璃街92号。会馆坐东朝西，为二进四合院，占地面积约500平方米。有随墙门一间、倒座房四间。两个院中分别有东房三间、北房三间、南房三间。现为民居。

最后，位于醋章胡同29号和校场五条48号的三处会馆亦是清代设立，旧时地址分别是醋章胡同15号、和校场五条27号。前者已经拆除，后者为民居，建筑多有破损。

河陕汝会馆

河陕汝会馆是清代河南府、陕州、汝州三地联合创建的同乡试馆。民国时，改称“河洛会馆”。河南府位于河南省西部，秦代置县，明升为府，府治在洛阳县。陕州今称“陕县”，位于河南省西部偏北，秦代置县，清为直隶州，今属三门峡市。汝州位于河南省中西部，秦代置县，明置汝州州，清升直隶州，今为县级市。据统计，北京约有两处河陕汝会馆，均为清代设立。其中一处在西城区果子巷44号，旧址为果子巷南口。另外一处在宣武门外大街112号。清末登记的地址为宣武门外大街160号，民国时为宣武门外大街186号。坐东朝西，为二进四合院。

现因地区改造，两处会馆均已无存。

怀庆会馆

怀庆今称“沁阳”，位于河南省西北部，秦代置县，明清为府治。夏朝时，怀庆地区称“覃怀”，因此，怀庆会馆又被称为“覃怀会馆”。民国之前，试馆性质的怀庆会馆在京约有四处。据《1947年各省会馆总登记表》之《《沁孟温济武博修原阳九县旅平同乡会总登记表》载：“老馆一处潘家河沿六号（覃怀会馆）；分馆三处：潘家河沿四号，象牙胡同四号，麻线胡同二号。”

潘家河沿六号的怀庆会馆今址在西城区潘家胡同11号，清道光年间，由修武籍京官赵迁创建。隶属于怀庆府及下辖的孟县、温县、济源、武陟、博爱、修武、原武（今称原阳）、阳武（今称原阳）八邑。民国时改称“沁孟温济武博修原阳九县馆”。“沁”与“覃”通用。馆坐西朝东，占地面积约700平方米。院内建筑分南、北两路，每路共四个小院。此馆建成后不久，又购得潘家河沿四号宅地，作为分馆，今址在潘家胡同7号。清《光绪顺天府志》有载：“潘家河沿，有怀庆、吉安、黄陂、余姚诸会馆。”因地区改造，两处会馆现均待拆重建。

象牙胡同四号的怀庆会馆在今西城区宣武门外大街南段东侧，具体位置不详，清代设立。

麻线胡同二号的怀庆分馆位于今西城区红线胡同3号，又称“怀庆新馆”，清末创建。会馆坐西朝东，为二进四合院，有西房五间、排房六间。现为民居，建筑多有破损。

开郑会馆

开郑会馆原名“开封会馆”，为开封府属十八州、县联合创建。清光绪二十九年（1903），十八州、县中的汜水、河阴、荥阳、荣泽被划归郑州。原开封二字不足以概括郑州各属，遂改称“开郑会馆”。民国之前，试馆性质的开郑会馆在京约有两处，旧址均在贾家胡同附近。一处在贾家胡同29号，今址为西城区贾家胡同47号，清嘉庆年间创建。会馆坐西朝东，有前后三个院落。1964年改建为国家病毒性疾病防治研究中心。另外一处在贾家胡同32号（正门开在南横东街14号），今址位于西城区南横东街79号，清中晚期设立。解放后为陶然亭街道办事处。后因南横街扩建被拆除。

洛中会馆

洛中会馆位于西城区珠市口西大街西段北侧，清中晚期设立。因地区改造，现已无存。该馆仅见于学术专著记载，尚有待考证。

孟县会馆

孟县今称“孟州”，位于河南省西南部，秦代置县，唐升州治，明改孟县，今属焦作市。北京约有五处试馆性质的孟县会馆，均是清代创建。其中四处位于西城区的南横东街四平园小区7号楼、珠市口西大街173号、宣武门外大街40号和石头胡同75号。其旧址分别是南横街、虎坊桥大街8号、宣武门大街南段、石头胡同中段。除了石头胡同75号的现为民居外，其余因地区改造，均已被拆除。

另外一处孟县会馆在今东城区的精忠街附近，旧时称紫竹林。清《光绪顺天府志》载：“紫竹林，俗称担子市，旧有赵城、孟县会馆，今废。”

濮阳会馆

濮阳位于河南省东北部，战国卫之都城，秦代置县，今为地级市。

濮阳会馆始建于清代，今址在西城区福州馆街17号。清《光绪顺天府志》载："崇兴寺胡同，有福州、福清、濮阳、理化诸会馆，旧有鄞县会馆。"会馆现为民居，建筑多有破损。

嵩新会馆

嵩新会馆位于西城区大沙土园胡同2号，清末设立，为嵩县和新安两地合建的同乡试馆。嵩县位于河南省西部，汉代置县，金为嵩州，明复改县。新安位于洛阳市正西，秦代置县。两地今属洛阳市。此馆仅见于学术专著记载，尚待考证。

宛南会馆

宛南会馆位于西城区菜市口大街中段偏北，旧址在官菜园上街8号，清代设立。宛为南阳的古称，南指南召县。南阳地处河南省西南，秦代置宛县，汉改南阳，后间有更迭，晋为申州治所，元升南阳府，今为地级市。南召县在南阳的西北，明代置县。因地区改造，会馆现已无存。该馆仅见于学术专著记载，尚有待考证。

宛南十三县会馆

宛南十三县会馆始于清代，是河南省南阳、南召、唐河、桐柏、泌阳、镇平、邓县、内乡、新野、淅川、方城、舞阳、叶县十三个府、州、县的联合创建的同乡试馆。今址大体在西城区长椿街南段路东处。民国时登记的地址为宣外下斜街46号。原有房十余间。长椿街拓宽改建时被拆除。

祥符会馆

祥符为开封旧城，地处河南省中部偏东，汉代置县，宋改浚宜，明恢复。1913年改开封县，今为开封市下辖区。祥符会馆位于西城区南横东街西段四平园小区1号楼东位置，清代始建。清《光绪顺天府志》载："南横街，井一。迤西隶西城，井四。旧有礼部所属会同馆，今废。有祥符、嘉兴、全浙、淮安、孟县、泾县、粤东诸会馆。"民国时登记的地址为南横街66号。会馆坐南朝北，为三进院落。1995年因建新楼被拆除。

彰德会馆

彰德今称"安阳"，位于河南省北部，金置彰德府，元改为路，明清复为府，今是地级市。彰德会馆在今西城区南半截胡同16号，清光绪二十年（1895）设立。清时地址为南半截胡同26号，民国时为南半截胡同31号。会馆坐北朝南，规模较大，分左、中、右三路。中路为二进四合院，有正房五间、后罩房五间、东西厢房各三间。左路和右路有不规则的跨院。现为民居，馆舍建筑已进行修缮。

安陆会馆

安陆位于湖北省中部偏东，秦代置县，唐设安陆郡，北宋改安陆州，明清为府，今属孝感市。民国之前，以“安陆会馆”命名的同乡试馆在京约有两处。一处位于东城区新革路上，明万历年间创建。清时该地区称为新开路。清《宸垣识略》载：“东城区会馆之著者，新开路曰常山、曲沃、安陆。”民国时登记的地址为东打磨厂新开路5号。会馆在清道光六年（1826）增设房一所，道光十二年至二十年（1832—1840）前后续修，咸丰九年（1859）再设一房。清光绪八、九年（1882、1883）间，会馆墙垣坍塌，十一年（1885）再次修建。现因地区改造，会馆建筑已拆除。

另一处安陆会馆创建于清代，今址在西城区红线胡同17号。清时称作麻线胡同。清《光绪顺天府志》载：“麻线胡同，井一。有淮安、安陆、郢中诸会馆。”会馆现为民居，建筑多有破损。

德安会馆

德安会馆位于西城区迎新街70号，清中晚期设立。旧时地址为阎旺庙街43号。德安为安陆的旧称。该地区现正拆迁改造，会馆建筑已拆除。

广济会馆

广济位于湖北省东部，北周置永宁县，唐改广济，1987年10月23日被撤销，改称武穴，属黄冈市。试馆性质的广济会馆在京约有两处。一处在今西城区万源夹道16号，清代设立。旧时地址为万源夹道14号。另外一处广济会馆位于西城区崇善里胡同内，又称“广济邑馆”，清光绪三十四年（1908）设立。民国时登记的地址为崇善里7号。两处会馆现为民居，建筑多有破损。

汉阳会馆

汉阳在湖北省中东部，隋改汉津为汉阳县，元、明、清为府，间有更迭，今为武汉市三镇之一。汉阳会馆位于东城区草厂八条1号，明末清初设立。清《宸垣识略》载："东城会馆之著者，草场八条胡同曰辰沅、汉阳。"民国时登记的地址为草场八条37号。会馆现为民居，建筑多有破损。

湖北会馆

湖北省位于长江中游北部，分别与安徽、江西、湖南、陕西、河南、重庆等地接壤。因在洞庭湖以北，故名湖北。民国之前，以"湖北会馆"命名的省级试馆在京约有两处。一处在西城区宣武门外大街8号，清光绪年间设立。光绪三十二年（1906），湖北同乡京官曾于此处开设江汉学堂，清宣统二年（1910）改为公立湖北学堂，辛亥革命后停办。民国时登记的地址为永光寺西街8号。馆舍建筑在20世纪90年代被拆除，现为庄胜广场。

另外一处在今东城区长巷头条13号，又称"鄂城会馆"。清光绪后期设立。民国时登记的地址为长巷头条65号。会馆坐西朝东，原有清式建筑面积约310平方米。因地区改造，现已被拆除。

湖广会馆

湖广会馆位于西城区虎坊桥3号，是湖南、湖北两省人士为联络乡谊而创建的同乡试馆。清时地址为骡马市大街254号，民国时为骡马市大街257号。最初，此地相继为清朝京官张惟寅、刘权之、王杰和叶继雯的宅邸。清嘉庆十二年（1807），捐建成为会馆。

清道光十年（1830）正月，左副都御史蒋祥墀与工部尚书何凌汉倡议集资扩修该馆，用银5000余两，除升高屋宇外，并兴建戏楼一座。道光二十九年（1849），湖南湘乡人，礼部侍郎曾国藩等倡议重修。8月兴工，10月完工。清光绪十八至二十二年（1892—1896）再次大修，最终定型为20世纪90年代以前之格局。会馆坐南朝北，分东、中、西三路。东路为主院，有多座建筑。中路是戏楼、游廊和庭院，院中有著名的"子午井"。西路为楚畹堂等建筑。其中，戏楼为湖广会馆的标志性建筑，据《北京湖广会馆志略》载："前院演戏有戏台一座，后台10间，北东西三面为看楼，上下共40间，中为广场，可容千人，旧式之大戏院也。"自大戏楼建成后,在京的两湖籍官员及各界名士，每年正月都举行团拜，并邀请名伶演剧三天，饮宴酬唱。清末民初，大戏楼中更加活跃，一时名人荟萃，由京剧票友和戏迷组成“赓阳集”票房，经常在大戏楼排练、演出。京剧名伶谭鑫培、田桂凤、陈德霖、时慧宝、余叔岩、名票王君直等都曾在此粉墨登场。观者如云，盛极一时。

湖广会馆在曾国藩的大力支持下，成为湖南、湖北进京应试举人汇集的场所。清末很多重臣名仕都在湖广会馆内留下了足迹。馆内存放着曾国藩、左宗棠（1812—1885）等人的大学士匾，曾国荃（1824—1890）、胡林翼(1812—1861) 等人的封爵匾以及刘子庄、黄自元等31人的状元、榜眼、探花、传胪匾。这些炫目的匾额承载了湖广籍官员的荣耀，也见证了湖广会馆的辉煌。曾国藩对湖广会馆十分重视，以至于他的60大寿就是在湖广会馆中举办的。

解放后，湖广会馆的建筑被分割使用，损毁严重。1984年5月，被定为北京市文物保护单位，1991年开始启动对湖广会馆的修复工程，于1996年4月竣工。1997年9月6日，湖广会馆戏楼作为北京市第一百座博物馆“北京戏曲博物馆”宣布成立，并恢复演出功能。现今，会馆兼具戏楼、酒楼、茶楼、博物馆等多项功能，是北京著名的会馆之一，也是按原有格局修复并对外开放的第一所会馆。

黄安会馆

黄安位于湖北省东部，明代置县，1931年更名红安县，今属黄冈市。黄安会馆始建于明代，今址在东城新革路1号，是湖北省黄安籍秦如窖、吴光龙等人在京建立的同乡试馆。清乾隆年间，乡人陈逵九等捐资重修。民国八年（1919）扩修。民国时登记的地址为前门外打磨厂新开路16号。

会馆坐西朝东，分中、东、西三院，现为民居。中院为四合院布局，正房为面阔三间的楼房，东西厢房各三间。中院东壁嵌民国八年(1919年）《黄安会馆碑记》石刻一方。

黄冈会馆

黄冈位于湖北省东部，秦代置县，间有更迭，隋称黄冈，今为地级市。民国之前，北京建有两处黄冈会馆，均属试馆。一处在今东城区草厂二条5号，始于明代。清《宸垣识略》载：“东城会馆之著者，草厂二条胡同曰邵武、黄冈、应城。”民国时登记的地址为草厂二条30号。清代著名状元刘子壮来京应试时曾在此居住。刘子壮（1609—1652），字克猷，号稚川，黄州（今湖北省黄冈县）人，明崇祯三年（1630）中举，寒窗苦读近二十年，于清顺治六年（1649）参加殿试，中己丑科一甲一名进士，状元及第，大魁天下，授国史馆修撰。清乾隆年间戴璐的《藤阴杂记》中记述了刘子壮在黄冈会馆内的一件趣事："刘克猷子壮常梦为朱之弼门生，晋绅未见其名。庚午，计偕入都，侨寓黄冈会馆。下第步邻垫，见垂髫童子，貌颇清秀，见书包有'朱之弼'三字，遂大惊愕，询其家世寒微，助以纸笔之资，久亦忘却。嗣久困公车，巳丑谒选，强入礼闱。朱已弱冠，丙戌进士，授给事中，侍读，官至工部尚书。"朱之弼（1610—1683），字右君，顺天大兴人，顺治三年（1646）丙戌科进士，历任工部、刑部、兵部尚书。会馆坐西向东，由南北两组四合院组成，南院尚存正房及东西厢房各三间，北院已改建。现为民居，建筑多有破损。

另外一处黄冈会馆位于西城区椿树园小区内，清代设立。旧址为椿树上头条19号。现已无存。

黄梅会馆

黄梅地处湖北省东端，南朝置县，隋改黄梅，今属黄冈市。民国以前，北京约有两处黄梅会馆。一处位于西城区夹道居7号，清同治年间设立。清代地址为车子营1号，民国时为车子营22号。会馆坐北朝南，为二进四合院，占地面积约500平方米，有小门楼一间。第一进院有正房三间带抱厦、东西厢房各三间、东西耳房各一间。第二进院有正房五间。现该地区正在进行危房改造，部分居民已迁出。

另一处会馆在东城区草厂五条，清代设立，具体地址不详。清《宸垣识略》载："东城会馆之著者，草厂五条胡同曰宝庆、仙裕、黄梅。"清《光绪顺天府志》也载："草厂五条胡同，有宝庆、仙溪、黄梅诸会馆。"

黄陂会馆

黄陂位于湖北省中部偏东，北周置县，今属武汉市。民国以前，试馆性质的黄陂会馆在京约有四处。最早一处建于明代，清时地址为东草厂胡同。据《黄陂新馆记》（1890）所载："旧馆在东草厂，明季废为墟。"

其余三处分别位于西城区的潘家胡同59号，棉花下三条3、4号和晋太胡同中段路北四平园小区9号楼址。

潘家胡同59号的黄陂会馆又称“黄陂新馆”，是姜星六于清嘉庆八年（1803）捐资创建。清道光十八年（1838）曾进行修缮。清《光绪顺天府志》载：“潘家河沿，有怀庆、吉安、黄陂、余姚诸会馆。”清末登记的地址为潘家河沿31号，民国时为潘家河沿30号。因地区改造，会馆建筑已拆除。

棉花下三条3、4号的黄陂会馆建于清光绪三年（1877），是黄陂京官王静海捐七百金购置，共计房屋19间。会馆现为民居，建筑多有破损。

最后一处晋太胡同的黄陂会馆，又称“黄陂会馆庙”，清代设立。民国时登记的地址为晋太高庙2号。馆内正方一层为佛殿，主位供奉三世佛和二尊者，次位供奉关帝和娘娘。20世纪90年代地区改造，会馆建筑被拆除。现为四平园小区9号楼。

江夏会馆

江夏今称武昌，位于湖北省东部，汉代置县，隋称江夏，今属武汉市，与汉口、汉阳并称“三镇”。江夏会馆位于西城区排子胡同40号，清雍正年间，由县人河督崔应阶捐建。清《宸垣识略》载：“西城会馆之著者，西河沿排子胡同曰江夏。”清《光绪顺天府志》亦载：“排子胡同，有江夏、凤阳会馆，小庙二。”民国时登记的地址为排子胡同21号。会馆坐北朝南为三进四合院，占地面积约750平方米。有正房三间，前后院均有过厅。现房屋皆存，大门上石匾尚存，只是字迹已不清楚。原大门翻建，第一进院有北房四间、东西厢房各二间。第二进院有北房三间、东西厢房各二间。第三进院有北房三间、倒座房五间、东西厢房各一间。馆内原设乡贤祠，并有花园、石亭、假山等。正门上方镶有“江夏会馆”石匾，今字迹已经模糊。晚清著名书法家张裕钊曾在此馆居住数年。现为民居。

京山会馆

京山位于湖北省中部，隋代置县，今属荆门市。京山会馆在今东城区草厂十条巷内，始建于明代。清顺治年间，京山籍官员王吉人捐款进行了修缮。清代地址为草厂十条。《光绪顺天府志》载：“草场十条胡同，有上湖南、湘潭、长沙、湘乡、京山会馆。”因无具体地址，会馆现状不详。

荆州会馆

荆州位于湖北省中南部，春秋战国属楚地，秦属南郡，西汉设荆州刺史部，唐置江陵府，明、清改称荆州府，今为地级市。荆州会馆始建于明代，今址大概在西城区东珠市口大街与祈年大街交汇处。清和民国时登记的地址为平乐园胡同10号。清《光绪顺天府志》载：“平乐园，有荆州会馆。”珠市口大街改造时，平乐园胡同被拆除，会馆亦随之无存。

麻城会馆

麻城位于湖北省东北部，南朝梁置信安县，隋改麻城，今属黄冈市。麻城会馆位于东城区草厂头条24号，始建于清代，是麻城旅京人士在京建立的同乡试馆。清《宸垣识略》载：“东城会馆之著者，草厂头条胡同曰广州、麻城、金箔。”民国时登记的地址为草场头条10号。麻城会馆共有房舍50余间，作为县属会馆，规模可谓很大，足见当年麻城赴京应试的举子甚多。据不完全统计，明清两朝考中进士者，麻城人达143位。

会馆坐北向南，为东西两组两进四合院。有正房各五间、厢房各两间，布局完整，保存尚好。现为民居。院内原有二尺宽石鼓一座，六尺高汉白玉“万古流芳”修建会馆捐款碑一块，现已无存。大门上原有一方“麻城会馆”木匾，在“文革”期间被毁。

沔阳会馆

沔阳位于湖北省中部偏东，西汉置县，明为沔阳州，今称仙桃市。北京有两处沔阳会馆，均属试馆。一处在今西城区前孙公园胡同41号，清中前期设立，旧时地址为前孙公园20号。早年间废弃。该地区现正进行拆迁改造。

另外一处位于西城区前孙公园胡同57号，现又开侧门在铁鸟胡同32号。据《北京会馆档案史料》中《1947年各省会馆总登记表》所载，会馆成立于“清同治二年（1863），经同乡举人刘兴梯倡捐，并劝州城及四镇富绅醵金，函寄入都刑部主事陆光祖、闽县知县杨鸿濂、国子监学正刘华口（注：该字因碑文模糊而无法辨识）、云龙州知州张礼堂、举人谌璋，巢县知县周应湛在京公议建置，因费不给，周应湛捐助银百两成之。”清时地址为十间房6号，民国时为十间房7号。十间房今称前孙公园胡同。会馆坐北朝南，为前后两进院落，前院有正房五间，后院有北房七间。现为民居，建筑多有破损。

蒲圻会馆

蒲圻位于湖北省东南部，三国吴置县，今称赤壁市。蒲圻会馆在今西城区万源夹道7号，清中晚期设立。民国时登记的为万源夹道4号。民国初年，邑人张乾若捐资重修。会馆坐北朝南，为二进三合院，有北房五间。现为民居，建筑多有破损。

蕲水会馆

蕲水位于湖北省东部，南朝宋置县，唐改称兰溪，后又复称蕲水，今称浠水，属黄冈市。民国之前，试馆性质的蕲水会馆约有两处，一处在西城区珠市口西大街中段，清咸丰时期设立。旧址为西柳树井路南，清光绪年间被变卖。

另外一处蕲水会馆位于西城区贾家胡同60号，清光绪年间创建。清《光绪顺天府志》载：“贾家胡同，有归德、高州、高郡、开封、蕲水、永州、江震诸会馆。”清末登记的地址为贾家胡同33号，民国时为贾家胡同37号。会馆坐东朝西，为二进四合院，有正房三间带左右耳房、后罩房五间。因地区改造，现已拆除。

蕲州会馆

蕲州又称蕲春，位于湖北省东部，汉代置县，明清改为州，今属黄冈市。民国之前，试馆性质的蕲州会馆在京约有四处。其中两处位于西城区的永庆胡同、校场四条26号。

永庆胡同的蕲州会馆又称“蕲春会馆”，清光绪初年设立。清和民国时登记的地址为七圣庙11号。清《光绪顺天府志》载：“莲花寺湾，北曰七圣庙，有蕲州会馆。”七圣庙今称永庆胡同。2003年地区拆迁改造，馆舍建筑被拆除。

校场四条26号的蕲州会馆建于清末。旧时地址为校场四条35号。会馆现为民居，建筑多有破损。

其余两处蕲州会馆，一处位于今东城区的草厂九条胡同，清代设立。

清《宸垣识略》载："东城会馆之著者，草厂九条胡同曰蕲州。"现为民居。另外一处在今东城区瓷器口大街附近，兴建时间不详。因仅见于学术专著，尚有待考证。

全楚会馆

全楚会馆位于今西城区菜市口大街，明万历年间设立，是湖南、湖北两地联合创建的同乡试馆。两湖在春秋战国时期属楚国地，故以"全楚"二字命名。据《北京湖广会馆志稿》等史料所载，全楚会馆原为明丞相严嵩之旧宅，后又成为张居正的宅邸。张宅被抄没后，在此处设立了全楚会馆。旧址为丞相胡同，1965年更名为菜市口胡同。清嘉庆十二年（1807），扩修成为湖广会馆。

随县会馆

随县地处湖北省北部，秦代置县，今称"随州市"。随县会馆位于东城区珠市口东大街，清代始建。清时地址为东柳树井，民国时为东柳树井大街31号。1965年北京整顿地名时，取消东柳树井，并入珠市口东大街。会馆建筑在地区改造过程中被拆除。

天门会馆

天门位于湖北省中部，秦代置县，清改称"天门"，今为地级市。天门会馆地址在西城区宣武门外大街98号，清嘉庆二十一年（1816）修建。清《光绪顺天府志》载："宣武门外大街。俗称顺承门大街。全闽会馆，旧有直隶、关中、翼城、天门、歙县、韩城、灵石、咸长、善化、永济、南通州诸会馆。"清代登记的地址为宣武门外大街166号，民国为宣武门外大街194号。会馆坐东朝西，为二进四合院，占地面积约500平方米，有正房三间。2000年地区拆迁改造时被拆除。

武昌会馆

武昌位于湖北省东部，汉代置县，隋称江夏，今属武汉市。清宣统元年（1909），学部拨交庙基，武昌府同乡京官募捐在京建立了两处会馆。一处在西城区琉璃厂西街77号，为主馆。民国时期登记的地址为琉璃厂119号。现今已改建成电信两栋宿舍楼。

另外一处在西城区南半截胡同51号，为分馆。民国时地址为南半截胡同24号。现为民居，建筑格局拆改严重。

咸宁会馆

咸宁位于湖北省东南部，五代南唐置县，宋称咸宁，今为地级市。咸宁会馆始建于清末，今址在西城区椿树园小区。清时登记的地址为椿树上头条5号，民国时为椿树上头条7号。20世纪90年代，该地区拆迁改造，很多胡同建筑被拆除，咸宁会馆亦在其中。

襄阳会馆

襄阳位于湖北省中北部，东汉置郡，宋升襄阳府，间有更迭。民国以前，试馆性质的襄阳会馆在京约有五处，分别位于西城区南柳巷56号、潘家胡同5号、南横西街19号、兴胜胡同4号和东城区的銮庆胡同。

南柳巷56号的是襄阳老馆，又称“襄阳郡馆”。清咸丰、同治年间，由襄阳、枣阳、谷城、宜城、光化、南漳、均州（今称丹江口）七邑人士联合创建。清时地址为铁老鹳庙9号，民国时为铁老鹳庙11号。解放后，会馆成为北京静电设备厂职工宿舍。20世纪60年代被拆除。今址大门开在了南柳巷。

潘家胡同5号为襄阳新馆，又称“襄郡会馆”，清光绪年间设立。旧时地址为潘家河沿3号。该地区正在进行拆迁改造，会馆建筑已被拆除。

南横西街19号、兴胜胡同4号和銮庆胡同的襄阳会馆，亦是清代兴建。旧时地址分别为南横街、兴胜寺、鸾庆胡同。三处会馆现均为民居，建筑多有破损。

孝感会馆

孝感地处湖北省中部偏东，南朝宋置县，五代后唐称孝感，今为地级市。清代，孝感籍人在京创建了两处试馆。一处在东城区草厂七条19号。清《宸垣识略》载：“东城会馆之著者，草场六条胡同曰孝感。”清《光绪顺天府志》又载：“草场上、下七条胡同，有孝感、南安、袁州、惠州诸会馆。”民国时登记的地址为草厂七条26号。会馆现为民居，存清式建筑约270平方米。经过多次拆改，馆舍建筑已失其原状，仅北院保留四合式院落。原院内墙上有同治二年（1863）重修石刻，现已不存。

另外一处孝感会馆在西城区前孙公园胡同65号，旧时地址为十间房11号。现为民居。

宜昌会馆

宜昌位于湖北省中部偏西南，南朝梁置宜州，明为府治，清改称宜昌，今为地级市。宜昌会馆又称“宜昌七邑会馆”，是宜昌、宜都、五峰、长阳、兴山、秭归、远安七地联合创建的同乡试馆。今址在西城区珠市口西大街247号，原为杨守敬故宅，清代建为会馆。清《光绪顺天府志》载：“骡马市大街，有直隶、三晋、中州诸会馆。迤东有桥，曰虎坊桥，明虎坊遗址也。有福州、湖广、宜昌、三原、襄陵、曲沃、杭州诸会馆。”清末登记的地址为虎坊桥大街46号，民国时为虎坊桥大街甲48号。虎坊桥大街今称珠市口西大街。会馆坐北朝南，为两进四合院，占地面积约500平方米。南房沿街是二层楼房，面阔五间，另有正房三间、后罩房五间。2000年地区拆迁改造时被拆除。

应城会馆

应城位于湖北省中部偏东，南朝宋置县，间有更迭，今属孝感市。北京的应城会馆始于明代，由本邑京官陈蕖捐资创建。陈蕖（生卒不详），字应虹，明隆庆二年（1568）戊辰科进士，官至户部尚书。清入关后，应城赴试举子人数日少，会馆逐渐荒废。清乾隆年间，乡人集资进行了重修。乾隆五十七年（1792），邓光焘借口会馆颓圮而折卖，经贡生陈善变等人控告至府，追回折价银两。会馆的地址在草厂二条胡同。清《光绪顺天府志》载：“草厂二条胡同，有邵武、黄冈、临江、应城诸会馆。”会馆现为民居。

应山会馆

应山地处湖北省东北部，南朝宋置永阳县，隋改应山，今称广水市。北京的应山会馆由旅京邑人叶凌云及子廷芳等人筹资创建。据《德安府志》记载：“应山会馆在京城正阳门外打磨厂中间路北铁柱宫西首，馆五进，每进三楹，道光十六年（1836）新建，迄戊戌（1838）始告成。”清《光绪顺天府志》亦载：“打磨厂，有玉皇庙、关帝庙，有粤东、潮郡、临汾、宁浦、应山、钟祥诸会馆，旧有郢中会馆，今废。”民国时登记的地址为打磨厂138号、139号。会馆现状不详。

郢中会馆

郢为春秋战国时的楚国都城，泛指古江陵地区，位于湖北中部。民国之前，北京有两处试馆性质的郢中会馆。一处在西城区红线胡同16、18号。明天启二年（1622），由荆门、天门、钟祥三县联合创建。清时地址为麻线胡同41号，民国时为麻线胡同42号。会馆坐东朝西，为二进四合院，占地面积约500平方米。现门北向。有随墙门一间、倒座房二间。第一进院有东房三间半、南北厢房各二间半。第二进院有东房五间、南北厢房各三间。现为民居。

另一处郢中会馆位于东城区打磨厂街，清代设立，清末废弃。清《光绪顺天府志》载："打磨厂，有玉皇庙、关帝庙，有粤东、潮郡、临汾、宁浦、应山、钟祥诸会馆，旧有郢中会馆，今废。"

云梦会馆

云梦位于湖北省中部偏东，南北朝西魏置县，今属孝感市。云梦会馆在清初已有，最早设在京城木厂，因年久失修废弃。清乾隆十四年（1749），乡绅左梅集众在南城东南坊四铺明教寺前街，即阎王庙前街，创建新馆。清《宸垣识略》载："东城会馆之著者，阎王庙前街曰宜黄、云梦。"清《光绪顺天府志》亦载："阎王庙前、后街，有三晋、宜黄、云梦诸会馆。"清道光年间，杨成业兄弟捐款对会馆进行了修葺。清咸丰年间，左瑛、王道清等人再修。民国时期，会馆登记的地址为阎王庙前街4号。阎王庙前街今称远望东街。因地区改造，会馆已被拆除。

郧阳会馆

郧阳位于湖北省西北部，西魏置县，明清改为府，今属十堰市。北京的郧阳会馆位于西城区寿刘胡同5号，是郧县、郧西、竹山、竹溪、房县、保康六县旅京同乡于清光绪八年（1882）捐款购置。共建有房屋58间。清末登记的地址为教子胡同16号，民国时为教子胡同14号。会馆坐北朝南，大门东向，有前后两个院落。前院为四合院，有正房三间带东西耳房各一间、东西厢房各三间；后院有北房五间。2000年地区拆迁改造，馆舍建筑被拆除。

钟祥会馆

钟祥地处湖北省中部，南朝置县，明称钟祥，今属荆门市。钟祥会馆位于东城区西打磨厂街，清代设立。清《光绪顺天府志》载："打磨厂，有玉皇庙、关帝庙，有粤东、潮郡、临汾、宁浦、应山、钟祥诸会馆，旧有郢中会馆，今废。"

宝庆会馆

宝庆位于湖南省中部，汉代置县，南宋升为宝庆府，今称邵阳市。北京有两处宝庆会馆，均属试馆。一处在东城区草厂五条胡同26、27、28、30号。清乾隆五十九年（1794），由宝庆府下辖邵阳、新化、新宁、武冈、城步五邑旅京人士创建。清同治五年（1866），宝庆先贤江忠源等人将馆正式定名"宝庆会馆"。清光绪二十六年（1900）易名宝郡会馆，民国二十七年（1938）改名宝庆五邑会馆。清末登记的地址为草厂五条胡同，民国时为前门外草厂五条27号。会馆坐西向东，有南北两座院落。北院为主要部分，院中建有议事厅堂，四周环绕房屋。现今，会馆为民居，建筑保存基本完整。房屋顶部大部分已经翻盖，原27号院大门门额上有会馆名称木匾，门前有石狮一对，现已无存。

另外一处宝庆会馆位于西城区骡马市大街208号左近处，清代设立。民国时登记的地址为骡马市大街157号。该馆又称"湘庆会馆"，意为"湘之宝庆"。因地区改造，馆舍建筑已拆除。

长沙郡馆

长沙位于湖南省东部偏北，秦置长沙郡，隋改潭州，后复郡置，元设潭州路，明初改长沙府，清袭之。长沙郡馆又称"长郡会馆"、"长沙会馆"，是湖南长沙府及所属长沙、善化、浏阳、宁乡、益阳、安化、湘潭、湘乡、湘阴、醴陵、茶陵、攸县十二县联合创建的同乡试馆。京城最早出现的长沙郡馆在东城区草厂十条19号，始于明代，旧址为草厂十条5号。会馆坐西向东，为两组四合院。有正房各五间、厢房各三间。清乾隆年间，会馆进行扩修，购买下草厂十条28号（民国间旧址）处地基，创建分馆，称作"长沙郡西馆"，原馆称为"东馆"。一时间，草厂十条一带成为湘籍旅京人士的聚集点。清《光绪顺天府志》载："草厂十条胡同，有上湖南、湘潭、长沙、湘乡、京山诸会馆。”现两处会馆均为民居。

此外，长沙郡馆另建有四处附产，据《北京会馆档案史料》中《1947年各省会馆总登记表》所载，“清道光及光绪年间，先后于香炉营四条十六号，西横街七号，南横街三十一号，粉房琉璃街三十七号购买民房四所作为本馆岁费，庚子之乱，馆舍被毁，嗣经三次修建始复旧观”。

长沙邑馆

长沙邑馆也称“长沙会馆”，是湖南省长沙府下辖长沙县建立的同乡试馆，在京约有两处。一处位于西城区椿树园小区内，原址是椿树横胡同5号。清同治十一年（1872），由长沙籍周荇农学士等人倡议筹资兴建。清时地址为椿树上三条7号，民国时为椿树上三条9号。原会馆坐北朝南，四进院落，占地面积约700平方米。20世纪90年代地区拆迁改造，馆舍建筑被拆除。

另外一处在东城区南、北晓顺胡同内，清和民国时地址为孝顺胡同。清《宸垣识略》有载：“东城会馆之著者，孝顺胡同曰长沙。”因无具体地址，馆舍现状不详。

常德会馆

常德位于湖南省北部，战国秦国设黔中郡，西汉改称武陵，南宋升常德府，今为地级市。常德会馆位于东城区长巷五条，清代设立。清《光绪顺天府志》载：“高庙，关帝庙俗称高庙。庙有嘉靖间鼎一，盖建自明代也。常德会馆，旧有芜湖会馆，今废。”民国时登记的地址为前门外高庙20号。会馆由常德府及下辖桃源、汉寿（旧称龙阳）、沅江三地联合创建，故又称“常桃汉沅会馆”。会馆现为民居，建筑多有破损。

辰沅会馆

辰沅会馆位于东城区草厂八条27号，是湖南省辰州府旅京人士在京建立的同乡试馆。辰州府位于今湖南省西南的沅陵县境内。清《光绪顺天府志》载：“草厂八条胡同，有辰沅、汉阳会馆。”民国时登记的地址为草厂八条27号。据清代著名书法家黄绍基书的《重葺辰沅会馆记》所载，会馆原称“楚辰会馆”，明万历年间设立。后毁于火。清康熙年间重建。清雍正六年（1728），析辰州府置沅州郡，会馆遂更名为“辰沅会馆”。清咸丰五年（1855），湖南京官严正基奉命入京，寓居馆内，见之残破，遂倡议联络乡人重修。咸丰七年（1857）完工。会馆坐西朝东，为前后两进四合院。前院有正房七间、厢房三间，后院有正房五间、厢房三间。存清式古建筑面积约475平方米。大门原额上有石刻馆名，现已无存。原前院明间墙上有咸丰七年（1857）《重修辰沅会馆记》、民国八年五月（1919年5月）《重建京师辰沅会馆记》等石刻四方，现抹砌墙内。现为民居。

衡州会馆

衡州今称衡阳，位于湖南省南部，隋初置县，明清改为府。衡州会馆位于西城区菜市口胡同60号，清光绪年间设立。清末登记的地址为丞相胡同40号，民国时为丞相胡同42号。会馆坐东朝西，为二进四合院，有正房三间、南北厢房各三间、倒座房三间含大门一间。2000年地区拆迁改造时被拆除。

湖南会馆

湖南省位于我国中部，长江中游，与江西、广东、广西、贵州、重庆、湖北等省相邻。湖南会馆为湖南乡旅创建的省级同乡试馆，据统计，在京约有八处。分别位于西城区的广安门内大街2号，街街道烂缦胡同99、101号，铁鸟胡同14号，粉房琉璃街117号，烂缦胡同70号，七井胡同3、5号，西砖胡同74号和香炉营西巷31号。

广安门内大街2号的湖南会馆创建时间最早，又称作“湖南老馆”。清同治十一年（1872），由户部主事谭继洵等人购置。旧址为北半截胡同七号。该馆原有房屋25间，菜市口大街扩修时被拆除。现为北京移动通信有限责任公司菜市口移动通信枢纽大楼所在地。

烂漫胡同99、101号的湖南会馆建于清光绪十三年（1887），清末登记的地址为烂缦胡同38号，民国时为烂缦胡同41号。据民国十二年编纂的《北京湖南会馆》一书中介绍：“馆共三十六间，内设戏台一座，文昌阁楼一座，东厅署、望衡堂、西厅及中庭均横敞，为平时集会之所。”会馆的朱红大门外蹲石狮一对。南房壁上嵌有光绪十年（1884）长沙徐树均重摹镌刻的苏东坡书《明州阿育王广利寺宸奎阁碑》。另有馆辖公产义园二处、祠堂二处。1912年，馆内曾设立以陆海军人组成的团体“武学设”，黎元洪为名誉社长。1919年12月，毛泽东率领湖南驱逐军阀张敬尧团来京时也曾寓居于该馆。解放后，会馆改建成为幼儿园，原有文昌阁、西楼等建筑被拆除。现为北京市文物保护单位，建筑格局基本完整。

其余几处会馆中，铁鸟胡同14号的湖南会馆（旧址为铁老鹳庙18号）建于清光绪三年（1877），现为民居。粉房琉璃街117号的湖南会馆（旧址为粉房琉璃街54号）建于光绪六年（1880），因地区改造已拆除。烂缦胡同70号的湖南会馆（旧址为烂缦胡同74、75号）建于光绪十三年（1887），现为民居。七井胡同3、5号的湖南会馆（旧址为九间房2、3号）又称“先贤祠堂”，建于光绪十三年（1887），现为民居。西砖胡同74号的湖南会馆（旧址为西砖胡同36号）建于光绪十三年（1887），解放后改建为西砖小学，后被撤并。现为民居。香炉营西巷31号的湖南会馆（旧址为香炉营）建于光绪年间，20世纪90年代被拆除。

澧阳会馆

澧阳今称澧县，位于湖南省北部，明清为澧州。因此澧阳会馆又称“澧州会馆”。据统计，北京约有三处澧阳会馆，均属试馆。一处在西城区海柏胡同18号，清道光三年（1823）设立。旧时地址为海北寺街27号。其余两处澧阳会馆，一处在原后青厂，清中晚期设立。另外一处又称“澧阳新馆”，旧址在香炉营四条23号，清末创建。三处会馆现均已被拆除。

浏阳会馆

浏阳地处湖南省东部，三国吴置县，唐称浏阳，今属长沙市。浏阳会馆位于西城区北半截胡同41号。原为谭嗣同之父谭继洵的宅邸。清同治九年（1870），浏阳宾兴会将其购买下来设立浏阳会馆。会馆由前后两个相连的跨院及前院南边的侧跨院组成，共有房屋30间，占地约800平方米。清《光绪顺天府志》载：“库堆胡同，堆或作骨。浏阳会馆。”清末库堆胡同改称裤腿胡同，民国时称北半截胡同。

戊戌变法期间，谭嗣同曾住在会馆主房的北套间，自题为“莽苍苍斋”。他的许多诗文、信札都在这里写成。“莽苍苍斋”原有一幅谭嗣同自书的门联：上联是“家无儋石”，下联是“气雄万夫”。后改上联为“视尔梦梦，天胡此醉”，改下联为“于时处处，人亦有言”。维新志士们常于会馆里院北屋开会议事。1898年变法失败，谭嗣同牺牲，其同乡在浏阳会馆“莽苍苍斋”内设置了悼念谭嗣同的灵堂，供后人拜祭。

会馆坐西朝东，为二进四合院，占地面积约500平方米。前院有东西房各五间、南北房各二间，另有南跨院。后院有正房三间、南北房各三间。现作民居使用，建筑格局基本完善，被定为西城区文物保护单位。

宁乡会馆

宁乡位于湖南省东北部，三国吴置县，宋称宁乡，今属长沙市。宁乡会馆在西城区米市胡同63、65号，清光绪三十年（1904）设立。清时地址为米市胡同25号，民国时为米市胡同28号。会馆坐西朝东，为三进院落，有正房三间、后罩房三间、倒座房两间半含大门半间。现为民居，建筑多有破损。

善化会馆

善化位于湖南省东部，汉为临湘县地，唐属长沙、湘潭两府，宋分置善化县，今并入长沙市。善化会馆始建于清代，今址在西城区宣武门外大街6号。清末登记的地址为宣武门外大街188号，民国时为宣武门外大街215号。清《光绪顺天府志》载："宣武门外大街。俗称顺承门大街。全闽会馆，旧有直隶、关中、翼城、天门、歙县、韩城、灵石、咸长、善化、永济、南通州诸会馆。"20世纪90年代地区拆迁改造，会馆建筑被拆除。

上湖南会馆

上湖南会馆是湖南衡州、永州、郴州、桂阳及下辖郡县联合创建的同乡试馆。因衡、永、郴、桂四州位于湘江上游，故定此名。目前，京内已知的试馆性质的上湖南会馆约有五处。一处在东城区奋章胡同11号，明万历年间，由湖南临武人曾朝节等倡议设立。清代曾多次重修。会馆分中、东、西路院落，均为两进四合院布局。存清式古建筑面积约3000平方米。现为民居。原大门前有石狮子一对，今已无存。

第二处在东城区草厂五条胡同，又称"上湖南新馆"。据1738年陈大受撰写的《上湖南新馆记》所载，此馆建于清乾隆三年（1738），由礼部侍郎陈大受与四属在京者代表立议，将原草厂十条的小馆房屋两间与五条胡同南口的郝氏房相易而置。因无具体地址，会馆现状不详。

另外三处上湖南会馆位于西城区的东北园胡同50号、菜市口大街北段和贾家胡同28号，均为清中晚期设立。旧时地址分别是东北园57号、丞相胡同36号和贾家胡同55号。其中，丞相胡同36号的馆舍在拆迁改造过程中已被拆除，其余现为民居。

武陵会馆

武陵位于湖南省北部，隋代置县，明清属常德府，今为常德市辖区。武陵会馆位于东城区长巷二条，清代设立。清《光绪顺天府志》载："长巷上、下二条胡同，有临江、汀州、浦城、武陵诸会馆。旧有广丰会馆，今废。"因无具体地址，会馆现状不详。

湘潭会馆

湘潭地处湖南省东部，汉代置县，唐称湘潭，今为地级市。试馆性质的湘潭会馆在京约有三处，分别位于东城区的南官园胡同（旧址为保安寺街3号）、草厂十条胡同（旧址为草厂十条）和西城区保安寺街5号（旧址为保安寺街3号）。其中保安寺街5号的湘潭会馆建于清光绪二十八年（1902）。另外两处亦为清代设立。现今，南官园胡同和保安寺街5号的湘潭会馆在地区改造时已被拆除，草厂十条位置的因无具体地址，现状不详。

湘乡会馆

湘乡位于湖南省中部偏东，东汉置县，今属湘潭市。其中试馆性质的湘乡会馆在北京有两处，均建于清代。一处在东城区草厂十条，为主馆。清《光绪顺天府志》载："草厂十条胡同，有上湖南、湘潭、长沙、湘乡、京山会馆。"因无具体地址，现状不详。

另一处位于西城区烂漫胡同89号，为分馆，清中晚期设立。清末登记的地址为烂漫胡同32号，民国时为烂漫胡同35号。菜市口大街改造时，馆舍建筑被拆除。

湘阴会馆

湘阴位于湖南省东北部，南朝宋置县，今属岳阳市。民国以前，试馆性质的湘阴会馆在北京约有两处。一处在西城区前兵马街7号，清光绪二十八年（1902）设立。清和民国登记的地址为兵马司前街4号。会馆坐北朝南，为三进四合院，有正房五间、后罩楼面阔五间、倒座房四间含广亮大门一间。20世纪80年代，馆舍建筑被拆除，现为"中信城"建设用地。

另一处湘阴会馆位于西城区南横东街103号，清末设立。民国时地址为南横街26号。中国社会党创始人陈翼龙曾在该馆内设立北京总部，并利用该馆创办平民学校。邓颖超的母亲杨宝峰曾在该校任教，邓颖超幼时随母寓居馆内，亦在该校的初级班就读。陶然亭医院扩建时，会馆地址被占用。

永靖会馆

永靖会馆是湖南省西北部的永顺、保靖两府及下辖古丈、龙山、桑植、会同、通道、靖县、绥宁七县在京先贤联合创建的同乡试馆。永顺在汉代为酉阳县，南朝梁改大乡，五代升永顺州，元改为路，明置宣慰司，清改永顺府。保靖在汉代为迁陵县，南朝梁并入大乡县，五代析出升保靖州，明置安抚司，清改保靖府。永靖会馆建于清光绪九年（1883），今址在西城区永光东街9号院3号楼位置，清和民国时的地址为永光寺中街1号。20世纪90年代地区拆迁改造，会馆建筑被拆除。

永州会馆

永州位于湖南省南部，汉属零陵郡，隋置永州，明清改府治，今为地级市。北京建有两处永州会馆，均属试馆。一处在今西城区宣武门外大街83号，清嘉庆五年（1800）设立，又称“永州老馆”。据《1947年各省会馆总登记表》所载：“当时馆有前后院，共房二十余间。后因不利科考，逐渐荒废。”旧时地址为宣武门大街38号。地区改造时被拆除。

另外一处在今西城区贾家胡同39号，清代光绪六年（1880）创建。清《光绪顺天府志》载：“贾家胡同，有归德、高州、高郡、开封、蕲水、永州、江震诸会馆。”清末登记的地址为贾家胡同19号，民国时为贾家胡同23号。会馆坐西朝东，为三进院落，刀把形布局。现作民居使用，建筑多有破损。

酉西会馆

酉西泛指湖南西北部的古丈地区，意为酉水之西。古丈位于湖南省西北部，清置古丈坪厅，1913年改古丈县，今属湘西土家族苗族自治州。酉西会馆位于西城区杨梅竹斜街59、61号。清同治十三年（1874），由同乡京官捐资购置。清《光绪顺天府志》载：“杨梅竹斜街，有和含、酉西会馆。”民国登记的地址为杨梅竹斜街30号。著名作家沈从文曾在此居住。

会馆坐北朝南，为二进院落，有正房三间。现为民居，建筑多有破损。

岳阳会馆

岳阳旧称巴陵，位于湖南省东北部，西晋置县，明清属岳州府，今为省辖市。清代，岳阳乡旅在京建有两处试馆。一处在西城区留学路，又称“巴陵会馆”，清时地址为牛血胡同巷内。清《宸垣识略》载：“西城会馆之著者，牛血胡同曰巴陵。”清《光绪顺天府志》亦载：“牛血胡同，血或作油，井一。高爵街，俗讹高台阶，有巴陵会馆。”因无具体地址记载，会馆现状不详。

另外一处位于东城区长巷四条57号。清《宸垣识略》载：“东城会馆之著者，长巷四条胡同曰岳阳、贵池、上新、德兴、新城、南雄、乐平、休宁。”清《光绪顺天府志》亦载：“长巷上、下四条胡同，有岳阳、上新、新城、乐平、休宁、金溪、南昌诸会馆。”民国时登记地址为长巷下四条28号。会馆现为民居，建筑改动颇大。

吉林会馆

吉林省位于我国东北部，吉林在京建立会馆的时间较晚，最早为清光绪年间。民国以前建立的同乡试馆仅有两处。一处位于东城区干面胡同，又称“吉林老馆”或“吉林试馆”。清光绪十年（1884），由吉林省在京官员喜昌捐家宅而建。旧址为干面胡同35号。民国八年（1919），被宋小濂等成立的吉林同乡会接管。解放初期，会馆共计楼房14间，瓦房29间，平台13间。其中楼房是沦陷后日本人所建，曾作为旅馆使用。

另外一处吉林会馆位于西城区地安门西大街西部路北。旧址为西皇城根17号。1965年，西皇城根并入地安门西大街。该处最初为额勒登保祠，清嘉庆十一年（1806）创建。清光绪年间改为吉林会馆。1928年，徐鼐霖与在京乡人齐耀珊、成多禄等人商议，捐资对额勒登保祠进行重建，并更名为“吉林先哲祠”，祠内除祀额勒登保外，另祀德英、金顺、依克唐阿等吉林先贤。至解放初期，会馆有瓦房14间，平台5间，亭子1间，共20间。现今，会馆建筑已经无存，其原址位置改建成了厂桥小学。

长吴会馆

长吴为长洲、吴县两地的合称。两县地处江苏省东南。吴县今称吴中，秦代置县，唐分置长洲。1912年长洲并入吴县，今属苏州市。长吴会馆位于东城区长巷三条甲14，乙14、16号，清代设立。清《光绪顺天府志》载："长巷上、下三条胡同，有长吴、金溪、临江、南城诸会馆。"清末登记地址为长巷三条，民国时为长巷三条丙5号。会馆现为民居，建筑多有破损。

常熟会馆

常熟会馆又称"常昭会馆"，是常熟、昭文两县联合创建的同乡试馆。常熟位于江苏省南部，西晋置县，南朝梁改常熟，清雍正二年（1724）分置昭文县，1912年复并，今属苏州市。会馆今址在西城区烂漫胡同133号，清乾隆五十三年（1788）创建。此地原名烂面胡同。清《宸垣识略》载："西城会馆之著者，烂面胡同曰常昭。"清《光绪顺天府志》亦载："烂面胡同，有济南、元宁、常昭诸会馆。"建成后的会馆有瓦房32间，灰棚2间，园地1亩8分。专供来京应试及候差之常熟同乡住宿。清末登记的地址为烂缦胡同47号，民国时为烂缦胡同50号。清同治、光绪两朝帝师翁同龢曾在该馆举办结婚大礼。现今，会馆坐北朝南，大门东向，为二进院落，另有东西跨院，占地面积约600平方米，做民居使用。

淮安会馆

淮安位于江苏省中部偏北，汉代置县，宋设淮安州，明清改府治，今为地级市。淮安会馆是淮安府及下辖淮安、淮阴、涟水、盐城、阜宁、泗阳六县联合创建的同乡试馆。民国之前，在京约有三处。一处在西城区南横东街四平园小区7号楼位置，清中前期创建，也称"淮安老馆"。现已无存。

另一处位于西城区红线胡同51号，又称"淮安郡馆"，清道光二十八年（1848）设立。清同治六年（1867）曾扩建。清光绪十五年（1889）屋宇倾圮，再次重修。红线胡同旧称麻线胡同。清《光绪顺天府志》载："麻线胡同，井一。有淮安、安陆、郢中诸会馆。"清末登记的地址为麻线胡同23号，民国时为麻线胡同27号。会馆坐西朝东，为两进院落，占地面积约400平方米。有正房三间、倒座二间加大门。现为民居，建筑多有破损。

最后一处淮安会馆在东城区珠市口东大街。旧址为三里河大街。清《宸垣识略》载："东城会馆之著者，三里河大街曰淮安。"因地区改造，会馆建筑已被拆除。

淮山邑馆

淮山邑馆是江苏省中北部淮安、山阳两县联合创建的同乡试馆，今址在西城区潘家胡同19号，清代设立。民国时登记的地址为潘家河沿11号。现该地区正在拆迁中。

江南会馆

"江南"在古代曾作行政区划名词使用，隋前泛指湖南、湖北一代。唐初设立江南道，辖江西、湖南、湖北长江以南部分，宋改为路，明设南直隶，清初改江南承宣布政使司，后改为江南省，治所在江宁府（今南京市），辖今江苏、安徽和上海等地。江南会馆位于西城区潘家胡同，清初设立。初为江南省馆，清康熙六年（1667），分置江苏、安徽两行省，会馆遂更名为"江安会馆"。旧址为潘家河沿。清《光绪顺天府志》载："潘家河沿，有怀庆、吉安、黄陂、余姚诸会馆。旧有江南会馆，今废。"

江宁郡馆

江宁位于江苏省西南部，西晋置县，其间更迭频繁，明清改为府，隶属南京市。因江宁府之上元、江宁两县为附郭首，故江宁郡馆又称"上江会馆"或"元宁会馆"。民国之前，试馆性质的江宁郡馆在京约有四处。分别位于东城区长巷三条、西城区的南半截胡同41号、烂缦胡同88号和骡马市大街9号。长巷三条的江宁郡馆创建时间最早。据清雍正六年（1728）《元宁新馆碑记》所载，会馆为清康熙二十二年设立。初始，既是试馆也是商馆。因在正阳门之东，又称"元宁东馆"。清《宸垣识略》载："东城会馆之著者，长巷三条胡同曰金溪、元宁、临江、南城。"民国时登记的地址为长巷三条39号。现为民居。

南半截胡同41号的江宁郡馆建于雍正六年（1728），清嘉庆四年（1799）重修。初名为"上江两邑会馆"，清光绪三年（1877）改"江宁郡馆"。清末登记的地址为南半截胡同12号，民国时为南半截胡同17号。

会馆现为民居，建筑多有破损。

烂缦胡同88号的江宁郡馆，旧址为烂缦胡同64号。原地名为烂面胡同。清《光绪顺天府志》载："烂面胡同，有济南、元宁、常昭诸会馆。"会馆现为民居，已进行了原建修缮。

骡马市大街9号的江宁郡馆又称"江宁惜字馆"，旧址为棉花上四条7号，清代设立。"惜字"即珍惜文字之意。古代民间常有儒生组织的、倡导尊孔尚儒、爱惜字纸的惜字会。因地区改造，现已无存。

江苏会馆

江苏省位于中国东部沿海，分别与山东、安徽、浙江、上海等地接壤。明称南京，清初属江南省。清康熙六年（1667）析置江苏、安徽两省。江苏会馆为省级试馆，其主馆位于西城区菜市口大街1号，清光绪十三年（1887）设立。旧址为北半截胡同8号。清光绪三十二年（1906），馆内建立江苏学堂。1911年更名为京师私立江苏高等小学堂。1916年改为私立江苏小学校。解放后，改建成北半截小学。1973年再改为北京市第203中学。20世纪80年代，成为区人大、区政协办公地。会馆坐北朝南，为"三轴四部分"的官宅格局，占地面积约1000平方米。中路是主院，为三进四合式，原有走廊、垂花门。西路是居住房，亦为三进四合式。东路院是休闲部分，布局灵活。另有倒座房五间含大门，东向，规模宏大。2000年地区拆迁改造，馆舍建筑被拆除。

另据《北京会馆档案史料》中《江苏旅平同乡会接收馆产经过情形及清册》（1929年4月）记载，江苏会馆并有多处附产，其中民国之前创建的有七处，分别是：（1）北半截胡同六号，光绪二十六年二月买进；（2）丞相胡同五十一号，光绪二十九年八月买进；（3）东四五条西口外九十三四五号，光绪年间买进；（4）琉璃厂西门内门一百十五等号，光绪二十九年六月买进；（5）宣外教场五条四十五号，光绪二十九年六月买进；（6）西草厂门牌五十四号市房，光绪二十九年八月买进；（7）南横街门牌四十八号，光绪二十九年六月买进。此外，江苏省还于清朝末年在京购置了多处义园和义地。分别位于皈依寺三、四号（今址在菜市口大街1号）、大红庙（今址在广安门外手帕口南街朗琴园小区内）、老君地南沿（今址在造林前街牛街西里二区）、珠营（今址在北方昆曲剧院院内东侧）等地。

江阴会馆

江阴位于江苏省南部，南朝梁置县，间有更迭，今属无锡市。北京有两处江阴会馆，均属试馆。一处位于西城区米市胡同98号，清同治年间设立。清《光绪顺天府志》载：“米市胡同，井二。东有关帝庙，详寺观。有中州、江阴、光州、六安、重庆、南海诸会馆。”清末登记的地址为米市胡同55号，民国时为米市胡同64号。会馆坐东朝西，为二进四合院，占地面积约700平方米。有正房三间、后罩房三间加耳房一间、倒座房三间加大门。其原有建筑已拆除，现为“中信城”小区。

另外一处江阴会馆在今西城区广安门内大街6号院枫桦豪景小区D座楼位置，建于清末。旧址为烂缦胡同81至88号。会馆现已无存。

江震会馆

江震会馆又称“吴江会馆”，是吴江、震泽两县联合创建的同乡试馆。吴江位于江苏省南端，五代吴越置县。震泽原为吴江县地，清初析置为县，建国后并入吴江区，属苏州市管辖。北京约有三处江震会馆。一处位于西城区贾家胡同17号，清乾隆年间，由吴江京官陆燿捐资创建。旧址为贾家胡同62号。清光绪三十二年（1906），馆内设立江苏公学堂，宣统二年（1910）改称江苏中学堂。1913年后停办。会馆坐东朝西，为二进四合院，南边另有跨院。因地区改造，馆舍建筑已拆除。

再有一处江震会馆在西城区贾家胡同11号，清中晚期设立。旧址为贾家胡同6号。解放后，改建成为中国人民银行宿舍。现已拆除。

最后一处江震会馆在西城区南柳巷东，建于清道光年间。据清《光绪顺天府志》所载：“南柳巷，有建宁、晋江、华州诸会馆。旧有江震会馆，今废。”

京江会馆

京江为长江流经江苏省镇江市北的一段，因镇江古名“京口”而得名。此处为镇江的代称。清代，北京有两处京江会馆。一处位于东城区南芦草园胡同。清《宸垣识略》有载：“东城会馆之著者，南芦草园曰京江。”清《光绪顺天府志》亦载：“南芦草园，有武宁，京江会馆。”会馆现为民居，建筑多有破损。

另外一处京江会馆，据《中国会馆志》第77页记载，在“宣武区南菜园路西”，今址为西城区建功南里小区左近位置。因拆迁改造，会馆建筑已无存。

句容会馆

句容位于江苏省南部，汉代置县，今属镇江市。民国以前，试馆性质的句容会馆在京约有两处。关于镇江的介绍，在镇江会馆中有述。一处在东城区崇文门西河沿。清和民国登记的地址是东河沿。1965年街道地名整顿，变更今名。清《宸垣识略》载：“东城会馆之著者，东河沿曰奉新、浮梁、句容。”《光绪顺天府志》也有载：“东河沿，有奉新、浮梁、句容诸会馆。”

另外一处句容会馆位于西城区米市胡同40号，又称“句容南馆”，清咸丰年间设立。旧时地址为米市胡同91号。

现今，两处会馆因地区改造，均已无存。

昆新会馆

昆新会馆位于西城区小沙土园胡同10号，是昆山、新阳两县联合创建的同乡试馆。清末登记的地址为小沙土园胡同17号，民国时为小沙土园胡同19号。昆山地处江苏省东南部，秦代置县，南朝梁改称昆山，清雍正二年（1724），析置新阳县，今属苏州市。民国元年（1912），新阳复并入昆山，会馆随之更名为“昆山会馆”。

昆山地区自古农业经济比较发达，乡人多以耕读传家，而鲜有在外经商者。年轻的读书人均渴望一朝登上庙堂，故进京赶考的士子很多。昆新会馆是多数来京举子的寓居之所。会馆在成立之初并没有自己的房产，而是赁屋而居。清光绪《昆山县志》中有一段记载：乾隆年间，有一位叫朱钧的昆山籍举人，官场失意，暂居昆新会馆里，“时昆新会馆寓杨忠愍公祠，同人新忠愍像，欲得钧髯，然皆不言，钧慨然曰‘一代伟人，得为其须，幸矣’，竟薙与之……”该段文字说明当时会馆租用的是杨忠愍公祠的房产。直至清咸丰五年（1855），昆山人李清凤才在琉璃厂左近官房购得瓦屋三进，作为昆新会馆的常驻地址。但是房屋只有使用权，产权仍归官府所有。会馆每年必须向官府缴纳若干银两。清同治初年，新阳人朱以增考中进士，任翰林院编修。其打听到“凡属官产能将应缴租价总缴十年，即可给予部凭作为民业，永不征租”，为长久计，他联络乡人，最终募得白银三百余两，将琉璃厂附近房产最终购得。

19世纪末，京城爆发义和团运动，接着八国联军入侵，昆新会馆受到重创，日渐荒废。解放后，会馆建筑一部分被小沙土园小学占用，其余为民居。

南京试馆

南京位于江苏省南部，战国楚置金陵邑，秦称秣陵，三国吴改建业，东晋称建康，明为南京，清属江宁府治，今为江苏省省会。南京试馆位于西城区珠市口西大街32号，清代设立，旧址为珠市口大街53号。因地区改造，会馆建筑已被拆除。现为路边花园。

南通会馆

南通位于江苏省东南部，东晋置县，南唐设静海镇，后周改静海军，不久升为通州。间有更迭，清升直隶州。为区别于京东通州，称作南通州。1912年改南通县，今为地级市。南通会馆又称“南通州会馆”或“南通县馆”，位于西城区宣武门外大街94号，清雍正二年（1724）设立。清《光绪顺天府志》载：“宣武门外大街。俗称顺承门大街。全闽会馆，旧有直隶、关中、翼城、天门、歙县、韩城、灵石、咸长、善化、永济、南通州诸会馆。”清末登记的地址为宣武门外大街167号，民国时为宣武门外大街195号。会馆坐东朝西，占地面积约500平方米。内分两座四合院，有正房六间，后院已翻建。因地区拆迁改造，馆舍建筑已拆除。

宁浦会馆

宁浦会馆始建于清中前期，清和民国时登记的地址为打磨厂。清《宸垣识略》载：“东城会馆之著者，打磨厂曰粤东、临汾、宁浦。”清《光绪顺天府志》亦载：“打磨厂，有玉皇庙、关帝庙，有粤东、潮郡、临汾、宁浦、应山、钟祥诸会馆，旧有郢中会馆，今废。”查宁浦地名未果，推测为两地合称。因无具体地址，会馆现状不详。

如泰会馆

如泰是江苏省如皋、泰州两地的合称。如皋位于江苏省东部，东晋置县，今属南通市。泰州位于江苏省中部，汉代置县，南朝齐改泰县，明称“泰州”，今为地级市。民国以前，试馆性质的如泰会馆在京约有两处。一处在今西城区前门西河沿西段，称作“如泰老馆”，清中期创建。清《光绪顺天府志》载：“西河沿，南小胡同井一。迤西有万寿关帝庙。庙东隶中城。西隶北城，井二。正乙祠，康熙五十一年建。关帝庙，明建，俗称粗旗杆庙，井一。有萧山、渭南、代州诸会馆，皆在北城界内。旧有如泰会馆，今废。”

另一处是如泰新馆，位于西城区后孙公园胡同12号，清中晚期设立。清和民国登记的地址为后孙公园8号。清末，江南名士张謇曾在该馆居住。张謇（1853—1926），字季直，号啬庵，江苏南通人。其16岁中举，之后屡试不第。清光绪二十年（1894），逢慈禧太后60大寿辰增设恩科会试，张謇在父亲的劝说下进京应考，其间便留宿在如泰会馆，并最终得中状元。会馆坐西朝东，占地面积约220平方米。有西房三间、东西厢房各二间、倒座房三间。北部和南部另有两个院落。现为民居，建筑多有破损。

太仓会馆

太仓位于江苏省东南部，明代置县，清改太仓州，今属苏州市。民国之前，试馆性质的太仓会馆在京约有四处，分别位于西城区的宣武门外大街6号、菜市口大街1号、珠巢街13号和枣林东街东段。

宣武门外大街6号的太仓会馆建于清道光三年（1823）。民国二十四年（1935）更名为“太嘉宝崇会馆”，是太仓州联合崇明县、嘉定县、宝山县共同创建的同乡试馆。1965年，崇明、嘉定、宝山三县由苏州省划归上海市。清《光绪顺天府志》载：“宣武门外大街。俗称顺承门大街。全闽会馆，旧有直隶、关中、翼城、天门、歙县、韩城、灵石、咸长、善化、永济、南通州诸会馆。旧有四川、永丰、建昌、抚临诸会馆，今废。东小胡同曰球子巷，属北城，有太仓会馆。”会馆在清末登记的地址为宣武门外大街193号，民国时为宣武门外大街220号。会馆坐北朝南，为三进院落，占地面积约700平方米。有正房五间、西房三间。20世纪90年代地区拆迁改造，馆舍建筑被拆除。

菜市口大街1号、珠巢街13号的太仓会馆均为清晚期设立，民国时登记的地址分别为北半截胡同37号和珠巢街6号。现今，两会馆均已被拆除。

枣林东街的太仓会馆又称“娄海山庄”。因古代海运船只常走太仓城娄家口入海，此处常被称为“娄海之间”，故以“娄海”作为馆名。会馆为清晚期创建，现以无存。原址建成了停车场。

吴县会馆

吴县会馆又称“长元吴会馆”，为吴县、长洲、元和三地联合创建的同乡试馆。吴县今称“吴中”，位于江苏省东南，秦代置县，唐分置长洲，清再分元和，1912年又复并入吴县，今属苏州市。民国之前，试馆性质的吴县会馆在京约有三处。一处位于西城区延寿街33号，清乾隆年间设立。清《宸垣识略》载：“西城会馆之著者，延寿寺街曰潮州、长元。”清《光绪顺天府志》亦载：“延寿寺街，有平乐、潮州、长元吴诸会馆。”清末登记的地址为延寿寺街18号，民国时为延寿寺街15号。会馆坐西朝东，为三进院落，占地面积约800平方米。

其余两处吴县会馆位于西城区东北园胡同2号和西城区延寿街41号，旧址分别为东北园126号和延寿寺街19号。前者创建于乾隆年间，后者为清中晚期设立。

现三处会馆均为民居，建筑多有破损。

武进会馆

武进会馆又称“武阳会馆”，是武进、阳湖两县联合创建的同乡试馆。武进位于江苏省南部，秦代置县，西晋分设武进，此后间有更迭。清雍正二年（1724），阳湖从武进县分离出来，1912年复并入，1949年改称常州市。据统计，清代北京约有三处武进会馆，分别位于西城区的后青厂胡同40号、庄胜城和北堂子胡同14号。

后青厂胡同40号的武进会馆建于清中前期，旧址为前青厂14号。清《光绪顺天府志》载：“前、后清厂，清或作青。前清厂，井一。有武阳、四川、广西、凤翔、汉中、榆林诸会馆。旧有顺德会馆，今废。”会馆坐北朝南，占地面积约600平方米。后改大门西向，二进四合院，有正房五间，带一跨院。曾为西城区（原宣武区）文物暂保单位。清著名金石文字音训学家孙星衍曾在此寓居。孙星衍（1753—1818），字渊如，号季述，清乾隆五十二年（1787）丁未科一甲进士第二，授编修。会馆坐北朝南，二进四合院，占地面积约600平方米。后改大门西向，有正房五间，带一跨院。其西侧的小巷曾以馆命名，称作“武进馆夹道”，1965年地名整顿时，分别并入顺德馆夹道和后青厂胡同。现今，馆舍建筑已被拆除。

庄胜城小区范围内的武进会馆，旧址为顺德馆夹道13号，清雍正年间设立。这里先后居住过清朝著名史学家赵翼（1727—1814）、经学家洪亮吉（1746—1809）等人。因地区改造，馆舍建筑现已无存。

北堂子胡同14号的武进会馆建于清中前期。现为民居，建筑多有破损。

此外，据《北京会馆档案史料》中《江苏省会馆城区房地产坐落地址门牌一览表》（1951年11月14日）载，武进会馆还有一处附产位于今西城区前青厂中段路南，旧址为前青厂30号，原有房两间，现已无存。

惜字会馆

惜字会馆位于今西城区梁家园北胡同9号，由江苏在京乡旅于清代创建。据清同治十三年（1874）七月刻《梁家园惜字会馆重建文昌殿碑记》中描述，会馆曾于清乾隆、嘉庆、同治年间进行修建。梁家园北胡同旧称梁家园或梁家园后身。清《光绪顺天府志》亦载：“梁家园，有惜字会馆。”清末和民国登记的地址为梁家园后身5号。会馆坐北朝南，为三进四合院，占地面积约700平方米。后开随墙门一间。有北房六间，中间为过道，后院有北房三间。现为民居，建筑多有破损。惜字即珍惜所书写的字纸。读书人认为字纸应该珍惜，即便是写过字的纸张也不能随便糟蹋。清代设还魂字纸局，集中字纸焚于炉，以为善事。

锡金会馆

锡金为无锡、金匮两地的合称。无锡位于江苏省南部，汉代置县，新莽改有锡，东汉复称无锡。清雍正二年（1724）分置金匮县，1912年复并。今为地级市。锡金会馆在今西城区前孙公园胡同11号，清同治年间设立。清《光绪顺天府志》载：“前孙公园，有锡金、泉郡会馆。”清和民国时地址为前孙公园7号。1901年，日本人中岛裁之在该馆开办了北京市最早的日本语学校——东文学社。会馆坐北朝南，为四进四合院，占地面积约700平方米。均有北房三间。现为民居，建筑多有破损。

徐州会馆

徐州位于江苏省西北部，是古九州之一，秦代置县，三国设徐州，此后间有更迭，清雍正二年（1724）升为府。徐州会馆位于西城区米市胡同62号。清光绪十五年（1889），由萧县段书云、宿迁黄伯雨等人捐款设立。清末登记的地址为米市胡同69号，民国时为米市胡同80号。原会馆坐东朝西，占地面积约800平方米。院内建筑分为南、北两路。南路有东房五间，北房、南房各三间，西房七间；北路有东房五间，北房、南房各七间。因地区改造，馆舍建筑已被拆除。

扬州会馆

扬州位于江苏省中部，为古九州之一，秦汉称“广陵”、“江都”，后改吴州，三国吴置扬州，后间有更迭，明清改为府，今为地级市。民国以前，扬州在京城设立的试馆约有五处，分别位于西城区的广安门内大街37号，耀武胡同，菜市口大街北段，果子巷70、72号和儒福里6号建工医院域内。

广安门内大街37号为扬州老馆，也称作“江甘仪会馆”，清乾隆年间，由扬州府下辖江都、甘泉、仪征三地联合创建。清《光绪顺天府志》载：“广宁门大街（今称广安门大街），俗称彰义门大街，有洪洞、西晋、河东、贵西、扬州诸会馆。扬馆今在菜市口，离慈仁几二里。按：扬馆旧为江甘仪馆。”民国时登记的地址为广安门内大街21号。清康熙四十二年（1703）癸未科状元王式丹曾暂居该馆。王式丹（1645—1718），字方若，号楼村，江苏宝应人。其乃清代114名状元中年龄最大的一位，夺魁时已59岁。会馆坐北朝南，为二进四合院，占地面积约300平方米。2003年地区改造时，前半部被拆除，仅存后院正房三间、东西厢房各三间。现为民居。

耀武胡同的扬州会馆又称“扬州中馆”，清中晚期设立。现为民居。耀武胡同原名羊肉胡同。

菜市口大街北段和果子巷70、72号的扬州会馆，旧址分别为丞相胡同31号和驴驹胡同18、19号。两馆均为清中晚期创建，现因地区改造，已被拆除。

儒福里6号建工医院内的扬州会馆又称“扬州新馆”，始于清嘉庆二十二年（1817），由扬州府领高邮、宝应、兴化、泰县（今称泰州）、东台五地联合创建。清时地址为珠巢街13号，民国时为珠巢街15号。清《光绪顺天府志》载："珠巢街，有扬州、云南、成都诸会馆。"会馆在地区改造中被拆除。原有阮元亲提的楹联和牌匾，今已无存。

宜兴会馆

宜兴位于江苏省南部，秦代置县，隋改义兴，宋再改宜兴，今属常州市。宜兴会馆又称"宜荆会馆"，因清雍正二年（1724），分宜兴县置荆溪而得名。民国之前，宜兴在京城设立的试馆大约有五处。分别位于西城区的校场头条15号、3号，佘家胡同1号、校尉营44号和东城区芝华胡同。

校场头条15号的宜兴会馆创建于清前期。清时地址为教场头条7号。清《光绪顺天府志》载："教场上、下条胡同，有云南、山左、宜荆、永新诸会馆。"民国时登记地址为校场头条6号。会馆占地0.56亩，有房13.5间。现为民居，建筑多有破损。

校场头条3号（旧址为校场头条2号）和佘家胡同1号的宜兴会馆，成立于清中晚期。前者现为民居。后者在解放初年被改造成了北京制笔厂毛笔车间。工厂倒闭后，由浙江人开办成了"良马宾馆"。

校尉营44号的宜兴会馆，又称"宜兴新馆。"这里原是清代顺天府府尹周家楣故居。周家楣（1835—1887），字小棠，一作筱堂，江苏宜兴宜城镇西门人。清咸丰九年（1859）己未科进士。入翰林，清同治间任礼部郎中，总理各国事务衙门章京，记名御史。清光绪二年（1876）任四川乡试正考官，十二月任大理寺少卿。光绪四年（1878）任顺天府尹，兼总理各国事务衙门大臣。后陆续任顺天乡试监临，及礼、兵、户三部左右侍郎，左副都御史，吏部左侍郎。参与了北京地方志《光绪顺天府志》的编纂。光绪十三年（1887）五月卒于任上。顺天府民众敬其"慷慨好施、实心任事"，集资将其寓所扩建成为宜兴会馆新馆，以纪念周在治理顺天府时的清明政绩。清和民国时地址为校尉营24号。会馆坐南朝北，为二进院落，占地面积约500平方米。有门楼三间、正房三间带前后廊、后房五间。现为民居，建筑格局基本完整，是西城区文物保护单位。

此外在东城区的芝华胡同还有一处宜兴会馆，也称"宜荆试馆"，兴建时间不详。民国时登记的地址为贤孝牌16号。该地区现正拆迁改造。

镇江会馆

镇江位于江苏省西南部，秦属丹徒县，北宋置镇江府，后间有更迭，今为地级市。民国之前，试馆性质的镇江会馆在京约有三处。一处在今西城区陶然亭街道官菜园上街6号，又称“镇江郡馆”，清代设立。清《光绪顺天府志》载：“官菜园上街，井一。有光州、镇江、四川、香山诸会馆。”该馆由镇江、丹阳、金坛、溧阳、扬中五县共同管理。清末登记的地址为官菜园上街26号，民国时为官菜园上街25号。会馆坐北朝南，为二进院落，占地面积约300平方米。2006年地区拆迁改造时被拆除。

另外两处镇江会馆分别位于西城区的教佳胡同26号（旧址为敫家坑11号）和大保吉巷26号（旧址为大保吉巷14号），清中晚期设立，是上述镇江会馆之附产。前者已在地区改造中被拆除，后者现为民居。

安福会馆

安福地处江西省西部，西汉置县，东汉称平都，唐改安福，今属吉安市。安福会馆位于西城区永光寺东街九号院1号楼址处，清代设立。清《光绪顺天府志》载：“西草厂胡同，有正觉庵，有安福会馆。”清末登记的地址为西草厂52号，民国时为西草厂53号。会馆坐北朝南，为两座二进四合院，占地面积约600平方米，有正房为三间。20世纪90年代地区拆迁改造，馆舍建筑被拆除。

德化会馆

德化今称九江县，位于江西省北部，春秋属吴地，秦置九江郡，汉置柴桑县，后改寻阳县，间有更迭，唐称德化县，明清属九江府，因与福建省德化县同名而于1914年改为九江县。德化会馆在今东城区大席胡同25号，清道光年间设立。清《宸垣识略》载：“东城会馆之著者，蓆儿胡同曰石埭、德化、庐陵。”清《光绪顺天府志》亦载：“大、小席儿胡同，大胡同井一。有玉泉庵，有石埭、德化、庐陵会馆。”蓆儿胡同，清末民初改为大蓆胡同，今称大席胡同。

会馆现为民居，存清式古建筑面积约160平方米，坐西北朝东南，分为三个院落。院中大部分房屋经翻盖，已失原貌，仅东院存旧房五间，建筑陈旧有破损。会馆原门开在大席胡同，现开在小席胡同内。

德兴会馆

德兴位于江西省东北部，南唐置县，明清属饶州府，今属上饶市。德兴会馆创建于清代，今址在东城区长巷四条。清《宸垣识略》载："东城会馆之著者，长巷四条胡同曰岳阳、贵池、上新、德兴、新城、南雄、乐平、休宁。"清《光绪顺天府志》亦载："长巷上、下四条胡同，有岳阳、上新、新城、乐平、休宁、金溪、南昌诸会馆。旧有贵池、德兴、南雄诸会馆，今废。"民国时登记的地址为长巷四条10号。现该地区正在拆迁改造中。

分宜会馆

分宜位于江西省西部，宋代置县，今属宜春市。分宜会馆在今西城区板章胡同26号，清代设立，清光绪年间已废。清《光绪顺天府志》载："板章胡同，井一。有平定会馆。旧有分宜、西安、同安诸会馆。"

丰城会馆

丰城位于江西省中部，东汉置富城县，西晋改丰城县，南朝梁改广丰，隋废。唐置永丰县，清复改丰城，今属宜春市。民国之前，试馆性质的丰城会馆在北京约有四处。分别位于东城区的长巷头条53号、长巷二条和西城区的保安寺街1号、保安寺街23号。

长巷头条53号的丰城会馆建于清乾隆年间。清《光绪顺天府志》载："长巷上、下头条胡同，有泾县、南昌、汀州、江右、丰城诸会馆。"民国时登记的地址为长巷下头条40号。会馆坐北朝南，四合院式院落，存清式古建筑面积约370平方米。房屋经翻建多有改动。

长巷二条的丰城会馆又称"广丰会馆"，清代设立，具体地址不详。清《宸垣识略》载："东城会馆之著者，长巷二条胡同曰广丰、浦城、泾县。"据清《光绪顺天府志》记载，该馆在清朝末年已经废弃。

保安寺街1号的丰城会馆又称"丰城南馆"、"广丰会馆"，建于清乾隆年间。现为民居，正在拆迁中。

保安寺街23号的丰城会馆又称"丰城新馆"，清同治年间设立。旧址为保安寺街11号。该馆于20世纪60年代被拆除，改建为宣武制鞋厂。

奉新北馆

奉新位于江西省西北部，东汉置新吴县，五代南唐改奉新，今属宜春市。民国以前，奉新在京建立的试馆共有五处。分别是位于西城区南大吉巷4号的奉新北馆、西城区果子巷73号的奉新南馆、东城区崇文门西河沿的奉新会馆、西城区保安寺街26号的奉新中馆和西城区庄胜城院内的奉新西馆。

北馆和南馆是奉新乡贤于清乾隆二十六年（1761）设立。北馆位于西城区南大吉巷4号，清时地址为羊肉胡同29号。民国时为羊肉胡同31号。原有房25间，占地0.72亩。南馆清时地址为驴驹胡同4号，民国时为驴驹胡同3号。坐北朝南，为二进四合院，占地面积约500平方米。前院北房三间有过道，东西房各二间。后院有东西房各三间，倒座南房二间加大门。

崇文门西河沿的奉新会馆约为清中期设立。崇文门西河沿原称东河沿。清《宸垣识略》载："东城会馆之著者，东河沿曰奉新、浮梁、句容。"民国时登记的地址为东河沿54号。

奉新中馆和奉新西馆创建于清中晚期。中馆清时地址为保安寺街23号，民国时为保安寺街24号。原有房25.5间，占地1.1亩。西馆旧时地址为北极庵2号。原有房13.5间，占地1.07亩。

其中北馆、南馆、中馆现为民居，但已被列入待拆区域。其余两处均已无存。

浮梁会馆

浮梁位于江西省东北部，唐代置新干县，后改新昌，又改浮梁，今属景德镇市。民国以前，试馆性质的浮梁会馆在北京约有三处。一处位于东城区崇文门西河沿，又称"江西浮梁会馆"，是江西省浮梁先贤于明永乐年间设立。该馆是试馆与商馆的结合。其创建目的是为来京赶考的举子提供服务，但考试之余年，则为浮梁商人到京交易而用。馆内最大建筑叫乡贤祠，内供浮梁籍历代名人。会馆门楣雕有"浮梁会馆"四字，为本省新建人曹秀先翰林手书。民国中期因会馆失去作用，资金困难，又不愿售予他人，便与宣武门外江西会馆合并。

再有一处浮梁会馆位于西城区廊房三条，也称"浮梁老馆"，清初设立，乾隆年间废弃。清《宸垣识略》载："西城会馆之著者，廊坊三条胡同曰浮梁。"

最后一处浮梁会馆在今西城区菜市口大街中段，创建于清嘉庆二十二年（1817）。清时地址为官菜园上街，民国时为官菜园上街26号。

现今，三处会馆均已无存。

抚临会馆

抚临是抚州和临川的合称。抚州位于江西省东北部，西汉置南城县，东汉置临汝县，三国吴太平二年（257）改置临川郡，属扬州，西晋属江州。隋开皇九年（589）废临川郡置抚州。大业三年（607）改抚州为临川郡。唐武德五年（622），又改临川郡为抚州，隶洪州总管府，辖临川、南城、崇仁等八县。直至民国临川一直是抚州下属辖区。民国年间抚州、临川分属不同行政区。1955年在临川县城置抚州市，1964年撤市还县，1969年再复，临川县并入。时至今日，抚州为江西省地级市。

民国以前，以“抚临会馆”命名的试馆在京约有两处，一处位于西城区宣武门外大街30号。清时地址为宣武门外大街巷内。清《光绪顺天府志》载：“宣武门外大街。俗称顺承门大街。全闽会馆，旧有直隶、关中、翼城、天门、歙县、韩城、灵石、咸长、善化、永济、南通州诸会馆。旧有四川、永丰、建昌、抚临诸会馆，今废。”另外一处位于西城区广安门大街西口路北，原万春胡同内，又称“抚临西馆”。清代设立。20世纪90年代地区拆迁改造，小巷内所有建筑被拆除。

抚州会馆

抚州的历史地理概况在前面抚临会馆中已述。民国以前，以“抚州会馆”命名的试馆在京约有四处。分别位于西城区的香炉营头条26号、永光寺东街9号院内、庄胜城院内和北大吉巷20号。

香炉营头条26号的抚州会馆，又称“抚州新馆”或“抚郡南馆”，始建于清乾隆中晚期。清《光绪顺天府志》载：“香炉营头条，有抚州会馆。”清时地址为香炉营头条52号，民国时为香炉营头条50号。会馆坐北朝南，馆址是一个大四合院，有北房五间、东西厢房各三间、倒座房四间含大门，西边还有排房五间。2003年地区改造时被拆除。

永光寺东街9号院内（旧址为永光寺中街14号）和庄胜城院内（旧址为香炉营二条7号）的两处抚州会馆是上述香炉营头条会馆的附产。清代设立。因地区拆迁改造，两处会馆均已被拆除。

位于北大吉巷20号的抚州会馆，清代设立，又称“抚州东馆”。旧址是大吉巷42号。此馆仅见于学术专著记载，尚有待考证。

赣宁会馆

赣宁是赣州和宁都两府的合称。赣州位于江西省南部，秦代置南壄县，汉属九江郡，宋绍兴二十二年（1152）改虔州为赣州，明清改为府。宁州位于江西省东南部，三国吴置县，晋改宁都，清升为府，今属赣州市。民国以前，以“赣宁会馆”命名的同乡试馆在京约有四处。分别位于西城区的珠市口西大街49号、珠市口西大街65号、甘井胡同18号和珠市口西大街83号。

珠市口西大街49号的赣宁会馆成立时间最早，又称“赣宁老馆”。明朝末年兴建。清《宸垣识略》载：“西城会馆之著者，西猪市曰潞安、赣宁、奉天、九江、平定、仁钱、翼城、浙绍。”清《光绪顺天府志》亦载：“西珠市口大街，即南大街，迤西为西柳树井，北有万善给孤寺，传云，创自唐贞观间，疑即坊巷胡同集之万善寺也。有津南、潞安、赣宁、奉天、九江、平定、翼城、仁钱、庐州、孟县诸会馆。”清末登记的地址为西珠市口32号，民国时为西珠市口34号。会馆坐北朝南，为三进四合院，占地约300平方米，有北房五间、东西厢房各二间。1992年因展宽马路被拆除。

珠市口西大街65号和甘井胡同18号的两处赣宁会馆为清朝初年设立。旧址分别为西珠市口路北40号和甘井胡同24号。其中甘井胡同18号的赣宁会馆在1954年改建成为甘井小学，20世纪末撤并。目前两馆均已拆除待建。

最后一处是珠市口西大街83号的赣宁新馆，清同治年间创建。清和民国时登记的地址为西柳树井5号。会馆为三重院落，原有房42间。现已被拆除，原址并入丰泽园饭店。值得一提的是晚清大臣陈炽郁卒于此。陈炽（1855—1900），原名家瑶，字次亮，晚号瑶林馆主。江西瑞金人。清同治十三年（1874）举人。历任户部郎中、刑部章京、军机处章京。曾遍游沿海各商埠，主张学习西方以求自强。其进京朝考、回户部任主事期间都是居住在赣宁会馆。清光绪二十四年（1898）戊戌政变后，陈炽愤慨不已，经常是酒前灯下，时而高歌，时而痛哭，若痴若狂。最终于光绪二十六年四月十五日（1900年6月9日）病卒于赣宁新馆，时年45岁。

赣州会馆

赣州历史地理概况在前面赣宁会馆中已述。赣州会馆位于西城区煤市街131号，是赣州府在京创建的同乡试馆，清代设立。清《光绪顺天府志》载："煤市街，有漳郡、赣州会馆、公善水局。"民国时登记的地址为煤市街44号。现为门面房。

高安会馆

高安位于江西省西北部，汉置建城县，唐改高安，今属宜春市。高安会馆位于西城区西杨茅胡同3号，由陈木斋、二农卿于清雍正元年（1723）捐资创建，清光绪六年（1880）重修。据《高安会馆记》（1723）载，在此之前高安在京城曾有两处会馆，"一在内城，毁于明季，一在外城，为匪人所粥"。新馆成立后，"计十架，坐北向南，有堂、有厅、有内外室、有厨、有厩、有铺面，月得赁资若干文"。会馆在清末登记的地址为杨茅胡同1号，民国时为西杨茅胡同1号。现为民居，建筑多有破损。

广信会馆

广信今称"上饶"，位于江西省东北部，三国吴置县，明改广信府，今为地级市。广信会馆在今西城区宣武门外大街铁门胡同13号。据《北京档案史料》之《1947年各省会馆总登记表》所载，会馆"在前清咸丰年间，由广信府所辖七邑旅平人士集资成立。专供本府七邑到京应考举子学者住宿之用，及鼎革后科举考试停止后，改为旅平求学者及经济困难同乡居住"。会馆坐西朝东，为两进四合院，占地面积约500平方米。2004年地区拆迁改造时被拆除。

吉安会馆

吉安位于江西省中部，秦代置庐陵县，东汉改庐陵郡，隋开皇十年（590），改称"吉州"。唐天宝时又改称"庐陵"。元元贞元年（1295）复称吉安，寓"吉泰民安"之意。明清改为府。据统计，民国以前，吉安府在京建立的同乡试馆约有六处，分别位于东城区的新潮胡同、大江胡同85号，西城区的粉房琉璃街71号、珠市口大街东段、潘家胡同29号和骡马市大街9号。

新潮胡同的吉安会馆又称“吉安二忠祠”或“吉州二忠祠”，明代始建。清道光年间曾重修。新潮胡同原名抄手胡同。清《光绪顺天府志》载：“抄手胡同，西有吉安二忠祠，为吉安会馆。《藤阴杂记》：二忠祠在鲜鱼口，吉水人祀文信国、李忠肃邦华。忠肃甲申殉节于吉安会馆，即此。”会馆现为民居，房舍保存尚好。

大江胡同85号的是吉州老馆，明末清初设立。旧址为大蒋家胡同38号。会馆坐北朝南，为两进四合院，现存前院正房三间、后院正房亦三间，前后两院均有东西厢房各三间。原大门洞内有清代木匾六方，门洞墙上嵌有光绪十四年石刻一方，现已无存。目前，会馆已经依原规制进行了修缮。原抱鼓石移走，新置抱鼓石一对。

粉房琉璃街71号的吉安会馆建于明末清初，旧址为粉房琉璃街32号。现该地区正在拆迁改造，会馆处于待拆中。

珠市口大街东段的吉安会馆亦为明末清初创建，旧址是西珠市口路南。该馆在早年间已经废弃。

潘家胡同29号的吉安会馆又称“吉州十属新馆”，始建于清代。潘家胡同在清代称作潘家河沿。清《光绪顺天府志》载：“潘家河沿，有怀庆、吉安、黄陂、余姚诸会馆。”民国时登记的地址为潘家河沿12号。会馆现为民居，建筑多有破损。

最后是位于骡马市大街9号（原址为棉花上四条8号）的吉安惜字会馆，又称“吉州十属惜字会馆”，清代设立。清和民国登记的地址为棉花上四条20号。“惜字”，即“珍惜文字”之意。旧时谓文字为圣人所创，对有文字之纸，不可随意丢弃或污损。古代有定期举行“惜字会”的传统。会馆建筑于2003年被拆除，现被纳入中国联通集团北京市分公司办公大楼后院。

除此之外，清代吉安府在京还设有两处义园，分别为吉州十属北义园和吉州十属南义园。北义园位于今西城区乐培园胡同南口附近，南义园位于今广安门内大街210号楼附近。两处义园在解放后即被征用作民宅。现因拆迁改造，原有建筑均已无存。

江西会馆

江西省位于我国东南部、长江中下游地区，分别与浙江、福建、广东、湖南、湖北、安徽等地相邻，是在京建立试馆最早且主附产最多的省份。民国以前，以“江西会馆”命名的省级同乡试馆大约有十处。分别位于西城区的潘家胡同，宣武门外大街28号，法源寺后街1、3、5号，庄胜城院内，菜市口大街北，南横西街13号，广安门内大街2号，琉璃厂东街西段，椿树园小区和东城区崇文门西河沿。

宣武门外大街28号的江西会馆为主馆，创建于清光绪九年（1883），在本省新建县馆的基础上改扩建而成。其旧址为(前门）宣武门外大街196号、（后门）永光寺西街22号。会馆建筑考究，磨砖雕花门楼上方镶有张勋所书“江西会馆”四字匾额。临街为一排半西式洋楼，院内两座举子楼、一座执事楼、一座戏楼，并配有京城有名的大戏台和罩棚，占地面积约1400平方米。民国期间，这里成为举办堂会的热衷场所。蔡锷、陈师曾等著名人士的追悼会曾在这里举行。1916年11月26日，为反对扩大天津法租界，全国公民代表大会在这里召开。解放后，会馆被相继改作北京市服装防护用品厂、北京第三服装厂、北京长城风雨衣公司。20世纪80年代，在扩建北京长城风雨衣公司大楼时，馆舍建筑全部被拆除。现今大楼改作招商银行宣武门支行。

潘家胡同的江西会馆建于清代，清末废弃。潘家胡同旧称潘家河沿。清《光绪顺天府志》载：“潘家河沿，有怀庆、吉安、黄陂、余姚诸会馆。旧有江南、江西、齐鲁、渭南会馆，今废。”

南横西街13号的江西会馆为清代设立，旧址为南横西街27号。原有房34间，占地1.42亩。会馆现为民居，建筑多有破损。

在十处江西会馆中，有两处是祠堂。一处为西城区法源寺后街3、5、7号的谢枋得祠，因纪念在此殉难的南宋江西人士谢枋得而建。谢枋得（1226—1289），字君直，号叠山，别号依斋，江西信州弋阳人。南宋宝祐四年（1256）丙辰科进士。任六部侍郎，带领义军在江东抗元，被俘不屈，绝食而死。祠堂占地面积约500平方米。现存小佛楼和部分廊房。2014年，西城区政府对谢枋得祠进行修缮，完工后拟重新对外开放。

另外一处是东城区崇文门西河沿的萧公堂。清《光绪顺天府志》载：“东河沿，有奉新、浮梁、句容、萧公堂。……萧公堂，明万历间建，祀鄱阳湖神萧公，均江西公所。”祠堂现已无存。

其余四处江西会馆因地区拆迁改造，现均已被拆除。

江右会馆

江右为地理方位名词，泛指江西一代。明时已有江右会馆，清道光年间重建，地址为东城区长巷头条。清《宸垣识略》载："东城会馆之著者，长巷头条胡同曰武林、南昌、汀州、江右。"清《光绪顺天府志》又载："长巷上、下头条胡同，有泾县、南昌、汀州、江右、丰城诸会馆。"清光绪二十六年（1900），会馆毁于兵燹。

金溪会馆

金溪位于江西省东部，五代南唐置金溪场，北宋置县，今属抚州市。北京有两处清代设立的金溪会馆，均为同乡试馆。一处位于东城区长巷三条37号。清《宸垣识略》有载："东城会馆之著者，长巷三条胡同曰金溪、元宁、临江、南城。"民国时登记的地址为长巷三条9号。另外一处在东城区长巷四条，又称"金溪新馆"。清《光绪顺天府志》载："长巷上、下四条胡同，有岳阳、上新、新城、乐平、休宁、金溪、南昌诸会馆。旧有贵池、德兴、南雄诸会馆，今废。"民国时登记的地址为长巷上四条36号。据《北京会馆档案史料》中《金溪会馆总登记表》所载：新馆还有一处附产在琉璃厂2号。也就是今天的西城区琉璃厂东街13号。

两处会馆现为民居，建筑多有破损。

进贤会馆

进贤位于江西省中部偏北，鄱阳湖南岸，晋置钟陵县，宋改进贤，原属抚州市，1983年划归南昌市。进贤会馆始建于清代，今址在东城区好景胡同。好景胡同清时称高井胡同。清《宸垣识略》载："东城会馆之著者，高井胡同曰宁州、进贤、五河。"清《光绪顺天府志》亦载："高井胡同，旧有武宁、义宁、进贤、五河诸会馆，今多废。"因无具体地址，会馆现状不详。

靖安会馆

靖安位于江西省北部，五代南唐置县，今属宜春市。靖安会馆在西城区魏染胡同49号，清代设立。清末登记的地址为魏染胡同24号，民国时为魏染胡同26号。解放后，政府劳动部门在此办公，现改造为北京市西城区

（原宣武区）创业人员服务大厅。

九江会馆

九江位于江西省北部，秦代置县，西晋升江州，明清为九江府，今为地级市。九江会馆又称“九江府五邑馆”，是九江府下辖德化、糊口、瑞昌、德安、彭泽五地在京创建的同乡试馆。会馆在今西城区珠市口西大街57号，始于明万历三年（1575）。清《宸垣识略》载：“西城会馆之著者，西猪市曰潞安、赣宁、奉天、九江、平定、仁钱、翼城、浙绍。”清《光绪顺天府志》亦载：“西珠市口大街，即南大街，迤西为西柳树井，北有万善给孤寺，传云，创自唐贞观间，疑即坊巷胡同集之万善寺也。有津南、潞安、赣宁、奉天、九江、平定、翼城、仁钱、庐州、孟县诸会馆。”民国时登记的地址为西珠市口35号。会馆坐北朝南，占地面积约300平方米。西部为三进四合院，东部为四进四合院，各有北房三间。1992年因拓宽马路被拆除。

此外据《北京会馆档案史料》中《1947年各省会馆总登记表》所载，会馆还有两处附产，在西珠市口大街36、37号，共计房屋20余间，今已无存。

乐平会馆

乐平位于江西省东北部，唐代置县，今属景德镇。民国以前，乐平在北京建立的试馆有两处。一处位于东城区长巷四条24号，明万历三十四年（1606）设立。清《宸垣识略》载：“东城会馆之著者，长巷四条胡同曰岳阳、贵池、上新、德兴、新城、南雄、乐平、休宁。”清《光绪顺天府志》亦载：“长巷上、下四条胡同，有岳阳、上新、新城、乐平、休宁、金溪、南昌诸会馆。旧有贵池、德兴、南雄诸会馆，今废。”民国时登记的地址是长巷上四条5号。会馆的门楼已被拆除，其余部门现为民居。

另外一处乐平会馆在西城区珠市口西大街257号，清代设立。民国时地址为虎坊桥大街53号。会馆坐北朝南，为长条形，占地面积约200平方米。其中有四个不规则院落。1992年因拓宽马路被拆除。

临川会馆

临川位于江西省东部，东汉置临汝县，隋改临川县，后间有更迭，明清属抚州府，今为抚州市辖区。清代，临川县在京建有两处试馆。一处在西城区裘家街11号，为主馆。清《光绪顺天府志》载："裘家街，有临川、雷阳会馆。"清和民国登记的地址为裘家街5号。会馆坐西朝东，为三进四合院，占地面积约600平方米。第一进院落有正房三间半带过道、南北厢房各三间，第二进院有正房三间、南北厢房各一间，第三进院有正房三间、南北厢房各二间。另有随墙门一间，倒座房二间。现为民居，建筑多有破损。

另外一处临川会馆在西城区庄胜城范围内，为附馆。旧时地址为香炉营二条37号。因地区改造，已被拆除。

临江会馆

临江位于江西省中部，五代南唐置清江县，北宋置临江军，元改临江路，明清为临江府，今称樟树市。清代，临江府在京创建的试馆约有四处。据清《光绪顺天府志》记载，分别位于草场二条、草场三条、长巷二条和长巷三条胡同中。

庐陵会馆

庐陵位于江西省中西部，秦代置县，后间有更迭，明清属吉安府。1912年，民国三年（1914），改庐陵县为吉安县，今为地级市。民国之前，试馆性质的庐陵会馆在京约有四处，分别位于东城区大江胡同29号、东城区大席胡同、西城区粉房琉璃街79号和西城区潘家胡同60号。

大江胡同29号的庐陵会馆又称"庐陵老馆"，明天启四年（1624）创建，清咸丰十年（1860）重修。会馆坐东北朝西南，前后两进院落，目前待拆中。原馆内有一方石碑、一方石刻，现均已无存。

东城区大席胡同的庐陵会馆为清代设立。大席胡同原名席（蓆）儿胡同。清《宸垣识略》载："东城会馆之著者，蓆儿胡同曰石埭、德化、庐陵。"清《光绪顺天府志》亦载："大、小席儿胡同，大胡同井一。有玉泉庵，有石埭、德化、庐陵会馆。"因无具体地址，会馆现状不详。

粉房琉璃街79号的庐陵会馆建于清代，旧址为粉房琉璃街35号。会馆原为民居，现因地区改造，馆舍建筑已拆除。

最后是潘家胡同60号的庐陵会馆，也称"庐陵新馆"，清代设立。清末登记的地址为潘家河沿51号，民国时为潘家河沿52号。会馆坐东朝西，为两进院落，占地面积约500平方米。一进院有倒座房二间、东房三间，北房、南房各一间。二进院有东房三间，北房、南房各二间。因地区改造，现已拆除。

泸溪会馆

泸溪位于江西省东部，明代置县，1914年改称资溪，今属抚州市。泸溪会馆位于东城区南翔凤胡同，清代设立。清《宸垣识略》载："东城会馆之著者，墙缝胡同曰泸溪。"清《光绪顺天府志》亦载："翔凤胡同，或作墙缝。旧有泸溪会馆，今废。"

南安会馆

南安位于江西省南部，唐代置县，明改南安府，今称"大余"，属赣州市。清代，南安府及下辖大庾、南康、上犹、崇义四县旅京人士联合出资在京建有两处试馆。一处位于西城区宣武门外大街30号富卓商厦域内及楼前部分，清乾隆年间设立，又称"南安西馆"。清和民国时地址为西城区宣武门外大街188号。会馆坐东朝西，为二进院落，占地面积约150平方米。2000年地区拆迁改造时被拆除。

另外一处在东城区草厂七条6号，又称"南安东馆"。清《宸垣识略》载："东城会馆之著者，草厂七条胡同曰南安、袁州、惠州。"清《光绪顺天府志》亦载："草厂上、下七条胡同，有孝感、南安、袁州、惠州诸会馆。"旧时地址为草厂七条2号、八条36号。会馆坐东朝西，为二进四合院，存清式古建筑面积约280平方米。前院有倒座房三间、东西厢房各三间、正房三间，后院有正房三间。前后院有穿堂门相通。现为民居，保存尚完整。原有石碑（据说载有李白身世，即：出生于中亚地区）和木匾已无存。

南昌会馆

南昌位于江西省北部，三国吴属豫章郡，南唐升洪州为南昌府，隋复洪州，后间有更迭，明清再改南昌府。据统计，南昌府在京建立的同乡试馆大约有6处。分别位于东城区长巷头条39号，东城区长巷四条，西城区宣武门外大街162、164、166号，西城区魏染胡同36号，东城区长巷三条和西城区潘家胡同。

长巷头条39号的南昌会馆又称“南昌县馆”，建于明永乐年间。清《光绪顺天府志》载：“长巷上、下头条胡同，有泾县、南昌、汀州、江右、丰城诸会馆。旧有武林会馆，今废。”清末登记的地址为长巷头条39号，民国时为长巷下头条48号。会馆建筑保存基本完整，现为前门街道办事处。

长巷四条的南昌会馆又称“南昌东馆”，明永乐年间设立，清《光绪顺天府志》亦载：“长巷上、下四条胡同，有岳阳、上新、新城、乐平、休宁、金溪、南昌诸会馆。旧有贵池、德兴、南雄诸会馆，今废。”民国时地址为长巷四条3号。会馆现为民居，建筑多有破损。

值得一提的是宣武门外大街的南昌会馆，也称“南昌郡馆”。其初址在宣武门外大街162号，原是江西南昌移民熊氏四代祖业。清雍正二年（1724），熊直宗将其捐出，改建为南昌会馆，并出资购买了临宅164号，融于南昌会馆之中。此后会馆不断扩建，至清光绪二十四年（1898），共有三组院落，房106间，占地3.96亩。中间院落曾由江南提督张勋出资大修过，建有假山、亭堂，取名“端园”，又名“张家花园”。后又增扩至166号院。历史上张勋曾不止一次下榻南昌郡馆，并在这里与康有为等人密商复辟帝制。会馆坐东朝西，占地约1500平方米。162号为四进四合院，正房分别为三间、五间、七间；164号院为两进四合院，有正厅、凉亭各一座，最后为祠堂；166号院为两进四合院，有正房三间、后房五间。会馆规模较大，曾被列为西城区（原宣武区）文物暂保单位，现已拆除。

魏染胡同36号的南昌会馆建于清代。较之长巷四条的“东馆”，又被称为“南昌西馆”。旧址为魏染胡同31、32号。其馆舍建筑已被拆除，现为西城区环境卫生三队的办公地点和宿舍楼。

最后是长巷三条和潘家胡同的南昌会馆。前者创建时间不详，后者建于清朝末年。有关两馆的记载仅见于学术专著，尚有待考证。

南城会馆

南城位于江西省东部，汉代置县，明清为建昌府治，今属抚州市。民国以前，南城在京设立的同乡试馆约有四处。分别位于西城区宣武门外大街、东城区长巷三条、西城区魏染胡同28号和西城区中信城东北部。

宣武门外大街的南城会馆又称“建昌会馆”，清前期创建。清《光绪顺天府志》载：“宣武门外大街，俗称顺承门大街。全闽会馆，又有直隶、关中、翼城、天门、歙县、韩城、灵石、咸长、善化、永济、南通州诸会馆。旧有四川、永丰、建昌、抚临诸会馆，今废。”

东城区长巷三条巷内的南城会馆又称“南城东馆”，清同治五年（1866）设立。清《光绪顺天府志》有载：“长巷上、下三条胡同，有长吴、金溪、临江、南城诸会馆。”民国时登记的地址为长巷下三条37号。会馆现为民居，建筑多有破损。

魏染胡同28号的南城会馆建于清同治七年（1868），又称“南城新馆”或“南城西馆”。旧址为魏染胡同37号。现今，其西南部改建为公厕，其余为民居。

最后中信城东北部南城会馆，清代设立。旧址为兵马司中街。清《光绪顺天府志》载：“兵马司前街，明南城兵马司疑当在此，中街有南城、慈溪、望江诸会馆。”因地区改造，会馆建筑已拆除。

南丰会馆

南丰位于江西省东部，三国吴置县，今属抚州市。南丰会馆在西城区北柳巷29号，清代设立。清《宸垣识略》载：“西城会馆之著者，北柳巷曰南丰。”清末登记的地址为北柳巷19号，民国时为北柳巷20号。会馆坐北朝南，为三进院落，占地面积约500平方米。2003年地区拆迁改造时被拆除。

南康会馆

南康位于江西省北部，宋置南康军，元升南康路，明初改南康府，清袭之。南康会馆为南康府及下辖星子、都昌、永修、安义四县人士在京设立的同乡试馆，约有两处。一处在东城区珠市口东大街393号，始建于明代。后多次重修。旧址为东珠市口大街。清《光绪顺天府志》载：“东珠市口大街，即南大街，珠或作猪，井三。有天津、南康会馆。”民国时登记的地址为东珠市口23号。会馆坐北朝南，为三进院落。正房皆面阔三间。前院和最后院落为四合院布局，东西各有厢房。2000年扩建广安大街时被拆除。另外一处在东城区鲜鱼口街。清《宸垣识略》载：“东城会馆之著者，鲜鱼口曰南康。”民国时登记的地址为鲜鱼口小桥10号旁门。该地区已进行修缮，现为商业街。

宁州会馆

宁州位于江西省西北部，汉代置艾县，隋并入建昌县，唐为武宁县，元升宁州，清嘉庆六年（1801）更名义宁州，1914年又改修水县，今属九江市。宁州会馆位于东城区好景胡同，清代设立。好景胡同旧称高井胡同。清《宸垣识略》载：“东城会馆之著者，高井胡同曰宁州、进贤、五河。”因无具体地址，会馆现状不详。

萍乡会馆

萍乡地处江西省西部，三国吴置县，今为地级市。民国以前，萍乡在京城建立的同乡试馆约有两处。一处位于西城区粉房琉璃街93号，清中前期设立。清《光绪顺天府志》载：“粉房琉璃街，有汾水、延平、晋江、廉州、解梁、萍乡、万载、河南、怀宁、新会、天津诸会馆。”清光绪十六年（1890）庚寅科榜眼清末维新派人士文廷式曾寓居于此。文廷式（1856—1904），字道希（亦作道羲、道溪），号云阁（亦作芸阁），别号纯常子、罗霄山人、芗德，江西萍乡人，清光绪十六年（1890）庚寅科榜眼，授翰林院编修。其曾为瑾、珍二妃的老师。光绪十六年（1890）四月，因愤慨台湾被强割日本而请假还籍，八月返京后便住在萍乡会馆。适逢康有为、梁启超等创办强学会，文即挺身协助。因地区改造，会馆建筑已拆除。

另外一处萍乡会馆位于西城区潘家胡同60号，清中晚期设立。旧址为潘家河沿48、49号。会馆的大部分建筑已被拆除，原大门处的“恩承凤阙，秀孕螺川”八字楹联也已无存。

鄱阳会馆

鄱阳位于江西省东北部，秦代置番阳县，西汉改称鄱阳，后间有更迭，今为江西省直管县。鄱阳会馆位于西城区茶儿胡同27号，清代设立。清《宸垣识略》载：“西城会馆之著者，吴柴儿胡同曰鄱阳。”《光绪顺天府志》亦载：“柴儿胡同，井一。有鄱阳会馆。”民国时登记的地址为茶儿胡同14号。会馆坐北朝南，为四合院落，占地约300平方米。有大门一间（后改住房）、倒座房三间、正房三间带两耳房。现为民居，建筑多有破损。

清江会馆

清江位于江西省西部，秦属新淦县，南唐始置清江县，明清属临江府。1988年10月26日撤清江县，并入樟树市。北京有一处清江会馆，清代设立，今址在西城区保安寺街3号。清和民国时登记的地址为保安寺街2号。会馆在解放后作民居使用，现因地区改造已拆除。

饶州会馆

饶州位于江西省东北部，秦代置县，隋升饶州，后间有更迭，明清为饶州府，治所在鄱阳县。饶州会馆为饶州府及下辖七县联合创建的同乡试馆，清代设立，今址在西城区潘家胡同33号。清时登记的地址为潘家河沿18号，民国时为潘家河沿17号。会馆坐西朝东，为二进院落。前院为四合式，后院为三合式。因地区改造，馆舍建筑已拆除。

上新会馆

上新会馆是上高、新昌两地在京建立的同乡试馆。上高位于江西省西北部，东汉置县，南唐更名上高县，今属宜春市。新昌在三国吴时称宜丰县，唐并入高安县，北宋析置新昌县，元升新昌州，明又改县，民国三年（1914）为区别浙江新昌县，复古名宜丰，属宜春市。上新会馆在东城区长巷四条30号，明万历三十三年（1605）设立。清《宸垣识略》载："东城会馆之著者，长巷四条胡同曰岳阳、贵池、上新、德兴、新城、南雄、乐平、休宁。"清《光绪顺天府志》亦载："长巷上、下四条胡同，有岳阳、上新、新城、乐平、休宁、金溪、南昌诸会馆。旧有贵池、德兴、南雄诸会馆，今废。"民国时登记的地址为长巷四条20号。现会馆所在地已被围墙圈起，正在拆迁改造中。

万年会馆

万年地处江西省东北部、鄱阳湖东南岸。明正德七年（1512）析鄱、余、乐、贵边徼之地设县，以县治于万年峰之阳而得名，今属上饶市。万年会馆位于东城区草场四条，明万历年间兴建。据《万年县志》记载："京城会馆，坐落草场四条胡同。"因无具体地址，会馆现状不详。

万载会馆

万载位于江西省西部，汉属建城县，三国吴析置阳乐县，五代南唐改称万载，今属宜春市。万载会馆在今西城区粉房琉璃街85号，清代设立。清《光绪顺天府志》载："粉房琉璃街，有汾水、延平、晋江、廉州、解梁、萍乡、万载、河南、怀宁、新会、天津诸会馆。"清末登记的地址为粉房琉璃街35号，民国时为粉房琉璃街38号。会馆现为民居，正在拆迁中。

武宁会馆

武宁位于江西省西部，东汉置县，唐称武宁，今为九江市下辖县。民国以前，武宁在北京建有三处试馆。一处在西城区上斜街34号，称"武宁老馆"，清代设立。民国时登记的地址为上斜街57号。会馆现为民居，建筑多有破损。

另外两处武宁会馆，据清《光绪顺天府志》载，旧时地址分别位于高井胡同和南芦草园。高井胡同今称好景胡同。因无具体地址，会馆现状不详。

婺源会馆

婺源位于江西省东北部、乐安江上游，唐代置县，1934年由安徽省划入江西,今属上饶市。民国以前，婺源在北京建立的同乡试馆约有三处。一处位于西城区石猴街7号，又称"婺源老馆"，清乾隆二十五年（1760）设立。清和民国时登记的地址为石侯街4号。会馆现为民居，临街房为后来拆改，其余建筑亦多有破损。

另外一处位于西城区大耳胡同6号。清嘉庆十九年（1814），由程纫兰、程众钊等人筹资兴建。现为西城区文物暂保单位。清时地址为大耳胡同25号，民国时为大耳胡同36号。馆内墙上嵌有嘉庆、道光年间石刻6块。会馆坐南朝北，分为三路，格局分明，布局紧凑，门面宽敞，占地面积约500平方米，具有会馆建筑的明显特征。尽管建筑已经破旧，但基本形制仍在。现为民居。后院嵌有刻石11块，记载会馆的建立、规则和捐资人名单。

还有一处婺源会馆位于西城区宣武门外大街179、181号，旧时地址为宣武门大街85、86号，清道光二十一年（1841）设立。该地区改造时，会馆建筑被拆除。

此外，婺源会馆在京城还有多处附产，分别位于西城区石侯街6号（旧址为石侯街11号）、大耳胡同41号（旧址为五斗斋2号）、小沙土园胡同（旧址为小沙土园）、南新华街79号（旧址为大沙土园1号）、前门西河沿街155号（旧址为西河沿97号）、耀武胡同27号（旧址为羊肉胡同14号）、宣武门外大街1号（旧址为上斜街1号）等地。

新城会馆

新城位于江西省东部，三国吴时置永城县，宋改称“新城”，1914年改称“黎川”。因此新城会馆在民国时又称“黎川会馆”。民国以前，新城在北京设立的同乡试馆约有四处。其中一处位于东城区长巷四条18号，清代设立。清《宸垣识略》载：“东城会馆之著者，长巷四条胡同曰岳阳、贵池、上新、德兴、新城、南雄、乐平、休宁。”清《光绪顺天府志》亦载：“长巷上、下四条胡同，有岳阳、上新、新城、乐平、休宁、金溪、南昌诸会馆。旧有贵池、德兴、南雄诸会馆，今废。”会馆现为民居，正在拆迁改造中。

另外三处新城会馆位于今西城区椿树园小区内，分别是新城老馆、新城新馆和新城会馆。老馆始建于清中前期，清时地址为椿树上头条18号，民国时为椿树上头条21号。新馆在民国时登记的地址为椿树上二条10号，清嘉庆年间设立。此处原是新城籍京官陈用光的私宅，后转为会馆。陈用光（1768—1835），字硕士，一字实思，江西新城人。清嘉庆六年（1801）辛酉科进士。官至礼部左侍郎。著有《太乙舟文集》等。最后一处新城会馆在民国时登记的地址为椿树下三条，清中晚期设立。因地区改造，三处会馆均已被拆除。

新建会馆

新建位于江西省中部，宋代置县，今属南昌市。民国以前，试馆性质的新建会馆在北京有三处。一处位于西城区宣武门外大街28号，又称“新建老馆”。清乾隆三年（1738），由本邑京官曹秀先倡导并主持兴建。曹秀先（1708—1784），字恒听，又字芝田、冰持，号地山，江西南昌新建县人。清乾隆元年（1736）丙辰科进士，选庶吉士，授翰林院编修。为官清廉，人称“诚敬勤慎”。曾任《四库全书》馆总裁，乾隆帝特赐“紫禁城骑马”的特殊待遇。清光绪九年（1883），会馆迁往王寡妇斜街，此处扩建成为江西省馆。会馆民国时登记的地址为宣武门大街196号，已被拆除。现原址是招商银行北京支行。

再有一处是位于东城区长巷头条35号的新建东馆，清代设立。旧时地址是长巷头条50号。会馆坐西南朝东北，为三进四合院。现已全部翻建，原有石刻及五块榜眼探花匾，均已无存。

最后一处是新建西馆，位于西城区棕树斜街45号，清光绪九年（1883）设立。棕树斜街原名王寡妇斜街，清称王广福斜街。清《宸垣识略》载：“西城会馆之著者，王广福斜街曰汾阳、新建。”民国时地址为王广福斜街16号。会馆现为民居，建筑多有破损。

兴国会馆

兴国位于江西省中南部，三国吴置县，北宋称兴国，今属赣州市。兴国会馆在东城区草厂头条，清代设立。清《光绪顺天府志》载：“草场头条胡同，有归德、广州、兴国、麻城、金箔诸会馆。”民国时登记的地址为草场头条5号。会馆现为民居，正在拆迁改造中。

宜分万会馆

宜分万是宜春、分宜、万载三地的合称。宜春位于江西省西北部，汉代置县，晋改宜阳，隋升袁州，明为袁州府，1912年改回宜春县，今为地级市。分宜原属宜春县，宋代分置。万载原属建成县，三国吴析置阳乐县，南唐改万载，今为宜春市下辖县。以“宜分万会馆”命名的同乡试馆在京约有两处。一处在西城区上斜街43号，清代设立。现为民居。

另外一处位于西城区板章胡同14号，又称“袁州会馆”，清光绪年间兴建。清时登记的地址为板章胡同18号，民国时为板章胡同21号。会馆坐西朝东，有三个院落。解放后被改造成北京市第一医院（今宣武中医医院）妇产科病房，后被拆除。原址盖起四层大楼，今为照康之星宾馆和北京风雷京剧团共用。

宜黄会馆

宜黄位于江西省中部偏东、抚州市南部，三国吴置县，今属抚州市。宜黄会馆在东城区远望东街，清代设立。远望东街原名延旺庙街。清《宸垣识略》载："东城会馆之著者，阎王庙前街曰宜黄、云梦。"清《光绪顺天府志》亦载："阎王庙前、后街，有三晋、宜黄、云梦诸会馆。"民国时登记的地址为阎王庙前街26号。会馆为两进四合院，前后院有正房各五间、两侧厢房各三间，两院以穿堂通连。现已被拆除。2004年，北京兴隆置业有限公司在建都市馨园时，出资按原貌对宜黄会馆进行了复建，中兴文物建筑设计工程公司承建。

义宁会馆

义宁位于江西省西北部，汉代置县，元升宁州，清嘉庆六年（1801）改称"义宁州"。1912年降作义宁县，1914年更名修水县。今属九江市。义宁会馆位于东城区好景胡同，清代设立。清和民国时的地址为高井胡同。清《光绪顺天府志》载："高井胡同，旧有武宁、义宁、进贤、五河诸会馆，今多废。"

永丰会馆

永丰位于江西省中部，三国吴时置县，宋改永丰，今属吉安市。永丰会馆在今西城区宣武门外大街附近，具体位置不详，清代设立。清《光绪顺天府志》载："宣武门外大街。俗称顺承门大街。全闽会馆，又有直隶、关中、翼城、天门、歙县、韩城、灵石、咸长、善化、永济、南通州诸会馆。旧有四川、永丰、建昌、抚临诸会馆，今废。"

永新会馆

永新位于江西省西部，东汉置县，隋开皇十年（590）并入安丰县，唐复置，明清属吉安府，今为吉安市下辖县。民国以前，永新在京城创建的同乡试馆有三处。一处在西城区广安门内大街208号，又称"永新南馆"。旧时地址是香儿胡同。会馆在清道光十五年（1835）倒塌废弃。现原址建成商业楼区。

与南馆对应的是永新北馆，位于西城区校场五条8号，清乾隆年间设立。清《光绪顺天府志》载："教场上、下头条胡同，有云南、山左、宜荆、永新诸会馆。"会馆现为民居，建筑多有破损。

最后一处是永新新馆，位于西城区中兵马街5号，由陈元熙在清同治十年（1871）购建。清时登记的地址为兵马司中街2号，民国时为兵马司中街3号。会馆坐北朝南，占地面积约200平方米。分东、西、前三个院落，西院北屋为乡贤祠，1925年在此成立永新旅京同乡会。现馆舍建筑已经被拆除，原址建为"中信城"小区。

袁州会馆

袁州也称"宜春"，地处江西省西部，汉代置县，晋改宜阳，隋升袁州，明为袁州府，1912年改回宜春县，今为地级市。袁州会馆位于东城区草场七条6号，清代设立。清《宸垣识略》载："东城会馆之著者，草厂七条胡同曰南安、袁州、惠州。"民国时登记的地址为草厂七条1号。会馆坐东朝西，为两进四合院。有主房五间、厢房各三间。布局未变，保存尚好。现为民居。

奉天会馆

奉天即今天的辽宁，地处我国东北部，分别与吉林、河北、内蒙古等地接壤。民国以前，辽宁在北京设立的同乡试馆有三处。一处位于西城区珠市口西大街10号，清乾隆四十八年（1783）创建。清《宸垣识略》载："西城会馆之著者，西猪市曰潞安、赣宁、奉天、九江、平定、仁钱、翼城、浙绍。"清《光绪顺天府志》亦载："西珠市口大街，即南大街，迤西为西柳树井，北有万善给孤寺，传云，创自唐贞观间，疑即坊巷胡同集之万善寺也。有津南、潞安、赣宁、奉天、九江、平定、翼城、仁钱、庐州、孟县诸会馆。"会馆已被拆除。2000年修建街边花园绿化带时，出土《创建奉天会馆碑》一方。高1.74米，宽0.68米，厚0.18米。青石质。座佚。额篆：创建奉天会馆碑记，首题同额。记述了奉天会馆的创建时间，和在京同乡官宦十余人倡议修建及捐资者姓名银两的情况。碑现存于北京石刻艺术博物馆。

再有一处位于西城区复兴门内大街，清时登记的地址为旧刑部街，民国时为旧刑部街12号。民国十八年（1919）春，东北同乡会将会馆东部的花园和园中露天的华美戏台改建为哈尔滨大戏院。现西单剧场及西院即为昔日的奉天会馆旧址。

最后一处奉天会馆在今天东城区冠英胡同内，清代设立。清和民国时地址为东观音寺。1906年，东北同乡会在此成立东三省公立中学堂，是东北人在北京最早兴建的学校之一。因地区改造，会馆建筑已拆除。

第二蒙疆会馆

第二蒙疆会馆位于西城区椿树园小区，是内蒙古地区在京城创立的同乡试馆，清代设立。清时登记的地址为椿树上二条，民国时为椿树上二条5号。因地区改造，会馆建筑已拆除。

固山会馆

固山是清代军政组织编制单位名称。固山会馆在东城区雨儿胡同，为内蒙古地区在京城创建的同乡试馆，清嘉庆年间设立。因无具体地址，会馆现状不详。

登莱胶馆

登莱胶馆又称“登莱胶义园公所”、“登莱会馆”，由山东半岛的登州（今称蓬莱）、莱州、胶州、平度四州及下属各县联合创建。登莱胶义园最初附属于宝应寺，后不断扩建。至清道光五年（1825），宝应寺反成为义园的公产之一。清代京师从事各种营生的外籍普通劳动百姓中，以山东人为最多。义园公所建立后除了向同乡士子、商户提供帮助外，更面向广大山东劳苦民众，是一家倾向公益性质的义馆。1948年，公所改为同乡会馆。馆址设在西城区登来胡同31号，旧址为干面胡同12号。20世纪末地区拆迁改造，会馆建筑被拆除。

登莱胶同乡会馆的馆产很多，据统计约有分馆5所、义馆6所、附产9处和义地28片。土地共计200亩，房舍达1350余间。这些馆产多集中在西城区广内街道、牛街街道、白纸坊街道、大栅栏街道等区域内。其中位于登莱胡同29号的登莱会馆附产，在解放初由董事长吕铭生创建成为登莱胶小学。1952年成为完全小学，1953年被政府接管，改名为干面胡同小学。后多次更名，今为宣武区师范学校附属第二小学。校址内的宝应寺四重大殿仍在，已经被修缮。现为西城区文物保护单位。

海阳会馆

海阳地处山东半岛东南部，清雍正十三年（1735）置县，今属烟台市。海阳会馆位于朝阳区呼家楼南里2号，清道光年间设立。清和民国时登记的地址为舍茶棚4号。因地区拆迁改造，会馆建筑已经被拆除。

济南会馆

济南位于山东省中部偏西，西汉初置齐郡，后改为国，宋设齐州府，元改为路，明复为府。济南会馆又称“济南十六邑馆”，位于西城区烂漫胡同97号，是济南府及下辖历城、长清、章丘、济阳、德平、德县（今称德州）、平原、临邑、禹城、陵县、齐河、淄川（今称淄博）、桓台、齐东（今称邹平）15邑人士创建的同乡试馆。该馆原为清朝大臣嵇璜的故宅，清乾隆末年，由窦光鼐等人集资扩建成为会馆。窦光鼐（1720—1795），字元调,号东皋，山东诸城人。清乾隆七年（1742）壬戌科进士。其为官清廉，熟通经史。清乾隆二十五年（1760），与朱筠奉旨刊刻《日下旧闻考》。

会馆坐西朝东，为三进院落，有正房五间，后房12间。现为民居，建筑多有破损。此外，会馆另有一处义园，在今西城区广安门外手帕口南街。义园规模较大，有三进院落，主要供死者家属来墓地祭祀或办理丧事留宿之用。现原址建成了“朗琴国际”高级住宅区。

青州会馆

青州地处山东半岛中部，为古“九州”之一。西汉武帝时设青州刺史部，元改益都路，明升青州府，今属潍坊市。青州会馆在今西城区门楼巷内，创建于清代。门楼巷旧称门楼胡同。清《光绪顺天府志》载：“门楼胡同，旧有青州会馆。”会馆坐西朝东，为二进院落。1964年，原址改建为回民小学。

山东会馆

山东省位于我国东部沿海中北段，简称“齐”或“鲁”，分别与河北、河南、安徽、江苏等地接壤。因在太行山的东边，又称“山左”。民国以前，山东在京设立的省级同乡试馆约有五处。分别是位于东城区的崇文门外大街、鲤鱼胡同，西城区的潘家胡同35号、校场头条17号和通州区新城东里。

崇文门外大街的山东会馆为清代设立。清《宸垣识略》载："东城会馆之著者，崇文门大街曰山东。"清《光绪顺天府志》亦载："崇文门大街，俗称哈哒门大街，有山东会馆。"现会馆已无存。

鲤鱼胡同的山东会馆又称"山东试馆"，清代设立。清《光绪顺天府志》载："鲤鱼胡同，有山东会馆。"2006年，该地区进行拆迁改造，整条胡同被拆除，山东会馆原址亦包含在内。

潘家胡同35号的山东会馆建于清中前期，又称"齐鲁会馆"。旧址为潘家河沿18号。清《宸垣识略》载："西城会馆之著者，潘家河沿曰齐鲁。"清《光绪顺天府志》又载："潘家河沿，有怀庆、吉安、黄陂、余姚诸会馆。旧有江南、江西、齐鲁、渭南诸会馆，今废。"民国期间，这里成为齐鲁学堂的师生宿舍。现因地区改造已拆除。

校场头条17号的的山东会馆，也称做"山左会馆"，清嘉庆年间设立，倡建者据传是清代山东籍大学士刘墉。清末登记的地址为教场头条8号，民国时为校场头条7号。会馆现为民居，建筑多有破损。

通州新城的山东会馆原为三义庙，又称"山左会馆"，明万历九年（1581）创建，是为数不多建在郊区的会馆。清和民国时地址为通县玉带河大街。会馆形制基本完好，内存山左会馆界碑等多块石碑。现为通州区文物保护单位。

寿张会馆

寿张位于山东省西部，汉代置县，后汉改称寿张，后多次更迭，20世纪末并入阳谷，今属聊城市。民国以前，寿张在京城创建有两处试馆。一处在西城区迎新街34号，又称"寿张试馆"，清代设立。清《光绪顺天府志》载："阎王庙街，俗化延旺。井一。有泸州会馆。迤南曰张相公庙，有云南会馆。旧有寿张会馆，今废。"

另外一处在西城区广安门内大街6号院枫桦豪景小区内，清代设立。旧址为烂缦胡同97号。会馆建筑已拆除，原址建成"枫桦豪景"小区。

汶水会馆

汶水会馆位于西城区粉房琉璃街107号，清代设立，是山东汶上地区在京城创建的同乡试馆。汶上地处山东省西南部，汉代置县，南朝宋改平陆，唐改中都，金称汶上，现为济宁市下辖县。会馆以贯流境内的“汶水”命名。坐西朝东，原有正房五间，南北厢房各三间。现因地区改造已拆除。

武定会馆

武定地处山东省北部，西汉置县，明改称武定州，今属滨州市。武定会馆位于东城区东交民巷。旧址为东江米巷。清《光绪顺天府志》载：“东江米巷，东有武定会馆。”清咸丰十一年（1861），中国在第二次鸦片战争中战败，签订《天津条约》，东交民巷开始有英、法、美等国公使进驻。至清光绪二十七年（1901）《辛丑条约》为止，东交民巷全部被帝国主义列强霸占，不许中国人在此居住和设立衙署。武定会馆亦随之废弃。

章丘会馆

章丘位于山东省济南市西郊、黄河东岸。北齐置高唐县，隋改章丘，今为县级市。章丘会馆在今天的西城区校场三条43号，清代设立。会馆现为民居，建筑多有破损。

代郡会馆

代郡今称“代县”，位于山西省北部。秦代置县，元改代州，明又改代县，今属忻州市。代郡会馆又称“代州会馆”，位于西城区后铁厂1号，清咸丰年间设立。清《光绪顺天府志》载：“西河沿，南小井胡同，井一。迤西有万寿关帝庙。庙东隶中城。西隶北城，井二。正乙祠，康熙五十一年建。关帝庙，明建，俗称粗旗杆庙，井一。有萧山、渭南、代州诸会馆，皆在北城界内。旧有如泰会馆，今废。”民国时登记的地址为西河沿167号。会馆坐北朝南，东部为关帝庙，西部有一小院。1995年因建新楼而拆除。

汾水会馆

汾水位于山西省中部，是黄河第二大支流，源于山西宁武管涔山麓，贯穿山西省南北。汾水会馆是清代平阳府在京创建的同乡试馆，以境内汾水作为馆名，今址在西城区粉房琉璃街21号。清《光绪顺天府志》载："粉房琉璃街，有汾水、延平、晋江、廉州、解梁、萍乡、万载、河南、怀宁、新会、天津诸会馆。"因地区拆迁改造，会馆现已无存。

汾阳会馆

汾阳地处山西省中部，秦代置县，明改称"汾阳"，今为地级市。汾阳会馆位于西城区棕树斜街26号，始建于明代。清《宸垣识略》载："西城会馆之著者，王广福斜街曰汾阳、新建。"清和民国登记的地址为王广福斜街71号。馆内建有关帝大殿、戏楼等。1955年，会馆被改造成棕树斜街小学。2008年，交由大栅栏街道工委和办事处使用。

浮山会馆

浮山地处山西省南部，唐代置县，今属临汾市。浮山会馆位于西城区鹞儿胡同16号，清朝初年，由本邑商人出资兴建。清雍正七年（1729）重修。会馆为来京应试举子提供住宿服务的同时，也是商人议事、聚会、祀神、联谊之所，因此具有同乡试馆和商业会馆双重性质。据《重修浮山会馆碑（1914）》所载，"馆内大小三院，西楼罩棚共十二间"。清和民国登记的地址为鹞儿胡同36号。会馆坐南朝北，有大小三个院落。临街房屋改建成了店面，其余现为民居，建筑多有破损。

河东会馆

河东在秦汉时指河东郡地，即今山西运城、临汾一带。唐代以后泛指山西。顾炎武《日知录》第三十一卷称："河东、山西一地也，唐之京师在关中，而其东则河，故谓之河东；元之京师在蓟门，而其西则山，故谓之山西，各自其畿甸之所近而言之也。"河东会馆位于东城区小江胡同，清代设立。小江胡同旧称小蒋家胡同。清《光绪顺天府志》载："小蒋家胡同，有河东、平阳、晋翼、旌德诸会馆。"因无具体地址，会馆现状不详。

洪洞会馆

洪洞位于山西省南部，汉代置县，隋改洪洞，今属临汾市。洪洞会馆在西城区广安门内大街6号枫桦豪景大楼西半部，清乾隆二十二年（1757），由本邑在京官、商捐银200两兴建。乾隆五十一年（1786），增建戏楼五间。清《宸垣识略》载："西城会馆之著者，彰义门大街曰洪洞、河东、贵州、江甘仪。"会馆坐北朝南，有大小五进院落。清末，宝盛班常在此演出。1931年，戏楼坍塌，改建成民房五间。解放后，会馆作民居使用。2000年地区拆迁改造，馆舍建筑被拆除。原有《洪洞馆置地契文碑》存于北京市石刻艺术博物馆内。

绛山会馆

绛山会馆是山西省西南的绛州和稷山两地在京创建的同乡试馆。绛州即今天的"新绛"，迤西为稽山，两地均为运城市下辖县。绛山会馆位于西城区椿树园小区域内，清乾隆年间设立，清同治九年（1870）曾重修。清《光绪顺天府志》载："（椿树）上、下三条胡同，有绛山会馆。"清和民国登记的地址为椿树下三条7号。会馆坐北朝南，为二进四合院，占地面积约500平方米。有前房五间，后房五间。2003年地区拆迁改造时被拆除。

解梁会馆

解梁是解州在春秋时的称谓，位于山西省西南部，汉代置县，五代汉改解州，清升直隶州，今为运城市。解梁会馆在西城区粉房琉璃街109号，是解州、安邑、平陆、芮城、夏县五地于清乾隆五十五年（1790）在京购建的同乡试馆。清《光绪顺天府志》载："粉房琉璃街，有汾水、延平、晋江、廉州、解梁、萍乡、万载、河南、怀宁、新会、天津诸会馆。"清末登记的地址为粉房琉璃街47号，民国时为粉房琉璃街50号。原会馆坐西朝东，有房35间。因地区改造，现已拆除。

介休会馆

介休地处山西省腹地，秦置界休县，西晋改"界"为"介"，今属晋中市。介休会馆位于东城区北官园胡同15号，清代设立。清《光绪顺天府志》载："北官园，旧有介休会馆。"民国时登记的地址为北官园21号。因地区改造，会馆已拆除。

晋太会馆

晋太会馆位于西城区百顺胡同，清代设立。清《光绪顺天府志》载："百顺胡同，旧有太平、晋太会馆，今废。"该馆属于山西的哪个地区尚有待考证。

晋翼会馆

晋翼会馆位于东城区小江胡同30号，清雍正十年（1732），由山西翼城人士出资建造。翼城位于山西省西南，北魏置县，隋改翼城，今属临汾市。该馆既是同乡试馆也是商业会馆，馆内设有晋翼布行商会。清光绪八年（1882）曾重修。小江胡同原称“小蒋家胡同”。清《宸垣识略》载：“东城会馆之著者，小蒋家胡同曰阳平、晋翼、旌德。”清《光绪顺天府志》亦载：“小蒋家胡同，有河东、平阳、晋翼、旌德诸会馆。”清末，翼城商人将馆售于京中吴姓人家。民国十年（1921），被赎回。会馆坐东朝西，原有瓦房32间，灰房12间。解放后被收归国有。现仅余两进院落，占地1100余平方米。2004年，晋翼会馆被列入东城区（原崇文区）文物普查登记项目单位，并对社会公布会馆为“不可移动文物”。2009年，会馆由政府统一修缮，恢复了原貌。

灵石会馆

灵石地处山西省中部偏南，隋代置县，今属晋中市。灵石会馆位于西城区宣武门外大街99、101号，清代设立。清《光绪顺天府志》载：“宣武门外大街，俗称顺承门大街。全闽会馆，又有直隶、关中、翼城、天门、歙县、韩城、灵石、咸长、善化、永济、南通州诸会馆。旧有四川、永丰、建昌、抚临诸会馆，今废。”清末登记的地址为宣武门外大街246号，民国时为宣武门外大街50号。会馆坐西朝东，为二进四合院，占地面积约600平方米。正房三间，南院有大厅三间。2000年地区拆迁改造，会馆建筑被拆除。

潞安会馆

潞安今称“长治”，位于山西省东南部，汉为潞县，隋改潞城，明升为府，始称潞安。潞安会馆位于西城区珠市口西大街53号，是潞安府及下辖的长子、长治、平顺、屯留、壶关、黎城、襄垣七县联合创建的同乡试馆，清代设立。清《宸垣识略》载：“西城会馆之著者，西猪市曰潞安、赣宁、奉天、九江、平定、仁钱、翼城、浙绍。”清《光绪顺天府志》亦载：“西珠市口大街，即南大街，迤西为西柳树井，北有万善给孤寺，传云，创自唐贞观间，疑即坊巷胡同集之万善寺也。有津南、潞安、赣宁、奉天、九江、平定、翼城、仁钱、庐州、孟县诸会馆。”清和民国登记的地址为西珠市口31号。会馆坐北朝南，为三进四合院。占地面积约600平方米。前院有戏楼，其对面正房三间为观戏处。因地区改造，现均已拆除。

平定会馆

平定位于山西省东部，汉代置县，宋改称平定，今属阳泉市。平定会馆创建于清代，现址在西城区珠市口西大街106号。清《宸垣识略》载："西城会馆之著者，西猪市曰潞安、赣宁、奉天、九江、平定、仁钱、翼城、浙绍。”清《光绪顺天府志》亦载："西珠市口大街，即南大街，迤西为西柳树井，北有万善给孤寺，传云，创自唐贞观间，疑即坊巷胡同集之万善寺也。有津南、潞安、赣宁、奉天、九江、平定、翼城、仁钱、庐州、孟县诸会馆。”清末登记的地址西柳树井61号，民国时为西柳树井52号。会馆坐南朝北，为二进四合院。2000年地区拆迁改造时被拆除。

蒲州会馆

蒲州地处山西省西南部，北魏置石城县，隋改蒲县，唐开元改蒲州，后又改河中府，明复蒲州。1912年废府改县，今属临汾市。蒲州会馆位于西城区骡马市大街194号，清代设立，是蒲州府联合万泉、荣河、临晋、猗氏、永济、虞乡六县共同创建的同乡试馆。清时登记的地址为骡马市大街192号，民国时为骡马市大街194号。现该地区正在动迁，会馆建筑已被拆除。

曲沃会馆

曲沃地处山西省西南部，北魏置县，今属临汾市。民国以前，曲沃在京创建的同乡试馆约有两处。一处位于西城区珠市口西大街265号，清康熙初年设立。该地区在清代称虎坊桥。清《光绪顺天府志》载："骡马市大街，有直隶、三晋、中州诸会馆。迤东有桥，曰虎坊桥，明虎坊遗址也。有福州、湖广、宜昌、三原、襄陵、曲沃、杭州诸会馆。”民国时登记的地址为虎坊桥57号。原会馆坐北朝南，为二进四合院。2000年地区拆迁改造时被拆除。

另外一处曲沃会馆在今东城区同乐胡同，清初创建。据《藤阴杂记》

中陈泽州的《三晋会馆记》所载，该处原是兵部尚书贾汉复的私宅，后来宅院东部被改为曲沃会馆，南部被改为三晋会馆。贾汉复（？—1665）字胶侯，号静庵，山西曲沃安吉人。明末为淮安副将，清顺治二年(1645)归清，隶正蓝旗汉军。历任都察院理事官、工部右侍郎、河南巡抚、兵部尚书等职。曲沃会馆当时又称作“乔山书院”。会馆后面便是贾家花园。清时地址为新开路。清《宸垣识略》载：“东城会馆之著者，新开路曰常山、曲沃、安陆。”会馆规模较大，前后四层院落，四十多间房舍。佛堂、贤良祠、议事厅、居室等一应俱全。现因地区改造，馆舍建筑已被拆除。

三晋会馆

山西大体分为晋北、晋中和晋南，故山西又称“三晋”。民国以前，北京以“三晋会馆”命名的同乡试馆约有五处，分别位于东城区的同乐胡同、远望东街、北五老胡同和西城区的骡马市大街9号、施家胡同7号。

同乐胡同的三晋会馆始于清朝初年，由贾汉复的私宅改建而成。清《光绪顺天府志》载：“贾家花园。藤阴杂记：陈泽州三晋会馆记：尚书甲公，置第崇文门外，东偏作客舍，以馆曲沃人，曰乔山书院。又割宅南为三晋会馆。”因地区改造，会馆建筑已被拆除。

远望东街的三晋会馆为清代设立。旧址是阎王庙前街。清《光绪顺天府志》载：“阎王庙前、后街，有三晋、宜黄、云梦诸会馆。”会馆现已拆除，原址建成都市馨园小区。

北五老胡同的三晋会馆建于清道光九年（1829），清光绪三十二年（1906）重修。民国时登记的地址为北五老胡同22号。因地区改造，会馆建筑已拆除。

骡马市大街9号的三晋会馆创建于清康熙六年（1667）。清雍正十三年（1735）、乾隆二十四年（1759）及三十九年（1774）、光绪三十二年（1906）历次重修。清《光绪顺天府志》载：“骡马市大街，有直隶、三晋、中州诸会馆。迤东有桥，曰虎坊桥，明虎坊遗址也。有福州、湖广、宜昌、三原、襄陵、曲沃、杭州诸会馆。”清末登记的地址为骡马市大街69号，民国时为骡马市大街74号。会馆坐北朝南，由三进院落组成，占地面积约500平方米。大门内有屏门，正房三间，后院有后罩楼，面阔三间。2000年拆迁改造，馆舍建筑被拆除，现为中国联通（集团）有限公司北京市分公司办公大楼。

最后是施家胡同7号的三晋会馆。该馆为清代设立。解放后改建成施家胡同小学，80年代改为校办工厂，现为金三星旅馆。

山西会馆

山西省位于我国中部偏东，分别与与河北、河南、陕西、内蒙古等省接壤。山西在京城创建会馆的历史始于明代。晋商历史悠久，因此山西的会馆有几个特点：（1）供奉财神的祠庙多；（2）商业、行业会馆多；（3）戏楼、戏台多；（4）建造时间较早，多建于清中前期。民国之前，以“山西会馆”命名的省级同乡试馆在北京约有四处。分别位于西城区的上斜街37号、下斜街1号和东城区的锦绣巷、东晓市街。

上斜街37号的山西会馆又称“山右三忠祠”，明天启四年（1624）创建。原有主殿三楹，奉祀沁水张铨、襄陵高邦佐、大同何廷魁三位先贤。张铨（1577—1621），山西人，明万历三十二年（1604）甲辰科进士。天启初年，任辽东巡按御史，同袁应泰守城。城破被俘后，皇太极百般劝降，张铨不为所动，自缢而死。何廷槐（生卒年不详），字汝谦，山西威远卫（今大同左云西）人。万历二十九（1601）年进士。天启初年，迁辽阳后备道。沈阳城被破，投井自尽，谥忠愍。高邦佐（?—1622），字以道，山西襄陵（今临汾西南）人。万历二十三（1595）年进士。天启元年，分守广宁。清兵攻广宁，不愿弃城入关，自缢而死，谥忠节。《明史》将三公列为“忠义”，并记：“邦佐与张铨、何廷魁皆山西人，诏建祠宣武门外，颜曰三忠。” 可见，该祠堂是奉旨而建。清朝初年，随着入京山西士子增多，改为会馆。清《光绪顺天府志》载：“西城会馆之著者，上斜街曰山右。”清宣统元年（1909），改建为“公立山西中学堂”。1942年，又改为“三忠小学”。20世纪50年代，会馆建筑被拆除。现为上斜街小学。

下斜街1号的山西会馆，又称“云山别墅”，清嘉庆年间设立。清光绪十八年（1892），会馆加修后改为“祀神议会公所”，并规定“其京外文武各官，引见当差及文武乡、会试公车概不准住居”。1912年，会馆外面曾设过刑场。1923以后成为山西籍革命志士的联络、聚会、活动之场所。解放后，会馆改为山西省政府驻京办事处，后翻建。1992年更名为“三晋宾馆”。

东城区锦绣巷的山西会馆建于清代。旧址称作鞭子巷。清《光绪顺天府志》载：“鞭子巷四条胡同，有山西会馆。”现因地区改造，会馆建筑已拆除。

东晓市街的山西会馆亦是清代设立。旧址称作估衣市。清《光绪顺天府志》载：“估衣市，亦称南小市，有慈溪，山西会馆，旧有兰溪会馆，今废。”因无具体地址，会馆现状不详。

山右会馆

山右是山西的代称，因在太行山之右而得名。民国以前，以“山右会馆”命名的同乡试馆在北京约有两处。据清《光绪顺天府志》记载，两处会馆在清代地址均为铁香炉。一处在今磁器口附近，更名为香乐胡同，另一处在今天的铁香胡同。因无具体地址，两会馆现状不详。

太平会馆

太平会馆是山西平阳府在京设立的同乡试馆，因府治在太平，所以通常称作太平会馆。太平位于山西省西南部，后魏置泰平县，北周改为太平，明清为平阳府治，1912年废府还县，1914年改称汾城，今属临汾市。民国以前，试馆性质的太平会馆在京约有四处，分别位于西城区的红土店南里6号楼址、百顺胡同巷内、菜市口胡同46号和庄胜城小区域内。

红土店南里6号楼位置的太平会馆建于清乾隆年间，民国时更名“汾城会馆”，旧址为晋太高庙10号。该处原为义园，后山西太平人在此修建会馆，馆内有财神祠一座，中奉关帝君。因祠建在高坡上，故又称“晋太高庙会馆”。所在地区亦以此馆命名，称作“晋太高庙胡同”，解放后改称“晋太胡同”。随着山西在京会馆数量的增加，该处会馆后来主要用作义馆。也有专著（如：《北京会馆资料集成》）将其定为商业会馆。20世纪五六十年代地区改造，会馆及所在晋太胡同被拆除。

百顺胡同的太平会馆，又称“晋太平会馆”。清乾隆十四年（1749）创建。据清乾隆三十年（1765）《山西平阳府太平县总阁邑士商创建并增修会馆碑记》所载，会馆“谋之十年，始克够于百顺胡同巷内。庀材鸠工，筑垣建舍，门庭轮奂，堂宇宏深。至者如归，观者爽目。建额而题之，曰晋太平馆。”清《光绪顺天府志》又载：“百顺胡同，旧有太平、晋太会馆，今废。”

西城区菜市口胡同46号的太平会馆，又称“太平试馆”，清代设立。清末登记的地址为丞相胡同48号，民国时为丞相胡同50号。民国时更名为“汾城会馆”。馆内原有清光绪十四年（1888）石雕“太平试馆”门额，现存于首都博物馆。2000年地区改造，会馆建筑被拆除。

庄胜城小区域内的太平会馆建于清代，旧址为顺德馆夹道8号。会馆建筑已拆除。

太原会馆

太原地处山西省中部，战国置郡，隋升并州，唐改太原府，今为山西省省会。民国以前，太原府在京创建的同乡试馆约有两处。一处在西城区储库营15号，清顺治年间设立。清时地址为皮库营4号，民国时改为储库营4号。会馆坐北朝南，为四进四合院落，原有房117间。分东西两路，东路为旅居京师的乡友居住，西路为乡贤祠。清初著名汉学家阎若璩曾居住在该馆的西路院中。清光绪年间，后人将阎的故居改建成敬贤堂，内祀阎的画像，并列雍正皇帝御制挽诗、祭文和名人诗碣，会馆因此名于京师。解放后，会馆被改建成民居。现被列为西城文物暂保单位，基本格局尚存。

另外一处在西城区广安门内大街352号，又称“西晋会馆”，为太原会馆之附馆，清初设立。清《光绪顺天府志》载：“广宁门大街（今称广安门大街），俗称彰义门大街，有洪洞、西晋、河东、贵西、扬州诸会馆。扬馆今在菜市口，离慈仁几二里。按：扬馆旧为江甘仪馆。”清和民国时登记的地址为广安门大街331号。馆内原有关帝庙一座，两层殿，奉祀观世音和18罗汉。20世纪90年代地区拆迁改造，会馆建筑被拆除。

闻喜会馆

闻喜地处山西省西南部，秦代置县，汉改称闻喜，今属运城市。闻喜会馆位于西城区宣武门外东河沿街，由清代同邑京官募资购置。清时地址为赶驴市23号，民国时为赶驴市22号。会馆曾于清道光十九年（1839）重修。“戊戌六君子”之一的杨深秀曾暂居馆内。杨深秀（1849—1898），字漪村或仪村，号萶萶子，山西闻喜人。清光绪十五年（1889）己丑科进士。授刑部主事，累迁郎中，后授山东道监察御史。光绪二十四年（1898）3月，与宋伯鲁等在北京成立关学会，又列名保国会。6月上疏请定国是，弹劾礼部尚书总理各国事务衙门大臣许应騤阻挠新政事。维新派湖南巡抚陈宝箴被人胁制时，他上疏辩护。戊戌政变中，不避艰危，援引古义，请慈禧撤帘归政。八月初九（9月24日）在该馆的南跨院被捕，后遇害。

会馆原为二进三合院，20世纪90年代地区拆迁改造时被拆除。

襄陵会馆

襄陵位于山西省南部，西汉置县，新朝改称干昌，东汉复之，后间有更迭，明清属平阳府。1954年，与汾城合并为襄汾县。1959年，襄汾县裁撤，襄陵划入临汾县。1969年，复设襄汾县，襄陵属之。民国以前，试馆性质的“襄陵会馆”在京约有三处。一处在西城区铁树斜街96号，清代设立。铁树斜街旧称李铁锅斜街或李铁拐斜街。清《宸垣识略》载：“西城会馆之著者，李铁锅斜街曰襄陵、三原、延定、肇庆。”会馆现为民居，建筑多有破损。

再有一处位于西城区潘家胡同9号，始建于清代。旧址为潘家河沿5号。因地区改造，会馆的大部分建筑已拆除，其余为民居。

最后，还有一处清代兴建的襄陵会馆，旧址为南下洼子巷内，今址不详。此馆仅见于学术专著记载，尚有待考证。

忻定南馆

忻定南馆是忻州及下辖定襄县联合创建的同乡试馆。忻州位于山西省中部偏北，东汉置新兴郡，唐改忻州，清升直隶州，民国初废，1949年设忻县专区，今为地级市。定襄在西汉时称阳曲县，东汉更名定襄，金起属忻州管辖。忻定南馆又称“忻定试馆”，位于东城区苏州胡同53号北京市地下铁道建设公司楼座域内，清代兴建，原有房24.5间。民国时登记的地址为崇内苏州胡同26号。因地区改造，会馆现已拆除。

阳平会馆

阳平会馆又称“平阳会馆”，位于东城区小江胡同32—38号，是山西平阳府在京创建的同乡试馆。平阳位于山西省西南部，在古代属冀州地，战国时为韩都城，三国魏置平阳郡，唐置平阳府，明清时统领35州县，包括今临汾、运城及吕梁市石楼县、晋中市灵石县等地。阳平会馆的历史最早可追溯到明代。清乾隆年间曾改建。清嘉庆七年（1802），平阳府及周边20余县商人联合出资再次对会馆进行修缮，完工后的会馆由三进四合式院落和戏楼组成，颇具特色。其中的戏楼更是北京现存规模较大、保存比较完整的清代风格民间戏楼中的佳作。戏楼内高悬巨匾数块，现仅存墨地金字木匾两方，其中一方为明末清初书法家王铎题写的“醒世铎”。

“文化大革命”期间，会馆的戏楼曾被同仁堂制药厂占做药材仓库。1984年5月，北京市政府将其列为市级文物保护单位。2002年，会馆进行了修缮。现为刘老根儿大舞台的演出场所。

翼城会馆

翼城地处山西省南部，北魏置县，隋改翼城，今属临汾市。翼城会馆位于西城区宣武门外大街125号，清代设立。清《光绪顺天府志》载：“宣武门外大街，俗称顺承门大街。全闽会馆，又有直隶、关中、翼城、天门、歙县、韩城、灵石、咸长、善化、永济、南通州诸会馆。旧有四川、永丰、建昌、抚临诸会馆，今废。” 因地区拆迁改造，会馆建筑现已无存。

永济会馆

永济位于山西省西南部，秦代置县，清改永济。永济会馆创建于清代，今址在西城区宣武门外大街中段路东。清《光绪顺天府志》载：“宣武门外大街，俗称顺承门大街。全闽会馆，又有直隶、关中、翼城、天门、歙县、韩城、灵石、咸长、善化、永济、南通州诸会馆。旧有四川、永丰、建昌、抚临诸会馆，今废。”因地区拆迁改造，会馆建筑现已无存。

盂县会馆

盂县地处山西省东部，邻接河北，隋代置县，后改为盂县，今属阳泉市。盂县会馆位于西城区椿树上三条19号，清代设立。民国时登记的地址为椿树上二条17号。会馆坐北朝南，为二进四合院，每院有正房五间、厢房各三间，另有倒座房五间。20世纪90年代，馆舍建筑被拆除，现已建成椿树园小区。

泽州会馆

泽州今称晋城，位于山西省东南端，春秋属晋国，东晋置建兴郡，北魏升建州，隋改称泽州，后间有更迭，清为泽州府。泽州会馆是泽州府及下辖沁水、高平、阳城、陵川、凤台五县联合创建的同乡试馆，在京约有两处，分别位于东城区的东花市大街中段路北和晨光街10号红霞公寓西部。两馆均于清道光年间设立。东花市大街的为外馆，又称“泽州试馆”，民国时地址为崇外中四条25号。另一处为内馆，民国时地址为南夹道康家胡同6号。因地区改建，两处会馆均已无存。

赵城会馆

赵城位于山西省南部，隋代置县，明清属平阳府。1954年，与洪洞县合并。赵城会馆在今东城区刷子市胡同，清乾隆年间设立。清《光绪顺天府志》载：“柴竹林，俗称担子市，旧有赵城、盂县会馆，今废。”文中认为会馆在清末时已经废弃，但实际上至民国期间尚存，只是因战乱留宿的乡旅寥寥。民国时登记的地址为刷子市胡同31号。因无具体地址，会馆现状不详。

朝邑会馆

朝邑地处陕西省东部，后魏置县，西魏改称“朝邑”，1958年并入大荔，今属渭南市。民国以前，朝邑在北京设立的同乡试馆有两处。一处位于西城区椿树街道前孙公园胡同9号，清代设立。清和民国时的地址为前孙公园5号。会馆坐北朝南，为二进四合院，占地面积约500平方米。蛮子大门，北房三间带耳房，后院北房五间。过道墙上嵌刻石五方。现作民居使用，建筑多有破损。

另外一处朝邑会馆在西城区臧家桥胡同1号，清乾隆五十五年（1790）创建。臧家桥胡同旧称章家桥。清《宸垣识略》载：“西城会馆之著者，章家桥曰渭南、朝邑。”会馆建筑已经被拆除，现为“密闭式垃圾楼”。

大荔会馆

大荔县地处陕西关中平原东部，秦代置县，晋改大荔，今属渭南市。大荔会馆位于西城区铁鸟胡同20号，清乾隆年间设立。铁鸟胡同旧称铁老鹳庙。清《光绪顺天府志》载：“铁老鹳庙，庙祀关帝，鸱吻上安铁鹳，随风旋转以驱鸟雀，故名，有大荔、蒲城会馆。”清末登记的地址为铁老鹳庙10号，民国时为铁老鹳庙15号。会馆坐东朝西，前后两个院子，有房43间，占地面积约500平方米。现为民居，建筑多有破损。

凤翔会馆

凤翔位于陕西省中部偏北，秦代置县，唐改凤翔，后升府置，今属宝鸡市。凤翔会馆是凤翔府及下属凤翔、岐山、扶风、郿县、麟游、汧阳、宝鸡及陇州八地联合创建的同乡试馆。民国以前，北京有两处凤翔会馆。一处位于西城区北极巷，又称“凤翔八邑馆”，清代设立。北极巷旧称北极庵。清《光绪顺天府志》载：“北极庵，庵祀元帝、有万历间朱之蕃碑，有凤翔会馆。”清和民国时地址为北极庵4号。会馆在2003年被拆除，今建成“庄胜城”小区。

另外一处凤翔会馆在西城区前青厂胡同15号，又称“凤翔前馆”。清《光绪顺天府志》载：“前、后清厂，清或作青。前清厂，井一。有武阳、四川、广西、凤翔、汉中、榆林诸会馆。旧有顺德会馆，今废。”民国时地址为前青厂3号。会馆坐北朝南，占地面积约120平方米。西部为一个四合院，东部有一跨院。2003年地区拆迁改造时被拆除。

富平会馆

富平地处陕西省中部，三国魏置县，今属渭南市。民国以前，富平在北京创建的同乡试馆约有两处，一处位于西城区南新华街58号，称作“富平老馆”，明天启年间设立。旧址为小沙土园7号。 坐东朝西，有两个院子，早年间已经废弃。20世纪80年代，该地区因建商业楼被拆除。

另外一处在今西城区南新华街103号，又称“富平西馆”，明代设立。清时该地区名玉皇庙。清《光绪顺天府志》载：“玉皇庙，井一。有富平东、西二会馆。”西馆在清末登记的地址为玉皇庙5号，民国时为南新华街14号。2003地区拆迁改造，会馆建筑被拆除。

此外还有一处富平东馆为民国九年（1920）兴建，因不在本书收录范围，不多做论述。

关中会馆

关中一般指秦岭以北，黄龙山、桥山以南，潼关以西，宝鸡市以东的渭河流域地区。西有散关（大散关），东有函谷关，南有武关，北有萧关，取意四关之中（后增东方的潼关和北方的金锁两座）。关中地区不仅是中华民族的发祥地之一，更是中国古代黄河文化的中心。陕西的省级会馆通常以“关中”命名。民国以前，试馆性质的“关中会馆”在京约有四处，分别位于西城区的宣武门外大街167号，保安寺街7号，南新华街6号和上斜街91、93号。

宣武门外大街167号的关中会馆又称“关中北馆”，清中前期设立。清《光绪顺天府志》载：“宣武门外大街，俗称顺承门大街。全闽会馆，又有直隶、关中、翼城、天门、歙县、韩城、灵石、咸长、善化、永济、南通州诸会馆。旧有四川、永丰、建昌、抚临诸会馆，今废。”民国时登记的地址为宣武门外大街79号。会馆坐西朝东，占地面积约700平方米。为两座并列二进四合院。2000年地区改造，原馆舍建筑被拆除。

保安寺街7号的关中会馆又称“关中南馆”，明代兴建，初为商馆，清乾隆二十七年（1762）改为试馆。清光绪三十四年（1908），会馆曾改为公立陕甘中学堂，不久停办。民国时登记的地址为保安寺街4号。会馆坐北朝南，占地面积约800平方米。共三进院落，一进为四合房，后两进为三合房，前后院北房均为面阔三间的楼房。现为民居，建筑保存较好。

最后两处关中会馆分别是南新华街6号的关中东馆和上斜街91、93号的关中西馆。东馆旧址为南新华街67号，西馆旧址为上斜街36、37号。两处会馆亦是清代设立，因仅见于学术专著记载，尚有待考证。

韩城会馆

韩城地处陕西省东部，秦代置县，隋改韩城，今属渭南市。民国以前，试馆性质的韩城会馆在京约有两处，分别是西城区宣武门外大街8号庄胜崇光商场南座的韩城北馆和邻近北馆南边的韩城南馆。清《光绪顺天府志》载：“宣武门外大街，俗称顺承门大街。全闽会馆，又有直隶、关中、翼城、天门、歙县、韩城、灵石、咸长、善化、永济、南通州诸会馆。旧有四川、永丰、建昌、抚临诸会馆，今废。”

北馆原为韩城京官张廷枢的私宅，清乾隆三年（1738）改为试馆。张廷枢（？—1728），字景峰，陕西韩城人。清康熙六年（1667）丁未科进士。民国间，会馆登记的地址为宣武门大街214号。

南馆始于清嘉庆十年（1805），由京官王杰的私宅改建而成。王杰（1725—1805），字伟人，号惺园，一号畏堂，陕西韩城人。清乾隆二十六年（1761）辛巳恩科一甲进士第一。历任工、刑、礼、吏四部侍郎和兵部尚书。官至东阁大学士。所有清代的状元宰相中，立朝最久，建树最高，又能甘守清贫，忠贞守节的，唯王杰一人，故被称为"真状元宰相"。卒谥文端。南馆坐东朝西，为二进四合院。占地面积约500平方米。有正房三间、南北房各三间、西房六间加大门一间，规模略大于北馆。原为《新北平》报馆旧址。

民国时登记的地址为宣武门外大街210号。馆中供有司马迁、王杰等韩城籍历代名人的画像。

20世纪90年代地区拆迁改造，两处会馆均被拆除。

汉中会馆

汉中地处陕西省西南，秦代置郡，因汉江而得名。魏晋南北朝时称梁州，明改汉中府，属陕西布政使司，今为陕西省地级市。民国以前，汉中地区在京创建的同乡试馆约有四处。一处在西城区前青厂胡同，清中前期设立。清《宸垣识略》载："西城会馆之著者，青厂曰广西、凤翔、汉中。"清《光绪顺天府志》亦载："前、后清厂，清或作青。前清厂，井一。有武阳、四川、广西、凤翔、汉中、榆林诸会馆。旧有顺德会馆，今废。"会馆现已无存。

第二处汉中会馆位于西城区前青厂胡同55号，清嘉庆年间设立。因汉中府治在南郑县，故该馆又称"南郑会馆"。会馆坐北朝南，有两个院子。20世纪90年代地区拆迁改造时被拆除。

第三处汉中会馆在今西城区烂缦胡同64号，又称"汉中十二邑会馆"，清光绪二十六年（1900）设立。因是汉中府下辖的宁羌州联合其他11县共同创建，所以也称"宁羌会馆"。清末登记的地址为烂缦胡同65号，民国时为烂缦胡同79号。2000年，出土一方清乾隆五十一年（1786）立汉中会馆碑记刻石，其中记录了汉中会馆的兴建时间、规模、众人捐资情况等。刻石为横式，青石质。高0.48米，宽0.89米，厚0.12米。现存于北京石刻艺术博物馆。2003年地区改造，会馆被拆除。

最后一处汉中会馆位于西城区烂缦胡同108号，旧址为烂缦胡同51号，清道光年间设立。早年已经废弃。

郃阳会馆

郃阳今称“合阳”，位于陕西省中部偏东，战国魏置县，今属渭南市。郃阳会馆今址在西城区椿树园小区域内，清乾隆年间设立。清《宸垣识略》载：“西城会馆之著者，椿树二条胡同曰永春、郃阳。”清和民国时登记的地址为椿树上二条14号。会馆坐北朝南，为三进四合院，占地面积约170平方米。有正房三间、东西厢房各三间、倒座三间含大门。20世纪90年代地区拆迁改造，馆舍建筑被拆除。

华州会馆

华州位于陕西省东部，秦代置县，元改华州，今称“华县”，属渭南市。华州会馆今址在西城区南柳巷20号，属府馆，相传建于明天启年间，是北京最古老的会馆之一。清康熙时移至宣武门外南柳巷。清《光绪顺天府志》有载：“南柳巷，有建宁、晋江、华州诸会馆。旧有江震会馆，今废。”民国时登记的地址为南柳巷64号。原馆坐东朝西，占地颇大，共有六座院落，分别以《千字文》排列，称天院、地院、玄院、黄院、宇院、宙院，时称一奇。馆内设敬贤堂、乡贤祠，悬有各种题匾50多块，建国后多废弃。今国家图书馆存有清康熙四十八年（1709）刘肃撰并书、陈恪和的《华州会馆唱和诗碑》拓片，原碑不知所终。现今，会馆作民居使用，为二进院落，占地面积约500平方米，建筑改动颇多。

泾阳会馆

泾阳位于陕西省中部，汉代置县，今属咸阳市。民国以前，试馆性质的泾阳会馆在北京约有三处。一处在西城区樱桃斜街97号，又称“泾阳老馆”。明天启年间，由乡人许国翰创设。许国翰（生卒年不详），号柱宇，陕西泾阳县人，明天启二年（1622）壬戌科进士，官至山西提刑按察使。会馆坐北朝南，占地面积约160平方米。有北房三间、东西厢房各二间、倒座房三间，另外北部还有两个小院子。现作民居使用，建筑多有破损。

再有一处泾阳会馆位于今西城区大外廊营胡同8号，清雍正年间设立。清《宸垣识略》载：“西城会馆之著者，外郎营曰潮州、泾阳。”清《光绪顺天府志》亦载："大、小外廊营，井各一。有潮州、琼州会馆，旧有泾阳、凉州会馆，今废。"

最后一处泾阳会馆位于西城区校场五条50号，又称"泾阳西馆"或"泾阳新馆"，清乾隆年间设立。会馆原为京官郭茂泰的故宅。清《光绪顺天府志》载："教场五条胡同，井二。有仙游、蒲城、泾阳、温州诸会馆。"会馆坐东朝西，有四进院落。现为民居，建筑改动颇多。

蒲城会馆

蒲城位于陕西省渭河平原东北部，秦代置县，西魏改蒲城，今属渭南市。民国以前，试馆性质的蒲城会馆在北京约有三处。一处在西城区虎坊路北口路东，又称"蒲城老馆"，明天启年间创设。清《京师坊巷志稿》载："东砖胡同，旧有蒲城会馆，今废。"

再有一处蒲城会馆位于西城区铁鸟胡同30号，清康熙十年（1671）设立。清时地址为铁老鹳庙8号。清《宸垣识略》载："西城会馆之著者，铁老鹳庙曰大荔、蒲城。"清《光绪顺天府志》亦载："铁老鹳庙，庙祀关帝，鸱吻上安铁鹳，随风旋转以驱鸟雀，故名，有大荔、蒲城会馆。"会馆坐北朝南，有五进院落，占地面积约200平方米。现为民居，建筑多有破损。

最后一处位于西城区广内街道校场五条20号，又称"蒲城新馆"，清咸丰十一年（1862）设立。清《光绪顺天府志》载："教场五条胡同，井二。有仙游、蒲城、泾阳、温州诸会馆。"清末登记的地址为教场五条36号，民国时为校场五条39号。会馆现为北京市宏业工商联合总公司办公地点。

三原会馆

三原地处陕西省中部，北魏置县，今属咸阳市。民国以前，试馆性质的三原会馆在京约有五处。分别位于西城区的南新华街86号、珠市口西大街249号、校场头条1号、潘家胡同17号和五道街50号。

南新华街86号的是三原老馆，清初设立。旧址为南新华街55号。早年间废弃。

珠市口西大街249号的三原会馆始建于清中前期，清时的地址为骡马市大街，民国为虎坊桥大街。清《光绪顺天府志》载："骡马市大街，即南大街。……有直隶、三晋、中州诸会馆。东有桥、曰虎坊桥，明房遗址也。……有福州、湖广、宜昌、三原、襄陵、曲沃、杭州诸会馆。"今骡马市大街和珠市口西大街的西段（民国时期称虎坊桥大街）在清代统称为骡马市大街。1965年，西珠市口、西柳树井和虎坊桥大街合并，统称珠市口西大街。因地区改造，会馆现已无存。

校场头条1号的是三原西馆，也称"三原新馆"，创建于清乾隆年间。清末登记的地址为教场头条2号。会馆坐西朝东，为二进四合院落，有北房五间，东西厢房各三间，南房五间，占地面积约140平方米。现为民居。存有清乾隆四十六年（1781）《三原新馆碑记》。

潘家胡同17号的三原会馆又称"三原南馆"，清代设立。旧址为潘家河沿10号。原会馆坐西朝东。占地面积约600平方米。院内建筑分南、北两路。南路有西房六间、东房六间、南厢房二间，北路有西房三间、北厢房二间。因地区改造，馆舍建筑现已拆除。

最后是五道街50号的三原会馆，亦为清代设立。五道街旧称五道庙。清《光绪顺天府志》载："五道庙，井一。自观音寺前分樱桃、李铁拐二斜街，后并于五道庙，有三原、襄陵会馆。"民国时登记的地址为五道庙18号。会馆于2004年被拆除。

商山会馆

商山会馆又称"商州会馆"，是商州（今称商洛）、雒南（今称洛南）、商南、镇安、山阳五邑在京创建的同乡试馆。商州位于陕西省东南部，汉代置县，北周升商州，明初降为县，后复之，现为地级市。其余四邑今均为商洛市下辖县。会馆以商州境内的商山命名，今址在西城区老墙根街41号。清光绪二十三年（1897），由乡贤晏海澄募资兴建。清末和民国时登记的地址为老墙根8号。会馆坐北朝南，占地面积约500平方米。金柱大门一间，倒座房西三间、东一间。门内为两进四合院。第一进有正房五间带前廊、东西厢房各三间。第二进有正房五间、东西厢房各三间。现为民居，建筑多有破损。

渭南会馆

渭南地处陕西省中部，秦代置县，今为陕西省地级市。民国以前，试馆性质的渭南会馆在京约有五处。分别位于西城区的潘家胡同、前孙公园胡同6号、琉璃巷4号、前门西河沿188号和臧家桥胡同15号。

潘家胡同的渭南会馆创建于清康熙年间，又称“渭南老馆”。旧址为潘家河沿。清《光绪顺天府志》载：“潘家河沿，有怀庆、吉安、黄陂、余姚诸会馆。旧有江南、江西、齐鲁、渭南会馆。”

前孙公园胡同6号的渭南会馆亦为清康熙年间设立。前孙公园胡同原称章家桥。清《光绪顺天府志》载：“章家桥，有渭南、朝邑会馆。”现今，会馆北面临街房屋出租给东方琴行，其余部分仍为民居。

琉璃巷4号的渭南会馆建于清中晚期，旧址为八角琉璃井9号。会馆坐南朝北，为三进四合院，占地面积约600平方米。现为民居。

其余前门西河沿188号和臧家桥胡同15号的渭南会馆亦为清中晚期设立。前者旧址为前门西河沿街201号，在地区改造时已拆除。后者旧址为臧家桥6号，现为民居。

咸长会馆

咸长是咸阳和长安两县的合称。咸阳位于山西省渭河平原中部，秦代置县，今为地级市。长安位于渭河平原南缘，汉代置县，今并入西安市。民国以前，试馆性质的咸长会馆在京约有两处。一处在今西城区宣武门外大街97号。清嘉庆年间，由同乡京官王吉相捐私宅而建。清《光绪顺天府志》载：“宣武门外大街，俗称顺承门大街。全闽会馆，又有直隶、关中、翼城、天门、歙县、韩城、灵石、咸长、善化、永济、南通州诸会馆。旧有四川、永丰、建昌、抚临诸会馆，今废。”清末登记的地址为宣武门外大街45号。会馆坐西朝东，为二进四合院，占地面积约200平方米。有西房五间、东房三间、南北厢房各三间、倒座房四间含大门，南部还有两个小跨院。2000年地区改造时建筑被拆除。

另外一处位于西城区校场五条27号，又称“咸长西馆”或“长安会馆”，清代设立。民国时登记的地址为校场五条22号。会馆现为民居，建筑多有破损。

延安会馆

延安地处陕西省北部，秦代置县，唐代称延安，今为地级市。民国以前，试馆性质的延安会馆在京有两处。一处位于西城区四川营胡同7号，明代设立，清光绪年间曾大修。清《光绪顺天府志》载："四川营，井一。有延安、四川诸会馆。"民国时地址为四川营5号。会馆坐西朝东，占地面积约300平方米。门改北向，四合院布局，原有正房五间，南北厢房各三间。2003年地区拆迁改造，会馆建筑被拆除，原址建成中国联通（集团）公司北京分公司。

另外一处延安会馆在今西城区骡马市大街东段，清代设立。旧址为骡马市大街5号。早已无存。

延定会馆

延定是古代延绥军镇和定边两地的合称。延绥军镇东起清水营（府谷县北）黄河岸，经神木、榆林、横山、靖边、定边诸县，西达花马池（今宁夏盐池县东境）界，长1200余里。定边位于陕西省西北部，宋置定边军，明为定边营，清改定边县，今属榆林市。延定会馆位于西城区铁树斜街100号，明中晚期设立。该馆既是来京应试举子的落脚地，也是军镇人员到京公干的寓所。会馆现为民居，建筑多有破损。

榆林会馆

榆林地处陕西省北部，汉为龟兹县，隋为德靖，明置榆林寨、榆林卫，清初改榆林县，后升为府，今为地级市。民国以前，试馆性质的榆林会馆在北京约有两处。一处位于西城区前青厂胡同56号，清康熙年间设立。清《光绪顺天府志》载："前、后清厂，清或作青。前清厂，井一。有武阳、四川、广西、凤翔、汉中、榆林诸会馆。旧有顺德会馆，今废。"民国时地址为前青厂24号。会馆坐西朝东，二个院落，占地面积约160平方米。馆里过去居住的大多为米脂文人，有"榆林会馆米脂人"之说。20世纪90年代地区改造，馆舍建筑被拆除。

另一处榆林会馆在今西城区庄胜城内，清同治年间设立。民国时登记的地址为后青厂胡同路西。原有建筑已经无存。

云间会馆

云间为松江的别称。松江位于上海市西南部，秦属会稽郡，唐置华亭县，元改松江府，1914年废府改县，1958年由江苏省划归上海市。民国之前，试馆性质的云间会馆在京约有五处，分别位于东城区的大江胡同112号和西城区的延寿街7号左近、菜市口大街中段、大外廊营胡同18号左近、梁家园北胡同7号。

大江胡同112号的云间会馆建于清中前期，旧址为大蒋家胡同126号。清《宸垣识略》有载："东城会馆之著者，大蒋家胡同曰贵州、旌德、云间、吉安。"会馆坐南向北，共五进院，现仅存两进。前院正房三间，后院正房五间，厢房各三间。其建筑形制比较完整，2009年重修，现为台湾会馆用房一部分。

延寿街7号左近的云间会馆，清代兴建。原址为延寿寺街。据《京师坊巷志稿》中关于"延寿寺街"的记载："徐芗坡，字蘅林，青浦人，贡生、中岁入京，寓延寿寺街之云间会馆。"说明清中期会馆已经存在。现因地区改造，馆舍建筑已被拆除。

菜市口大街中段的云间会馆为清代设立。据《北京会馆档案史料》中1950年11月21日《调查江苏云间会馆报告》所载，会馆当时的地址是官菜园上街12号，有房20间，义园1处，有地2亩1分。现今，原址已经拆迁改造。

大外廊营胡同18号左近的云间会馆旧址为大外廊营25号，清代兴建。该地区现为民居。此会馆仅见于学术专著记载，尚有待考证。

最后是梁家园北胡同7号的云间会馆，又称"云间惜字馆义学"，清乾隆三十九年（1774）创建。旧址为梁家园后身5、6、7号。1916年改为初等小学堂，此后一直作为各类小学校址。现为北京市审计干部学校。

成都会馆

成都位于四川省中部，战国秦置县，宋改成都府。民国以前，成都在京创建的同乡试馆有两处。一处在西城区珠朝街7号、9号，又称"成都郡馆"，明朝末年兴建。清和民国时登记的地址为珠巢街3号。解放后，改建成橡胶六厂幼儿园，后迁出。会馆坐西朝东，占地面积约700平方米，为并列的两路二进四合院。7号院有西房三间、后房五间；9号院有西房五间，后房十间。馆舍建筑于2006年拆除。

另外一处在今西城区菜市口大街中段，又称"成都邑馆"，清代设立。民国时登记的地址为官菜园上街28号。菜市口大街拓宽改造时被拆。

川东会馆

川东为四川盆地东部或四川省东部地区的简称，大体是指现在的重庆市和川东北地区。民国之前，以“川东会馆”命名的同乡试馆在京约有两处，均为清代设立。其中一处在西城区棉花头条。清《光绪顺天府志》载：“棉花头条胡同，旧有协中、川东会馆。”另外一处在西城区官菜园上街8号。清末登记的地址为官菜园上街25号，民国时为珠巢街12号。会馆坐东朝西，为一进四合院。因地区改造，两处会馆均已拆除。

川南会馆

川南泛指四川省南部，清代为叙州府及所领泸州、资州、永宁州及下辖各县等地。今包括宜宾、自贡、内江、泸州、乐山几个城市。川南会馆又称“四川会馆”，位于西城区宣武门外大街30号，清代设立。民国时登记的地址为宣武门外大街190号。会馆建筑已经拆除，现为富卓地产楼群所在。

川西会馆

川西指四川省西部，清代包括成都及以西的阿坝、雅安、甘孜、凉山等地区。川西会馆又称“川西新馆”或“蜀中先贤祠”，位于西城区校场三条27号，清代设立。清《光绪顺天府志》载：“（教场）上、下三条胡同，有川西、广西会馆。”民国登记的地址为校场三条18号。会馆坐北朝南，为三进四合院，西部有三个小院。现为民居，建筑破损严重。

夔州会馆

夔州地处四川盆地东部，秦代置县，唐建夔州府，今属重庆市。夔州会馆位于西城区山西街3号，又称“夔府会馆”。清同治十二年（1873)，由奉节、云阳、万县、巫山、开县、巫溪六县联合创建。清和民国时登记的地址为山西街2号。会馆坐西朝东，为四进四合院。现为民居，建筑多有破损。

龙绵会馆

龙绵是四川省北部龙安、绵州两地的合称。龙安今称“安县”，唐置龙安县，后升龙门州，元废入安州，明升龙安府。绵州今称“绵阳”，汉代置县，隋改绵州，清升直隶州。龙绵会馆位于西城区粉房琉璃街29号，清乾隆年间设立。清时地址为粉房琉璃街10号，民国时为粉房琉璃街11号。清朝官员李鼎元和李骥元两兄弟旅京期间曾在该馆居住。李鼎元（1750—1805），字味堂，一字和叔，号墨庄，四川绵州人。清乾隆四十三年(1778)戊戌科进士，改庶吉士，授翰林院检讨。李骥元（1745—1799），字凫塘，号云栈。乾隆四十九年（1784）甲辰科进士，改翰林院庶吉士，散馆，授编修。著有《云栈诗稿》。会馆坐西朝东，为并排两个二进四合院。因地区改造，现已拆除。

泸州会馆

泸州地处四川省东南，汉代置县，隋改泸州，今为地级市。泸州会馆又称“泸州郡馆”、“泸县会馆”，位于西城区迎新街63号。清光绪初年，由泸县、江安、合江、纳溪四县联合创建。迎新街旧称阎王庙街。清《光绪顺天府志》载：“阎王庙街，俗化延旺。井一。有泸州会馆。迤南曰张相公庙，有云南会馆。旧有寿张会馆，今废。”民国时登记的地址为延旺庙街33号。会馆坐西朝东，为二进四合院。因地区改造，现已拆除。

全蜀会馆

“蜀”为四川省的别称。全蜀会馆是四川省在京建立的省级试馆。今址位于西城区宣武门外大街新8号“庄胜广场”域内。清末登记的地址为永光寺西街2号。清《光绪顺天府志》载：“永光寺西街，有四川、新会、顺德诸会馆。”民国时地址为永光寺西街3号。会馆于20世纪90年代被拆除。

四川会馆

四川省位于我国西南部，长江上游，简称“巴”或“蜀”，分别与贵州、云南、青海、甘肃、陕西、重庆、西藏等地接壤。明清时期，四川在京城建立的省级试馆颇多，其中以“四川会馆”命名的约有八处，分别位于西城区的棉花上七条1号、储库营17号、广安门内大街2号、山西街、陕西巷35号、前青厂胡同巷内、庄胜城和校场小七条13号。

棉花上七条1号的四川会馆又称“四川老馆”，始建于明朝末年，为西城区文物保护单位。相传明末著名女将领秦良玉进京后曾驻兵在此，并建立了石芝庵。后来蜀人将庵改建成了四川会馆。馆内有专为秦良玉设立的祠堂，外门上悬“蜀女界伟人秦少保驻兵遗址”。清光绪三十二年

（1906），四川同乡在此设立公办四川女子学堂，不久停办。清朝末年，戊戌六君子之一的杨锐进京后一直寓居于此。其曾在馆内创办蜀学会，并于光绪二十四年八月初九（1898年9月24日）清晨在馆中被逮捕。时其“当未起床，单衣就缚”。会馆坐北朝南，为二进院落，占地面积约1200平方米。现为民居，其中大部分建筑经过拆改已失原貌。

储库营17号的四川会馆又称“四川西馆”，清雍正年间设立。储库营旧称皮库营。清《光绪顺天府志》载：“皮库营，有太原、四川会馆。”民国时登记的地址为储库营5号。清光绪末年，四川公立中学堂迁至此处，辛亥革命后停办。会馆现为民居。整体建筑坐北朝南，占地面积约300平方米。原大门已改住房。门前有上马石一对。西路第一进院落北房五间。第二进院北房五间、东西厢房各三间。存有清乾隆四十九（1784）《四川会馆重修碑记》，现藏于北京石刻艺术博物馆。

广安门内大街2号的四川会馆也称“四川总馆”，创建于清道光年间。旧址为北半截胡同4号。该馆原只是一普通会馆，清朝末年，由于老馆开设公立四川女子学堂，将省馆务机构迁移至此，而一跃成为总馆。2000年地区拆迁改造，会馆建筑被拆除，原址建成北京移动通讯枢纽大楼。

山西街和陕西巷35号的是四川东馆，清代设立。旧址分别为山西街17号和陕西巷17号。前者在清《光绪顺天府志》中有载：“山西街，有甘肃、四川会馆。”20世纪50年代地区改造，馆舍建筑被拆除。后者现为民居。

前青厂胡同的四川会馆，建于清代。清《光绪顺天府志》载：“前、后清厂，清或作青。前清厂，井一。有武阳、四川、广西、凤翔、汉中、榆林诸会馆。旧有顺德会馆，今废。”会馆建筑现已拆除。

庄胜城内的四川会馆又称“四川中馆”，清代兴建。旧址为后青厂。现已拆除待建。此会馆仅见于学术专著记载，尚有待考证。

最后是校场小七条13号的四川新馆，清末设立。旧址为东小横胡同。会馆现为民居，建筑多有破损。

潼川会馆

潼川今称“三台”，位于四川省东部，汉代置县，宋改称潼川府，今属绵阳市。潼川会馆位于西城区北半截胡同20号。清同治十年（1871），由潼川府下辖中江县人李鸿裔捐建。清《光绪顺天府志》载：“南、北半截胡同，巷东隶北城，西隶西城，南胡同井一。有江宁、黟县、山会诸会馆。西小胡同曰七间楼。北有吴兴、潼川两会馆。”清末登记的地址为北半截胡同26号，民国时为北半截胡同43号。2000年地区拆迁改造，会馆建筑被拆除。

叙府会馆

叙府又称“叙州”，位于四川省东南，汉代置县，宋改称“宜宾”，明升叙州府，1913年恢复宜宾县，今为宜宾市。民国以前，试馆性质的叙府会馆在北京有两处。一处位于西城区后铁厂胡同8号，又称“叙州会馆”，由宜宾、富顺、隆昌三县乡贤于清末兴建。清时地址为后铁厂6号，民国时为后铁厂7号。会馆坐南朝北，为二进四合院，占地面积约600平方米。前院有大厅三间、东西房各三间；后院有南房五间、东西房各六间。是中共建党初期赵世炎、孙炳文等许多优秀党员从事秘密活动的地方。2004年地区拆迁改造，会馆建筑被拆除。

另外一处叙府会馆在今西城区魏染胡同29号，清代设立。旧址为魏染胡同12号。会馆现为民居，建筑格局破损严重。

重庆会馆

重庆位于四川盆地东南部，古称渝州，北宋改为恭州。南宋淳熙十六年（1189）正月，孝宗之子赵惇先封恭王，二月继帝位为光宗皇帝，称为“双重喜庆”，遂升恭州为重庆府，自此定名。重庆在京城创建的同乡试馆约有三处，均为清代设立。一处在西城区菜市口大街，旧址为丞相胡同巷内。会馆现已无存。

再有一处在今西城区永光寺中街。清《光绪顺天府志》载：“永光寺中街，有重庆会馆。”20世纪90年代地区拆迁改造，会馆建筑被拆除。

最后一处重庆会馆位于西城区米市胡同94号。清《光绪顺天府志》载：“米市胡同，井二。东有关帝庙，详寺观。有中州、江阴、光州、六安、重庆、南海诸会馆。”清末登记的地址为米市胡同57号，民国时为66号。会馆坐东朝西，为三进四合院，有正房三间、后房三间。现为民居，建筑多有破损。

台湾会馆

台湾位于我国东南海域，是我国的第一大岛，古有“岛夷”、“瀛洲”、“夷州”、“流求”之称。南宋时属福建路，元、明时归澎湖巡检司管辖，明万历朝始称“台湾”。明天启四年（1624）起，被荷兰和西班牙殖民者占领。至清顺治十八年（1661），由民族英雄郑成功率众收复。清康熙二十三年（1684）置台湾府，属福建省。清光绪十一年（1885）设立台湾省。清康熙二十四年（1685）开始，陆续有台湾举人到北京参加会试。因当时并未设立专门的台湾会馆，故来京者多居于闽、粤各地会馆，如福州会馆、泉郡会馆、晋江会馆、汀州会馆、蕉岭会馆等。

台湾在京设立会馆的历史始于清光绪十九年（1893），由台籍进士施士洁在福建同乡会的帮助下，舍宅兴建。地址在前门外后铁厂20号，初称“全台会馆”，初始一切规章制度、钱税房租等委托福建会馆代管。后因馆舍太小，不敷使用，于光绪二十二年（1896）迁至大江胡同114号（旧址为大蒋家胡同127号）。会馆坐北朝南，两进院落，共计房屋23间，占地面积约540平方米。此后，来京应试的台湾举子多在该处落脚。

戊戌变法期间，会馆在闽学会的影响下，成为维新志士的重要活动场所。光绪二十一年（1895），清廷同日本签订《马关条约》前夕，适逢科举会试考完学子等待发榜，云集京城的各省应考举人群情激愤，纷纷上书反对丧权辱国割让台湾。台湾举人汪春源（1869—1923）、罗秀惠（1865—1943）、黄宗鼎（1864—1954）等人亦加入此行列，由都察院左都御史裕德代转奏呈文“夫以全台之地使之战而陷、全台之民使之战而亡，为皇上赤子，虽肝脑涂地而无所悔”，表达了众人反对割台的决心和勇气。史称“台湾五举子公车上书”或“台湾五人上书”。康有为为此留下了“台人号泣拳检歌，九城谣谍遍网罗”的诗句。如今根据“台湾五人上书”史实创作而成的台湾五人上书群雕像安放在台湾会馆北墙外的东拐角处台湾文化商业街东口，雕塑家凭借精湛的技艺生动地刻画出了五位台湾省籍志士“虽肝脑涂地而无所悔”的愤慨和勇气。

民国期间，台湾会馆出租给了在京商户，租金用做台湾组织及台湾人士在北平的活动经费。解放后，作民居使用。20世纪80年代在原址上对会馆进行了重建。馆内的住户全部迁出。1986年交由北京市台湾同胞联谊会管理。2009年随着前门地区大规模整治活动的推进，台湾会馆再次进行全面修缮，2010年5月7日完工开馆。修缮后的台湾会馆把相邻的云间会馆、福德禅林一并纳入，总建筑面积增加到3880平方米，内部设置了京台交流史展示区、贵宾接待区、多功能会展区、民俗文化体验区等四个功能区，成为两岸文化交流和在京台胞聚会的重要活动场所。

天津会馆

天津在金代称直沽，元设海津镇，明取“天子津渡”之意而定名。民国以前，试馆性质的天津会馆约有两处。一处位于西城区粉房琉璃街89号，又称“天津老馆”，清中前期设立。清《宸垣识略》载：“西城会馆之著者，粉坊街曰延平、廉州、天津。”清《光绪顺天府志》亦载：“粉房琉璃街，有汾水、延平、晋江、廉州、解梁、萍乡、万载、河南、怀宁、新会、天津诸会馆。”因地区改造，会馆现已拆除。

另一处在今东城区珠市口东大街219号，清代设立。旧址为东珠市口。清《光绪顺天府志》载：“东珠市口大街，即南大街，珠或作猪，井三。有天津、南康会馆。”会馆为坐北向南的重楼，中部有天井，四周环绕房舍。1986年拆除重建。2000年被全部拆除。尚存清同治七年（1868）《新建津邑试馆碑记》碑。

理化会馆

理化会馆是云南省大理和蒙化两府在京建立的同乡试馆。大理位于云南省中西部，汉代置县，唐为南诏国，宋为大理国，元置大理路，明改为府。蒙化今称景东，位于大理东南，唐初为蒙舍诏，后改阳瓜州，元称开南州，明升蒙化府，清改景东厅，今属普洱市。理化会馆今址在西城区福州馆街19号，清代设立。福州馆街旧称崇兴街。清《光绪顺天府志》载：“崇兴寺胡同，有福州、福清、濮阳、理化诸会馆，旧有鄞县会馆。”民国时登记的地址为崇兴寺路3号。会馆坐北朝南，前后两进院子，有房20间。现为民居，建筑多有破损。

云南会馆

云南省位于我国西南边陲，分别与四川、贵州、广西、西藏、缅甸、老挝、越南等地接壤。古称滇国，汉属益州，三国分置云南郡，唐为南诏，元复称云南。民国之前，试馆性质的省级云南会馆在京约有九处，分别位于东城区的朝阳门内北小街和西城区的校场头条7号、法源寺前街11号、迎新街67号、珠朝街4号、铁门胡同53号、南新华街49号、门楼巷5号和米市胡同61号。

朝阳门北小街的云南会馆始于明代，又称“云南老馆”。明崇祯年间，鹤庆府李大受在自家私宅中接待滇籍乡人，使其具备了同乡试馆的功能。据清朱一新的《京师坊巷志稿》载："朝阳门北小街，井二。旧有云南会馆，今废。"清初实行满汉分住，云南会馆被迫迁往外城的校场头条。

校场头条7号的云南会馆又称"云南北馆"，清顺治十六年（1659）设立。清乾隆年间，昆明人熊郢宣和建水人蒋文祚对会馆进行了扩建。清时登记的地址为教场头条4号，民国时为校场头条3号。民国期间，会馆改建成云南学生的专用宿舍，并成立云南旅京学会。1932年，音乐家聂耳来京时也住在该馆。会馆坐西朝东，占地面积约500平方米。有金柱大门一间，倒座房北七间、南五间，西房（正房）六间，南北厢房各三间。现为民居，建筑改动颇多。

法源寺前街11号的云南会馆又称"赵公祠"和"云南西馆"，清乾隆二年（1737）兴建。原为纪念明末将领赵撰的祠堂。清昭梿的《啸亭杂录》有载："赵忠愍撰，云南人。明崇祯间仕至监察御史。巡视南城，城陷时为流贼所害于白帽胡同。时党人气盛，公以边远士，未及攀跻清流。故南中祭享及本朝赐谥，皆未之极。乾隆初，公同乡侍御傅某为之表白，始补谥，忠愍，今为云南会馆。"赵公祠建成后，旅京的云南人每年都会在春秋两季举行隆重的公祭。会馆后院西、北、东三面是义地，有赵撰衣冠冢，墓前的神道碑刻有"大清乾隆皇帝赐谥忠愍前明御史赵公讳撰之墓"字样。馆内原有《经理会馆条规序》、《赵撰事迹记》、《请谥赵撰奏》、《赐谥忠愍诗》、《赵撰祠堂记》等碑，其拓片今藏于图书馆。2003年地区拆迁改造，会馆建筑被拆除。另有一附产在今西城区迎新街79号，现为民居。

迎新街67号是"云南南馆"，清中前期设立。清《宸垣识略》载："西城会馆之著者，延旺庙街曰云南。"清《光绪顺天府志》亦载："阎王庙街，俗化延旺。井一。有泸州会馆。迤南曰张相公庙，有云南会馆。旧有寿张会馆，今废。"清朝官员、著名书画家钱沣进士及第后一直住在馆中。钱沣（1740—1795），字东注，号南园，云南昆明人。清乾隆三十六年（1771）辛卯科进士。授检讨，官至御史。会馆坐西朝东，面积约300平方米。正门为蛮子门一间，院内有北房三间、南房三间、东房四间、西房五间。现为民居，建筑多有破损。

珠朝街4号为“云南新馆”，清同治年间设立，目前是西城区文物暂保单位。清时地址为珠巢街21号，民国时为珠巢街24号。在同籍会馆中，该馆的规模最大，知名度最高。清《京师坊巷志稿》载：“珠巢街，有扬州、云南、成都诸会馆。”珠巢街后来改作“珠朝街”。清光绪年间，滇籍人士以此为据点，积极参与康有为、梁启超等人领导的维新变法运动，并在馆内成立了“保滇会”。清光绪三十二年（1906），云南同乡京官吴煦、袁嘉谷等又在馆内创设公立滇籍学堂，宣统三年（1911）改称公立云南两等小学堂。新馆坐东朝西，为三进院落，占地面积较广，约1000平方米。每院正房各三间。另有一跨院，东西房各三间，北房七间。建筑保存较为完整，目前已经腾退，准备进行修缮。

其余几处云南会馆亦为清代设立。其中铁门胡同53号（旧址为铁门胡同23至26号）和米市胡同61号（旧址为米市胡同27号）因地区改造，已经拆除；南新华街49号（旧址为南新华街8号）为门面房，存有房屋72间；门楼巷5号（旧址为门楼胡同3号）现为民居，建筑破损严重。

云澄试馆

云澄试馆又称“云澄会馆”，地址在今北京市东城区北京站右侧，清代设立。会馆原为崇文门内传经院，后由云南昆明人钱沣联合澄江府先达购建成会馆。推测“云澄”二字，应是云南府（即昆明）与澄江府的合称。明洪武十四年（1381），改元中庆路为云南府，府治在昆明。洪武十五年（1382）改澄江路为府，治河阳县（今云南澄江县），属云南省。清袭之，民国二年（1913）废。清《京师坊巷志稿》载：“鲜鱼巷，井一。有云澄试馆。”清光绪二十年（1894），昆明人李坤进京赶考时，便寄住在云澄试馆。李坤（1866—1916），字厚安，一字栎生，号雪道人，昆明人。光绪二十九年（1903）癸卯科进士，授编修。后有多处文献将“云澄试馆”的“澄”字误作“征”或“程”，或许是因“澄”字繁体写作“澂”，又将“澂”与“征”的繁体“徵”混淆，故而认错。

现今，因地区改造，会馆建筑已经拆除。

昭通会馆

昭通位于云南省东北部，汉代置县，清雍正九年升昭通府，今为地级市。昭通会馆在今西城区校场五条32号，清代设立。旧时地址为校场五条35号。会馆现为民居，建筑多有破损。

常山会馆

常山地处浙江省西部，东汉置县，唐改常山，今属衢州市。常山会馆位于东城区新革路，清代设立。新革路旧时称作新开路。清《宸垣识略》载："东城会馆之著者，新开路曰常山、曲沃、安陆。"因地区拆迁改造，会馆建筑已被拆除。

处州会馆

处州地处浙江省南部，隋初置县，后改处州，今称丽水市。处州会馆位于西城区西砖胡同17号。清道光年间，由青田人韩锡祚创设。清《光绪顺天府志》载："西砖儿胡同，西有法源寺。有处州会馆。"清和民国登记的地址为西砖胡同6号。会馆坐北朝南，为二进院落，另有南跨院。现为民居，建筑多有破损。

慈溪会馆

慈溪位于浙江省东北部，唐代置县，今属宁波市。民国以前，试馆性质的慈溪会馆在北京有两处。一处位于西城区中兵马街5号，清光绪年间设立。清《光绪顺天府志》载："兵马司前街，明南城兵马司疑当在此，中街有南城、慈溪、望江诸会馆。"民国时登记的地址为兵马司中街4号。会馆有三个院落，占地面积约250平方米。因地区改造，现已拆除。

另外一处在今东城区大纱帽胡同附近，称作"慈溪试馆"，具体位置不详，清嘉庆年间设立。清和民国时的地址为小甜水井。小甜水井后并入大纱帽胡同。会馆现已无存。

归安会馆

归安地处浙江省北部，周属吴越地，后归楚国。北宋时由乌程县析置归安，民国初与乌程县合并入吴兴县。1981年撤吴兴县，并入湖州市。归安会馆也称"吴兴会馆"，位于西城区广内街道金井胡同1号，清代设立。清朝末年，会馆逐渐没落，清光绪二十七年（1901），被湖州人沈家本买下建作私宅。沈家本（1840—1913），字子淳，别号寄簃，吴兴（今湖州）人。清光绪九年（1883）癸未科进士，曾任刑部郎中、贵州安顺府知府。原会馆坐北朝南，共三进院落。光绪三十一年（1905），沈家本在第一进院中修建了一座中西合璧的二层砖木藏书楼，题名“沈碧楼。”其后来的多部著作便在此楼完成。

建国后沈宅被规划为民居，现为西城区文物暂保单位。

海昌会馆

海昌是定海和昌国的合称。定海，唐代置县，明升定海卫。昌国，宋代置县，明并入定海。民国以前，试馆性质的海昌会馆在北京约有两处。一处位于西城区教佳胡同4号和6号，明末由定海和昌国两地在京官员兴建。清时地址为敫家坑10号。清《光绪顺天府志》载：“敫家坑，井一。有海昌、正定会馆。”后期成为南横街全浙新馆之附产。会馆坐北朝南，为二进院落，占地面积约260平方米。大门朝西，有北房三间，东、西房各二间，倒座房二间含大门一间。解放后，此处开设过煤场，撤消后，加盖平房成为民居。现因地区改造，已被拆除。

另外一处海昌会馆在东城区铁香胡同，清初设立。旧址为铁香炉。清《光绪顺天府志》载：“铁香炉旧有山右、宣城、海昌、正定、嘉应诸会馆，今多废。”东城区（原崇文区）内有二处铁香炉(巷名)。一处临近磁器口附近，建国后更名香乐胡同。另一处临近天坛北侧东段东晓市大街，为今天的铁香胡同。推测此海昌会馆应在后者处。

杭州会馆

杭州地处浙江省北部，秦代置县，唐称钱塘，隋改杭州，为我国八大古都之一。民国以前，试馆性质的杭州会馆在北京约有四处。分别位于东城区西裱褙胡同、西城区珠市口西大街255号、西城区潘家胡同30号和东城区长巷头条。

西裱褙胡同的杭州会馆又称“杭郡会馆”。据清《光绪顺天府志》所载，会馆位于西裱褙胡同的于谦祠旁。民国时登记的地址为西裱褙胡同14号。现已无存。

珠市口西大街255号的杭州会馆，建于清道光年间。清时地址为虎坊桥大街50号。会馆前身为仁钱会馆，即仁和、钱塘两县合办的试馆，后升为杭州府馆。清《光绪顺天府志》载："骡马市大街，有直隶、三晋、中州诸会馆。迤东有桥，曰虎坊桥，明虎坊遗址也。有福州、湖广、宜昌、三原、襄陵、曲沃、杭州诸会馆。" 会馆坐北朝南，为五进院落，占地面积约900平方米。2000年珠市口大街拓宽改造时被拆除。

潘家胡同30号的杭州会馆为清代设立。旧时地址是潘家河沿60号。该地区正在拆迁改造，会馆的大部分建筑已经拆除。

长巷头条的杭州会馆又称"武林会馆"。武林是杭州的代称，因境内武林山得名。清《宸垣识略》载："东城会馆之著者，长巷头条胡同曰武林、南昌、汀州、江右。"清《光绪顺天府志》亦载："长巷上、下头条胡同，有泾县、南昌、汀州、江右、丰城诸会馆、旧有武林会馆，今废。"

湖州会馆

湖州位于浙江省北部，秦代置县，三国升吴兴郡，隋改湖州，今为地级市。民国之前，试馆性质的湖州会馆在北京约有四处。一处在今西城区北半截胡同25号，又称"吴兴会馆"，清中前期兴建。清《光绪顺天府志》载："南、北半截胡同，巷东隶北城，西隶西城，南胡同井一。有江宁、黟县、山会诸会馆。西小胡同曰七间楼。北有吴兴、潼川两会馆。"民国时地址为北半截胡同13号。会馆坐西朝东，为南北两个二进院子，占地面积约180平方米。2000年地区改造时被拆除。

其余三处会馆分别位于西城区宣武门外大街1号（旧址为上斜街15号）、西城区珠市口西大街中段（旧址为西柳树井）和西城区潘家胡同29号（旧址为潘家河沿16号），均为清代设立。其中前两处在地区改造过程中已被全部拆除，最后一处正在拆迁中。

黄岩会馆

黄岩地处浙江省东部沿海，唐代置县，今属台州市。民国之前，试馆性质的黄岩会馆在北京约有两处。一处在西城区石头胡同，又称"黄岩老馆"，建于清中前期。清《宸垣识略》载："西城会馆之著者，石头胡同曰黄岩。"会馆现已无存。

另外一处位于西城区庄胜城区域内，清代设立。清时登记的地址为周家大院2号，民国时为周家大院3号。会馆坐北朝南，为三进四合院，占地面积约600平方米。另西部有两个套院，东部有一个跨院。2003年地区拆迁改造，馆舍建筑被拆除。

嘉兴会馆

嘉兴位于浙江省北部，秦代置县，三国吴改嘉兴，宋升为府，今为地级市。民国以前，试馆性质的嘉兴会馆在北京有两处。一处在西城区南横东街59号，清光绪初年设立。清《光绪顺天府志》载："南横街，井一。迤西隶西城，井四。旧有礼部所属会同馆，今废。有祥符、嘉兴、全浙、淮安、孟县、泾县、粤东诸会馆。"民国三年（1914），改称"嘉兴六邑馆"。六邑分指秀水、平湖、桐乡、石门、海盐和嘉善。清末和民国时登记的地址为南横街5号。会馆坐北朝南，为三进院落，占地面积约600平方米。前、中院各有北房三间，后院正房为面阔五间的楼房。另外一处嘉兴会馆位于今西城区粉房琉璃街95号，建于清雍正年间。旧址为粉房琉璃街43号。

现因地区改造，两处会馆均已拆除。

江山会馆

江山位于浙江省西部，唐代置县，五代吴越时改称"江山"，今属衢州市。民国以前，试馆性质的江山会馆在北京约有两处。一处位于西城区香炉营头条，清中前期设立。清光绪十二年（1886）迁出后废弃。另外一处在今东城区南深沟胡同，建于清代。南深沟胡同旧称深沟口。清《宸垣识略》载："东城会馆之著者，深沟口曰江山。"清《光绪顺天府志》亦载："深沟口，巷西隶中城，东隶南城。旧有江山会馆，今废。"

金华会馆

金华地处浙江省中部，秦代置县，南朝陈设金华郡，明升金华府，今为省辖地级市。民国以前，金华在京建有两处会馆，一为商业会馆，一为同乡试馆。试馆位于东城区东晓市街，清中前期设立。旧址为半壁街或苏家坡。清《宸垣识略》载："东城会馆之著者，半壁街曰金华。"清《光绪顺天府志》又载："苏家坡，有金华会馆。"民国时登记的地址为苏家坡4号。清代著名直臣、学者朱一新曾暂居在此。朱一新（1846—1894），字蓉生，号鼎甫。浙江义乌毛店镇朱店人。清光绪二年（1876）丙辰科进士。

官至翰林院编修、陕西道监察御史。著有《汉书管见》、《京师坊巷志》等书。其一生为官正义刚直，爱国忧民，自奉俭约，在京供职13年，无官邸亦无私宅。先寄居苏家坡金华会馆内。光绪五年（1879）朱大病，友人以地偏僻、照顾不便之由，改赁位于广宁门（俗称彰义门）大街西砖儿胡同的法源寺僧舍让其居住。会馆坐北向南，四合院布局，有重楼文昌阁等建筑。2000年扩建广安大街时被拆除。

兰溪会馆

兰溪地处浙江省中部，唐代置县，今为县级市。兰溪会馆位于东城区西晓市街，清代设立。清和民国时的地址为估衣市。清《光绪顺天府志》载："估衣市，亦称南小市，有慈溪、山西会馆。旧有兰溪会馆。今废。"

乐清会馆

乐清位于浙江省东南沿海，东晋置乐成县，五代吴越改称"乐清"，今属温州市。乐清会馆在今西城区广安东里，清代兴建。因地区改造，馆舍建筑早已无存。

宁波会馆

宁波地处浙江省东部，隋代置县，唐称明州，元升庆元府，明改称"宁波"，取"海定则波宁"之意。民国以前，试馆性质的宁波会馆在北京有两处。一处位于东城区北五老胡同，清代设立。清《光绪顺天府志》载："北五老胡同，有宁波、严州会馆。"另外一处在今东城区大纱帽胡同10号，兴建时间不详。民国时登记的地址为小甜水井6号。小甜水井后并入大纱帽胡同。因地区改造，两处会馆现均已拆除。

全浙会馆

全浙会馆是浙江省级同乡试馆。其中民国之前设立的在京约有四处，分别位于西城区的长椿街45号以东、南横东街95号、长春苑文化广场和长椿街。

长椿街45号的全浙会馆于清康熙年间设立。清时地址为下斜街。《光绪顺天府志》载："下斜街，亦称槐树斜街，俗称土地庙斜街，都土地庙在西，又有畿辅先哲祠、全浙会馆在。”此处在明代是驸马冉兴旺的“月张园”，清初为大学士李霨的“李园”，钱塘赵吉士购之后改“寄园”。李霨（1625—1684），字景霱，号坦园，直隶高阳人。清顺治四年（1647）丁亥科进士。历任秘书院学士、内宏文院大学士、工部尚书兼东阁大学士、太子太保、保和殿大学士加户部尚书、太子太傅、太子太师等职。康熙年间，赵将其宅捐出作为全浙会馆。赵吉士（1628—1706），字天羽，又字渐岸，号恒夫，安徽休宁人。清顺治八年（1651）举乡贡进士，十八年（1661）简选推官。历任山西省交城县知县、山西清吏司主事、通州中南仓主管等职，在任期间，主持编修史书多部，著有《续表忠记》、《寄园寄所寄》、《杨忠公列传》等诗作多篇。官声较好。清雍正年间，会馆进行了重修。据李敏达、陈文简撰写的会馆碑文记载，“赵公（天羽）归里后，为豪强者攘据为己物。先生之孙鹤皋，走京师讼之官，不得白，乃捐白金三千赎还。其后一被火厄，一为地震，修甍画栋为榛墟。少詹姚君圣湖、孝廉潘君荆山有志修改，值敏达入觐，捐俸为倡，两浙络绅共输金成之”。重修时，为了纪念赵天羽、李敏达、陈文简等人，特在馆内建“景贤阁”以祀之。至光绪十六年（1890），会馆由于年久失修，屋舍倾圮，加以“公车来者不复就居”，于是又扩地“重构屋宇”。新建之屋宇有“柱笏轩”、“绿天深处”、“紫藤精舍”等。科举废除后，浙江同乡京官于光绪三十四年（1908）在馆内设立浙学堂。第二年改称“公立浙江中学堂”，民国后停办。会馆坐西朝东，占地面积约800平方米。有正院、跨院各三进。正房均为三间，后罩房为五间。1955年宣武医院筹建，会馆因此被拆除大部分。后几经拆改，至2003年被全部拆除。会馆内两通碑现存北京石刻艺术博物馆。

南横东街95号的全浙会馆又称“全浙新馆”，清中前期设立。清时地址为南横街27号。民国时为南横街22号。南横街拓宽道路时被拆除。

长春苑文化广场和长椿街的全浙会馆在民国时的地址分别为妙光阁1号和妙光阁5号。前者始建于清嘉庆年间，现已无存。后者建于清中晚期，现为北京市宣武医院。

仁钱会馆

仁钱会馆由仁和、钱塘两县联合创建。仁和位于浙江省北部，五代吴越置钱江县，北宋改称“仁和”，沿用至清。钱塘原名“钱唐”，因避讳唐之国号而更名，宋至清为杭州州、府治，1912年与仁和县合并为杭县，1961年又并入余杭。民国以前，试馆性质的仁钱会馆在京约有四处。一处位于西城区珠市口西大街77号，也称“仁和会馆”。清《宸垣识略》载：“西城会馆之著者，西猪市曰潞安、赣宁、奉天、九江、平定、仁钱、翼城、浙绍。”清《光绪顺天府志》亦载：“西珠市口大街，即南大街，迤西为西柳树井，北有万善给孤寺，传云，创自唐贞观间，疑即坊巷胡同集之万善寺也。有津南、潞安、赣宁、奉天、九江、平定、翼城、仁钱、庐州、孟县诸会馆。”会馆坐北朝南，四进四合院，占地约500平方米。1992年因拓宽马路被拆除。

其余三处仁钱会馆分别位于西城区广安胡同（旧址为老墙根27、28号）、西城区老墙根街107号（旧址为老墙根31号）和西城区铁树斜街29号（旧址为李铁拐斜街12号），均为清中后期兴建。其中铁树斜街的仁钱会馆现为民居，建筑多有破损。另外两处的馆舍建筑现已无存。

上虞会馆

上虞位于浙江省东北部，秦代置县，今属绍兴市。民国以前，试馆性质的上虞会馆在北京约有两处。一处在今天的西城区韩家胡同，称作“上虞老馆”，创建于清道光初年。清时地址为韩家潭16号。清《光绪顺天府志》载：“韩家潭，有上虞、广州会馆。”扩建北京市第九十五中学时，馆舍建筑被拆除。

另外一处位于西城区佘家胡同36号，旧址为佘家胡同24号，清咸丰年间设立。会馆坐南朝北，为三进院落，占地面积约700平方米。各有正房三间，过厅、窄大门一间，门道已拆除一半，其他尚保持原状。现为民居。

绍兴会馆

绍兴地处浙江省东北部，秦代置县，唐分山阴、会稽两县同城而治，南宋称绍兴，今为地级市。民国以前，试馆性质的绍兴会馆在北京约有四处。分别是西城区南半截胡同7号的绍兴会馆、西城区上斜街48号的绍兴北馆及西城区南半截胡同14号、西城区广安门内大街6号的绍兴县馆。

南半截胡同7号的绍兴会馆成立时间最早，也最为著名。该处原为北京富户查氏的私宅，后作为陪嫁落到陕西（一说安徽）巡抚朱家。道光年间，朱家家道中落，将此房产出售。清道光九年（1829），浙江山阴、会稽两县乡贤捐资五千金购得，建成“山会邑馆”。民国初年，因山阴、会稽并入绍兴县，遂改称“绍兴会馆”。会馆分为四个院落，有房80余间。前厅是仰蕺堂，供奉绍兴有名望的贤哲。后厅供文昌魁星，以保佑进京会考的举人榜上有名。这里曾住过不少名人，其中最著名的是绍兴民主革命党人徐锡麟和伟大的文学家鲁迅先生。清光绪三十二年（1906），徐锡麟在京谋官期间，曾在馆内停留二个多月，并为该馆捐款。馆内原有的《重修县馆碑》中捐款者一栏刻有其名字。此碑十几年前尚存，今不知去向。鲁迅先生是1912年5月搬进馆内的“藤花别馆”，1916年5月又迁入“补树书屋”。在这里，他写下了《狂人日记》、《孔乙已》、《药》、《一件小事》等著名小说，《我之节烈观》、《我们现在怎样做父亲》等杂文，以及27篇随感录和50多篇译作。现“补树书屋”已拆除，只剩一棵槐树。此处绍兴会馆经过多年变迁，已经面目全非，馆舍建筑破旧不堪。但因鲁迅先生曾在这里生活、工作过，因而慕名来此参观、瞻仰、凭吊遗迹的人仍然络绎不绝。

另外三处绍兴会馆，均创建于清中晚期。其中上斜街48号（旧址为上斜街56号）的北馆和南半截胡同14号（南半截胡同32、33号）的县馆作为民居，仍保留有部分遗存，而广安门内大街6号（旧址为烂缦胡同26号）的绍兴县馆在地区改造过程中已经完全被拆除。

台州会馆

台州位于浙江省中东部，三国吴置县，唐改称台州，以境北天台山得名，今为地级市。北京有两处台州会馆，均属试馆。一处在西城区后孙公园胡同10号，清乾隆年间兴建。清和民国时的地址是后孙公园10号。会馆坐北朝南，为三进四合院，占地面积约280平方米。另外一处位于西城区下斜街13号，清代设立，又称“台州分馆”。民国时地址为下斜街7号。现今，两处会馆均为民居。

温州会馆

温州位于浙江省东南沿海，后汉置县，唐称温州，今为地级市。民国以前，试馆性质的温州会馆在北京约有三处。一处在今东城区冰窖斜街，称作“温州老馆”。因温州古为瓯地，故又称“浙瓯会馆”。清道光五年（1825），由瑞安人林培厚和许松年创建。林培厚在其《浙瓯会馆记》载曰:“瓯于北京无会馆，岁乙酉（1825），余与同邑许乐山提军(督)议捐创，属洪叙堂孝廉举人营度之，得都人张姓旧居于城南宾(冰)教(窑)胡同，葺以为浙瓯会馆，若门、若堂、若房室、庖、湢、馆人之舍，一切几榻、器用皆粗备，费白金若干两。”会馆在民国时登记地址为冰窖斜街7号。现状不详。

再有一处温州会馆位于西城区广内街道校场头条23号，清代设立。民国时地址为校场头条10号。现为民居。

最后一处温州会馆又称“温州新馆”，在今西城区广内街道校场五条28号，建于清光绪年间。清《光绪顺天府志》载：“教场五条胡同，井二。有仙游、蒲城、泾阳、温州诸会馆。”清末登记的地址为教场五条34号，民国时为校场五条37号。会馆坐东朝西，为四合式院落，占地面积约300平方米。有金柱大门一间、南房三间、北房五间。现作民居使用，拆改现象严重。

武郡会馆

武郡会馆兴建于清代，今址不详。清《光绪顺天府志》载：“正阳门内东城根，东有武郡会馆。”

萧山会馆

萧山地处浙江省中北部，汉代置县，三国吴称永兴，唐改萧山，今属杭州市。萧山会馆位于西城区前门西河沿街192号，清中前期兴建。清《光绪顺天府志》载：“西河沿，南小井胡同，井一。迤西有万寿关帝庙。庙东隶中城。西隶北城，井二。正乙祠，康熙五十一年建。关帝庙，明建，俗称粗旗杆庙，井一。有萧山、渭南、代州诸会馆，皆在北城界内。旧有如泰会馆，今废。”清光绪二十九年（1903），馆内曾创办女子学堂，不久后停办。民国时登记的地址为西河沿200号。会馆坐北朝南，占地面积约480平方米。前后有五个院落。解放后曾做过托儿所和工厂，后改为民居。现馆舍建筑保存较为完整。

严州会馆

严州地处浙江省西部，汉代置县，隋升睦州，唐分置严州，南宋升严州为建德府，故严州又称“睦州”、“建德”，今属杭州市。据统计，严州曾于民国前在京创建有五处同乡试馆，分别位于东城区银丝胡同（旧址为银丝胡同1号）、东城区珊瑚胡同（旧址为石虎胡同）、西城区大外廊营胡同、东城区北五老胡同和西城区石头胡同。其中，银丝胡同和石头胡同的又称作“严陵会馆”。现今，除了石头胡同的严州会馆作为民居仍保留有部分建筑遗存外，其余四处严州会馆在地区改造过程中均已被拆除。

鄞县会馆

鄞县位于浙江省东南沿海，秦代置县，五代吴越改鄞县，今属宁波市。民国以前，试馆性质的鄞县会馆在北京约有四处，分别位于东城区薛家湾胡同11号、西城区福州馆街6号、东城区大纱帽胡同和西城区盆儿胡同55号。其中薛家湾胡同11号的鄞县会馆成立时间最早，始于明代。清《宸垣识略》载：“东城会馆之著者，薛家湾曰鄞县。”现正待拆迁改造中。

其余三处会馆均是清代兴建。福州馆街6号的鄞县会馆旧址为南下洼子或崇兴寺胡同。清《宸垣识略》载：“西城会馆之著者，南下洼子曰鄞县。”清《光绪顺天府志》亦载：“崇兴寺胡同，有福州、福清、濮阳、理化诸会馆，旧有鄞县会馆。”大纱帽胡同的鄞县会馆旧址为小甜水井5号。地区改造时被拆除。盆儿胡同55号（旧址为盆儿胡同8号）的鄞县会馆，也称“鄞县西馆”，由张百熙的“岳云别墅”改建而成。馆中专留一隅设立了张氏祠堂，现为北京联合大学应用技术学院分部所在。

余姚会馆

余姚位于浙江省东部，秦代置县，今属宁波市。清代，余姚曾在京城创建有三处同乡试馆，分别位于西城区的姚江胡同1号、潘家胡同18号和小沙土园胡同12号。其中大栅栏街道的余姚会馆原为清朝官员邵灿的故宅。邵灿（？—1862），字耀圃，号又村，浙江余姚人。清道光十二年（1832）壬辰科进士，授翰林院编修，官职漕运总督。其子邵友濂将宅捐出作为会馆。民国时会馆登记的地址为姚江馆夹道一号。现为民居。

再有一处余姚会馆在西城区潘家胡同18号，清中晚期设立。清时地址为潘家河沿巷内，民国时为潘家河沿69号。据清《光绪顺天府志》记载，会馆在清末废弃。原址现为民居。

最后一处余姚会馆位于西城区小沙土园胡同12号，清中晚期兴建。解放后被改建成小沙土园小学，现为西城区（原宣武区）教委房管所办公楼所在。

浙江会馆

浙江省位于我国东南沿海，与福建、江西、安徽、苏州、上海等省市相邻。民国以前，以“浙江会馆”命名的省级同乡试馆在京约有十处。分别位于西城区的宣武门外大街111号（旧址为宣武门大街54号），北线阁2号（旧址为北线阁26号），上斜街37号（旧址为上斜街18号），校场大六条1、3号（旧址为校场大六条1、2号），铁门胡同106号（旧址为铁门胡同6号），佘家胡同15和17号（旧址为佘家胡同8号），樱桃斜街95号（旧址为樱桃斜街44号），中信城（旧址为兵马司中横街2号），中信城（旧址为米市胡同57号）和粉房琉璃街33号（旧址为粉房琉璃街13号）。

宣武门外大街111号的浙江会馆，原为陈邦彦的故宅。清乾隆年间改为浙江会馆。戴璐的《藤阴杂记》曾载：“宣武门外右为陈少宗伯邦彦第，堂曰‘春晖’，屋有藤花。今归浙江会馆，藤花尚盛。”会馆坐西朝东，占地面积约300平方米。北部为二进四合院，南部为跨院，有正房五间、东西厢房三间、后房五间、东西厢房二间，倒座房四间含大门一间。如今，馆舍建筑已经无存。

北线阁2号的浙江会馆建于清中晚期。解放后被改造成学校。现为北京小学走读部。

其余八处会馆亦是清代设立。其中铁门胡同106号，佘家胡同15、17号和樱桃斜街95号现为民居，建筑多有破损。剩下的浙江会馆在地区改造过程中均已被拆除。

浙绍会馆

浙绍会馆由浙江绍兴府及下属八县山阴、会稽、上虞、诸暨、嵊县（今为嵊州）、新昌、萧山、余姚联合创建。民国以前，试馆性质的浙绍会馆在京约有四处，分别位于西城区的珠市口西大街148号、校场口56号、校场三条12号和潘家胡同65号。其中珠市口西大街148号为主馆，原名“稽山会馆”，明代创建。清康熙二十四年（1685），重修后改成浙绍会馆。清光绪十年（1884），又改为越中先贤祠。清《光绪顺天府志》亦载：“西珠市口大街，即南大街，迤西为西柳树井，北有万善给孤寺，传云，创自唐贞观间，疑即坊巷胡同集之万善寺也。有津南、潞安、赣宁、奉天、九江、平定、翼城、仁钱、庐州、孟县诸会馆。又有越中先贤祠。京城古迹考：晋阳庵有古铜大士像，下有款识云：大唐贞观四年，尉迟敬德监造。后移受水塘古佛庵，庵坏，移稽山会馆，今浙绍会馆。”光绪年间，馆内曾设京师劝学所。解放后改建成小学、幼儿园等。2000年珠市口地区改造，会馆的大部分建筑被拆除，其余现为民居。

另外三处浙绍会馆均为清代兴建。其中校场口56号（旧址为校场口44号）现已建成“广安产业园”。校场三条12号旧址为校场三条44号现为民居，建筑多破损。潘家胡同65号（旧址为潘家河沿33号）因地区改造，现已拆除。

镇海试馆

镇海位于浙江省东部沿海，五代吴越置县，清康熙年间改镇海，今属宁波市。镇海试馆在今东城区大纱帽胡同8号，建于清同治年间。据传是大市堰人余鸿潮在京师经商发迹后，捐资购建。民国时地址为小甜水井4号。小甜水井后并入大纱帽胡同。会馆现已拆除。

才盛会馆

才盛会馆位于西城区宣武门外大街，清代设立，所属省份不详。宣武门外大街旧称顺城门大街。清《宸垣识略》载：“西城会馆之著者，顺城门大街曰关中、才盛、翼城、韩城、歙县、直隶、建昌、咸长、抚临、永济。”因无具体地址，会馆现状不详。

德宁会馆

德宁会馆位于西城区迎新街，清代设立，所属省份不详。清末登记的地址为延旺庙街36号。会馆所在地区现正拆迁改造。

故居

杨继盛故居

杨继盛故居位于今西城区达智桥胡同12号。杨继盛于明嘉靖三十年(1551)迁居此地，后遭陷害离京。嘉靖三十一年（1552）回京赴任，仍居原宅。故居几经变迁，开始是城隍庙，后又改称松筠庵。清乾隆五十一年(1786)，朝廷官员杨寿楠和李融会同僚友，将松筠庵大加整修，改为祠堂。祠堂坐南朝北，山门门额题有“杨椒山先生故宅”。东北角门嵌“松筠庵”，堂内挂杨继盛画像，立牌位。嘉庆二年(1797)，以杨继盛彩塑像代替原画像。道光二十七年（1847），松筠庵住持僧心泉募捐款项整修松筠庵，扩建了杨继盛的原书房，称“谏草堂”，还整修了花园、假山等处。次年，又在堂西南侧建了一座八角攒尖亭“谏草亭”。清代诗人、书画家张问陶年轻赴京赶考时，曾寓居松筠庵内，与诗友洪亮吉常同榻畅谈通宵。戊戌变法时，以康有为、谭嗣同为首的一千三百多举子，在这里聚会，由康有为起草上皇帝书，称公车上书。现今祠内建筑大部分无存，只有谏草亭和部分房屋保留，但已失原貌。

杨继盛(1516—1555)，字仲芳，号椒山，河北容城人。嘉靖二十六年（1547）丁未科进士。任兵部员外郎时，因写《请罢马市疏》，受贬职处分。后被起用，到职不足一月，又写成《请诛贼臣疏》，历数严嵩五奸十大罪。被严嵩投入刑部大狱，临刑前，留下名句“浩气还太虚，丹心照千古；平生未了事，留与后人补！”死后12年，明穆宗登基，追赠他为太常寺少卿，谥号忠愍。

张问陶（1764—1814），字仲冶，号船山。遂宁（今属四川蓬溪）人。清乾隆五十五年（1790）庚戌科进士，曾任翰林院检讨、江南道监察御史、吏部郎中。后出任山东莱州知府，后辞官寓居苏州虎邱山塘。晚年遨游大江南北，清嘉庆十九年（1814）三月初四日，病卒于苏州寓所。著有《船山诗草》，存诗三千五百余首。

洪承畴故居

洪承畴故居位于今东城区地安门东大街南锣鼓巷59号。故居原大门在方砖厂东口路北，现院内大部分已改建，仅存北房三间，为清早期建筑。故居现为民居。未对外开放。洪承畴另一处宅院位于今东城区东晓市街203号，现为金台书院旧址。

洪承畴（1593—1665），字彦演，号亨九，福建南安人。明万历四十四年（1616）丙辰科进士。明崇祯年间任兵部尚书，镇压李自成农民起义军。崇祯十四年（1641）与清军在松山、锦州地区会战，次年兵败降清，隶汉军镶黄旗。

吴伟业寓所

吴伟业寓所位于今西城区魏染胡同南。

吴伟业（1609—1671），字骏公，号梅村，江苏太仓（今江苏省苏州市太仓市）人。明崇祯四年（1631）辛未科一甲进士第二。吴伟业长于七言歌行，初学“长庆体”，后自成新吟，后人称之为“梅村体”。清顺治十年（1653），被迫赴京出仕。初授秘书院侍讲，后升国子监祭酒。三年后奔母丧南归，从此隐居故里直至去世。

王崇简故居

王崇简故居位于今西城区米市胡同，称“青箱堂”。其花园位于一街之隔的南半截胡同，称“怡园”。王崇简及其子王熙在此居住。造园时，由营造园林的江南叠山高手张然建造。园内叠石凿池，栽花植林有二十余景，极为宽敞富丽，为清初具有江南宅第园林特色的名园之一。王熙曾请内廷著名画家焦秉贞绘《怡园图》，现在浙江博物馆。清乾隆年间，该园毁废。

王崇简（1602—1678），字敬哉，一作敬斋，顺天府宛平（今北京市）人。明崇祯十六年（1643）癸未科进士。顺治三年授内翰林国史院庶吉士，历任秘书院检讨、国子监祭酒、弘文院侍读学士、詹事府少詹事、吏部侍郎、礼部尚书、太子太保等职。谥文贞。有《青箱堂文集》、《青箱堂诗集》传世。

王熙（1628—1703），字子雍，一字晋庭，号慕斋。顺天府宛平人。

王熙为清礼部尚书王崇简之子。清顺治四年（1647）丁亥科进士。选庶吉士，散馆授检讨，曾任礼部尚书、左都御史、工部尚书、兵部尚书等职。官至保和殿大学士。谥文靖。有《宝翰堂集》。

冯溥花园

冯溥花园位于今东城区夕照寺街板厂南里，旧称拈花寺，又称万柳堂。建于康熙年间。万柳堂为大学士冯溥别业，后归仓场侍郎石文桂。清康熙四十一年（1702）石氏建大悲阁大殿、弥勒殿，舍僧住持。建国初期，万柳堂的亭台水榭已无存，拈花寺的大悲阁及清圣祖手书“拈花禅寺”的匾额尚存。20世纪70年代此寺全部拆除，改为拈花寺小学，现为板厂小学。

冯溥（1609—1691），字孔博，号易斋。益都（今属山东青州）人。清顺治三年（1646）丁亥科进士，初授编修，后擢吏部侍郎。康熙年间为刑部尚书，拜文华殿大学士，加太子太傅，卒谥文毅。著有《佳山堂集》。

石文桂（生卒年不详），清康熙十五年（1676）丙辰科进士。授内阁侍读学士。康熙二十六年（1687）任内阁学士，康熙二十七年（1688）任总督仓场户部右侍郎。康熙四十九年（1710）任户部右侍郎。康熙五十年（1711）任正白旗汉军副都统。

王士祯寓所

王士祯寓所一处位于今西城区西太平巷，清时称火神庙西夹道，清末改称西太平巷。宅院为前后院，坐东朝西，中间南北有廊。东院有北房三间，南房三间，正房三间；西院除北房三间、南房三间外，另有两间倒座房和大门。后来画家徐石雪先生在后院三间北房处设计修建了一座三层砖砌楼房，底层是地下室。王士祯去世后，成为程晋芳的寓所。现在巷内均为居民住宅。王士祯另一处寓所位于西城区保安寺街。

王士祯（1634—1711），字贻上，号阮亭，别号渔洋山人，人称王渔洋。山东新城（今山东桓台）人，清顺治十五年（1658）戊戌科进士。康熙年间官至刑部尚书，谥文简。著有《带经堂集》、《渔洋精华录》、《渔洋诗话》、《池北偶谈》等。

程晋芳（1718—1784），字鱼门，号蕺园，江苏江都人。清乾隆三十六年（1771）辛卯科进士，授翰林院编修，《四库全书》总目协勘官。

蔡升元故居

蔡升元故居位于今西城区雪池胡同。因西华门北有雪池而得名。《藤阴杂记》卷四载："西华门内（当为北）雪池，康熙中赐蔡升元，饬内府司员水（冰）雪施工，克期告竣。"

蔡升元（1652—1722），字方麓，号征元。浙江德清人。清康熙二十一年（1682）壬戌科一甲进士第一。授翰林院修撰。康熙四十二（1703）年南巡，升元在嘉兴迎驾，奏对如流。历任中允、少詹事、詹事。官至内阁学士。

王顼龄故居

王顼龄故居位于今西城区烂缦胡同。

王顼龄（1642—1725），字颛士，一字容士，号琱湖，晚号松乔老人，江南华亭县（今上海市金山区）张堰镇人。清康熙十五年（1676）丙辰科进士，授太常寺博士，举博学鸿儒，授翰林院编修，历官日讲起居注官、四川学政、侍讲学士、礼部侍郎、吏部左侍郎、经筵讲官、武英殿大学士兼工部尚书。

查慎行寓所

查慎行寓所位于今西城区于魏染胡同。

查慎行（1650—1727），本名嗣琏，字夏重，浙江海宁人。清康熙四十二年（1703）癸未科进士。特授翰林院编修，入直内廷。康熙五十二年（1713），乞休归里。清雍正四年（1726），因弟查嗣庭讪谤案，被逮入京，次年放归，不久去世。查慎行诗学东坡、放翁，尝注苏诗。自朱彝尊去世后，为东南诗坛领袖。著有《他山诗钞》。

励廷仪寓所

励廷仪寓所位于今海淀区槐树街，因街心中有古槐而得名。励廷仪于清康熙四十三年（1704）授编修，充日讲起居注官。为了不误到畅春园的承差，在海淀镇槐树街西头造房，作为退值后落脚休息的处所。2000年1月槐树街被拆除，只保留其中的一棵古槐。

励廷仪（1669—1732），字令式，号南湖，直隶静海人，祖籍浙江绍兴。清康熙三十九年（1700）庚辰科进士。选庶吉士。曾任刑部尚书、吏部尚书，清雍正十年五月以病乞休，不久卒，谥文恭。清乾隆六年（1741）入贤良祠。励廷仪著有《双清阁诗稿》八卷。他的书法以王羲之的行书为基础，旁涉虞世南、褚遂良，点画遒美，笔势雄强，富于变化。

张鹏翀寓所

张鹏翀寓所一处位于西城区烂缦胡同，另一处位于西城区贾家胡同。

张鹏翀（1688—1745），字天飞，又字天扉，一字抑斋，号南华散仙，江苏嘉定（今上海市）人。清雍正五年（1727）丁未科进士，选庶吉士，散馆授翰林院检讨，官至詹事府詹事。工书法，师法苏轼，又长于山水画，师法元四家。嘉定六君子之一。清乾隆十年（1745），乞假归里扫墓，乾隆帝特赐白金百两，御制五律一章，以示恩宠。不幸中途卒于山东临清。著有《南华诗集》。

任兰枝故居

任兰枝故居位于今西城区米市胡同。

任兰枝（1677—1746），字香谷，一字随斋，江苏溧阳人。清康熙五十二年（1713）癸巳科一甲进士第二。授编修。清雍正间，累擢内阁学士，兼礼部侍郎。清乾隆间授礼部尚书，以老致仕，卒于家。有《南楼文集诗集》。

黄叔琳寓所

黄叔琳寓所位于今西城区铁树斜街。

黄叔琳（1672—1756），字昆圃，又字宏献，号金墩、北砚斋，晚号守魁。清康熙三十年（1691）辛未科进士，历经康熙、雍正、乾隆三朝。官至詹事，内阁学士，礼部、刑部、吏部侍郎。时推为巨儒，世称北平黄先生。著有《史通训故补》、《文心雕龙辑注》、《观北易抄》、《诗经统说》等。

汪由敦寓所

汪由敦寓所一处位于今西城区椿树上三条。系汪由敦未赐宅时的寓所。由于汪由敦书法秀润，又收藏有王羲之《快雨时晴帖》，因此称其斋为“时晴斋”。1998年建椿树园小区时全部拆除。

另一处寓所位于今东城区东四十三条81号。旧居坐北朝南，四进院落。广亮大门一间，清水脊合瓦屋面，门两侧带八字墙。一进院内北房七间，前带廊，明间为门道，倒座房六间。二进院北房五间，东西厢房各二间。多有翻建。三进院正房三间，前后出廊，两侧带耳房各一间，东西厢房各三间，前出廊。四进院为后罩房五间，前出廊。建筑均为过垄脊合瓦屋面。是保存较好的大型四合院落。现从东四十四条另辟一门。

汪由敦（1692—1758），初名汪良金，字师茗，号谨堂，又号松泉居士。安徽休宁人。清雍正二年（1724）甲辰科进士，改庶吉士。清乾隆间，累官至吏部尚书。老诚敏慎，在职勤劳。金川用兵，廷谕皆出其手。卒，加赠太子太师，谥文端。由敦学问渊深，文辞雅正，兼工书法。著有《松泉集》。

史贻直故居

史贻直故居位于今西城区烂缦胡同。

史贻直（1682—1763），字儆弦，号铁崖，江苏溧阳县人。清康熙三十九年（1700）庚辰科进士，授检讨。历任兵、刑、工、吏、礼部尚书，文渊阁大学士，历经康熙、雍正、乾隆三朝。去世后，赠太保，谥文靖，入祀贤良祠。

梁诗正寓所

梁诗正寓所位于今西城区杨梅竹斜街25号。25号院是清乾隆元年（1736）皇帝赐予的宅邸。全院由主院及跨院组成，整组院落宽阔、布局精巧，但因年久失修已失去当年的风貌。

梁诗正（1697—1763），字养仲，号芗林，又号文濂子，钱塘（今浙江杭州）人。清雍正八年（1730）庚戌科一甲进士第三。官至东阁大学士，卒谥文庄。书法初学柳公权，继参赵孟頫、文徵明，晚师颜真卿、李邕。著有《矢音集》。

陈兆仑故居

陈兆仑故居一处位于今西城区大外廊营胡同，另一处位于今西城区铁鸟胡同。

陈兆仑（1700—1771），字星斋，号句山，钱塘（今浙江杭州）人。清雍正八年（1730）庚戌科进士，授知县。清乾隆元年（1736）举博学鸿词，授检讨，官至太仆寺卿。工诗善书，论书法有主卓识，有《紫竹山房诗文集》。

裘曰修故居

裘曰修故居位于今西城区小石虎胡同33号。据纪晓岚《阅微草堂笔记》载，“裘文达公赐第在宣武门内石虎胡同，文达之前为右翼宗学，宗学之前为吴额驸府，吴额驸之前为前明大学士周延儒第”。右翼宗学搬出两年后，旧址经过修缮赐予大学士裘曰修，这个院子就成为裘曰修的府第了。按照清朝制度，汉族大臣多数住在宣武门、正阳门、崇文门以南，右安门、广渠门、左安门以北的外城，只有极少数受到皇帝赏识的人，才能住进内城，裘曰修就是其一。裘曰修住进这个宅院时是工部尚书。直到其去逝，总共在这里度过了18个春秋。他虽官至尚书，但非常有学者风度，还在自己会客室的门上挂上了“好春轩”的匾额，死后这个匾额一直保存到民国初年。纪昀、钱大昕、王鸣盛、朱筠与裘曰修都是乾隆朝的进士，而且同为编修，裘为长者，志同道合，常有接触，应都来过此地。裘曰修死后，这个宅院仍归其后人居住。到了道光二十年（1840）前后，裘氏后人将此宅院出售给安徽潘氏。

裘曰修（1712—1773），字叔度，一字漫士，江西南昌新建人。清乾隆四年（1739）己未科进士，历任翰林院编修，吏部侍郎，军机处行走，礼、刑、工部尚书，加太子少傅，谥文达。奉敕编纂《热河志》、《太学志》、《密殿珠林》、《石渠宝笈》、《钱录》等。

王际华故居

王际华故居位于今西城区大外廊营胡同。

王际华（1717—1776），字秋瑞，一字秋水，号白斋，浙江钱塘（今杭州）人。清乾隆十年（1745）乙丑科一甲进士第三。授翰林院编修。乾隆十三年（1748），擢侍读学士、上书房行走、以侍读督广韶学政，旋以忧归。历工部、刑部、兵部、户部、吏部等。卒赠太子太保，谥文庄。

曹秀先故居

曹秀先故居位于今西城区米市胡同。

曹秀先（1708—1784），字恒听，又字芝田、冰持，号地山，江西南昌新建县人。清乾隆元年（1736）丙辰科进士。官至礼部尚书，为《四库全书》馆总裁。文学家，书法家。

蒋士铨寓所

蒋士铨寓所位于西城区珠朝街。

蒋士铨（1725—1784），字心馀、苕生，号藏园，又号清容居士，晚号定甫。铅山（今属江西）人。清乾隆二十二年（1757）丁丑科进士。官翰林院编修。乾隆二十九年（1764）辞官后主持蕺山、崇文、安定三书院讲席。精通戏曲，工诗古文，与袁枚、赵翼合称江右三大家。其所著《忠雅堂诗集》存诗2569首，存于稿本的未刊诗达数千首，其戏曲创作存《红雪楼九种曲》等49种。

嵇璜故居

嵇璜故居位于今西城区烂缦胡同97号。

嵇璜（1711—1794），字尚佐，晚号拙修，江南无锡县（今江苏省无锡市）人。清雍正八年（1730）庚戌科进士。历官清乾隆间南河、东河河道总督、工部尚书，晚年加太子太保，为上书房总师傅。清朝水利专家。嵇曾筠之子，父子皆长于治河。

毕沅旧居

毕沅旧居一处位于今西城区菜市口胡同，另一处位于西城区烂缦胡同。

毕沅（1730—1797），字纕蘅，亦字秋帆，自号灵岩山人。镇洋（今江苏太仓）人。清乾隆二十五年（1760）庚辰科一甲进士第一，授翰林院编修。乾隆五十年（1785）累官至河南巡抚，第二年擢湖广总督。清嘉庆元年（1796）赏轻车都尉世袭。病逝后，赠太子太保，赐祭葬。死后二年，因案牵连，被抄家，革世职。毕沅经史小学金石地理之学，无所不通，续司马光书，成《续资治通鉴》，又有《传经表》、《经典辨正》、《灵岩山人诗文集》等。

刘墉故居

刘墉故居位于东城区礼士胡同西头129号。现已成为私人住房，单从外观上看仍保留着当年的豪华气派。其街南墙上曾有一横石，上刻“刘石庵先生故居”。石庵就是刘墉的号，那块横石早就不存在了。据《天咫偶闻》载：“刘文清公故地在驴市胡同西头，南北皆是。”即刘家府邸位于礼士胡同西边最头处，占地面积比较大，南北院落均是。而据《啸亭杂录》载，清朝原规定内城为八旗辖区，汉官住在外城，但皇帝会特批一些受宠信的官员在内城居住，并赏赐宅院，称为“赐第”。刘统勋、刘墉父子的住宅就是典型的“赐第”。

刘墉（1719—1805），字崇如，号石庵，另有青原、香岩、东武、穆庵、溟华、日观峰道人等字号，山东省诸城(今山东高密)人。清乾隆十六年（1751）辛未科进士。刘统勋之子，历任翰林院庶吉士、太原府知府、江宁府知府、内阁学士、体仁阁大学士等职，以奉公守法、清正廉洁闻名于世。刘墉的书法造诣深厚，是清代著名的帖学大家，被世人称为“浓墨宰相”。清嘉庆九年十二月（1805年1月）病逝，谥号文清。

刘统勋（1698—1773），字延清，号尔钝，山东诸城人。清雍正二年（1724）甲辰科进士。历任刑部尚书、工部尚书、吏部尚书、内阁大学士、翰林院掌院学士及军机大臣等要职。为政四十余载清廉正直，敢于直谏，在吏治、军事、治河等方面均有显著政绩。乾隆三十八年（1773）猝逝于上朝途中，乾隆皇帝闻讯慨叹失去股肱之臣，追授太傅，谥号文正。

钱大昕寓所

钱大昕寓所一处位于今西城区椿树上头条。另一处位于西城区官菜园上街。

钱大昕（1728—1804），字晓徵，一字辛楣，号竹汀，江苏嘉定（今上海嘉定）人。清乾隆十九年（1754）甲戌科进士。 钱大昕早年以诗赋闻名江南，献赋获赐举人，又精通经学、史学、天文、历算、音韵、训诂、金石，“不专治一经而无经不通，不专攻一艺而无艺不精”。中进士后，选翰林院庶吉士，散馆授编修，历升侍讲学士、少詹事，不久提督广东学政。乾隆四十年（1775）因父丧去职，服阕后又遇母丧，以病不再复出。曾在钟山、娄东、紫阳等各书院讲学多年。嘉庆九年（1804）卒。

纪晓岚故居

纪晓岚故居位于今西城区珠市口西大街241号。此宅为岳钟琪故第，是一所坐北朝南的两进院落，前进院有广亮大门、倒座房及过厅式正房，面阔五间，进深七檩加前廊一步。正立面为民国初年修缮时所建中西合璧式装修，拱券门窗，上雕精美图饰，顶部为镂空女儿墙。后进院正房即阅微草堂，面阔五间，前出三间抱厦，合瓦硬山屋面。

纪昀（1724—1805），字晓岚，又字春帆，晚号石云。直隶（今河北）献县人。清乾隆十九年（1754）甲戌科进士，官至礼部尚书、协办大学士，曾任《四库全书》总纂修官。谥号文达。编纂《四库全书总目提要》200卷，为清代目录学成就的代表性巨著。著有《阅微草堂笔记》和《纪文达公遗集》。

王昶寓所

王昶寓所位于今西城区教子胡同。寓所原为清初学者赵吉士所建寄园。

王昶（1725—1806），字德甫，号述庵，又号兰泉，江苏青浦（今上海市青浦区）朱家角人。清乾隆十九年（1754）甲戌科进士。授内阁中书，入军机处，后又擢刑部郎中。曾任大理寺卿、都察院右副都御使。清代学者，著有《使楚从谭》、《征缅纪闻》、《春融堂诗文集》。辑有《明词综》、《国朝词综》、《湖海诗传》、《湖海文传》等书。

洪亮吉寓所

洪亮吉寓所共有四处。一处位于今西城区琉璃巷。清嘉庆元年（1796）洪亮吉来京，众多诗人在城南聚会，有《城南雅集图》。该处旧居为洪亮吉卷施阁。诗人们曾在这里祭祀苏东坡，高谈诗歌词曲、民生国计，谈乾隆末年的衰落。今巷内均为居民住宅。洪亮吉另三处寓所分别位于今西城区贾家胡同、菜市口胡同与莲花胡同。

洪亮吉（1746—1809），字君直，一字稚存，号北江，晚号更生居士，阳湖（今江苏常州）人。清乾隆五十五年（1790）庚戌恩科一甲进士

第二，授编修，督学贵州。他精通经史地理之学，工诗及骈文。清代乾、嘉年间著名学者、文学家，并因人口学说而著称。

赵翼寓所

赵翼故居位于今西城区裘家街。

赵翼（1727—1814），字云嵩，号瓯北，江苏常州府阳湖县（今江苏省常州市）人。清乾隆二十六年（1761）辛巳科一甲进士第三。授翰林院编修。历任广西镇安知府、广东广州知府、贵州贵西兵备道。清朝文学家、史学家。以《二十二史札记》享誉史界。赵翼才华横溢却和状元失之交臂。据他在《檐曝杂记》里说：当时乾隆打开封条看到赵翼是江南人士，而名列第二的是浙江人，第三名的王杰是陕西人，于是问左右大臣本朝状元中有没有陕西人，得到的回答是本朝尚无陕西人当状元，于是乾隆为了照顾地区平衡，点王杰为状元。

翁方纲寓所

翁方纲寓所共有三处。分别位于今西城区前孙公园胡同、保安寺街与烂缦胡同。

翁方纲（1733—1818），字正三，一字忠叙，号覃溪，晚号苏斋。直隶大兴（今属北京）人。清乾隆十七年（1752）壬申科进士。授编修，历督广东、江西、山东三省学政，官至内阁学士。清代书法家、文学家、金石学家。精通金石、谱录、书画、词章之学，书法与同时的刘墉、梁同书、王文治齐名。论诗创“肌理说”，著有《粤东金石略》、《苏米斋兰亭考》、《复初斋诗文集》等。

孙星衍寓所

孙星衍寓所共三处。分别位于今西城区后青厂胡同、前公孙园胡同与官菜园上街。

孙星衍（1753—1818），字伯渊，一字渊如，号季述，江苏阳湖县（今属江苏省常州市）人。清乾隆五十二年（1787）丁未科一甲进士第二。清代经史学家，考据学者，金石学家。

和瑛宅

和瑛宅位于今东城区方家胡同23、25、27号。该院坐北朝南，由东中西三路构成，三进院落。中路（25号）东南隅开金柱大门一间。大门西侧倒座房三间。一进院过厅三间。二进院正房五间，正房两侧耳房各两间，东西厢房各三间。三进院后罩房五间。后罩房两侧耳房各一间，均已改建。东路（23号）为下人的居所，四进院落，建筑多已无存。西路（27号）为花园，三进院落。

和瑛（？—1821），字太葊，额勒德特氏，清蒙古镶黄旗人。和瑛原名和宁，道光帝时为避讳改名，清乾隆三十六年（1771）辛卯科进士。历任按察使、布政使等职，并领侍卫内大臣之职。乾隆五十八年（1793）任西藏办事大臣，在藏八年对西藏地形、民俗、物产等多有著述。官至兵部尚书、刑部尚书。卒谥简勤。

那彦成宅

那彦成宅位于今东城区育群胡同西口路北，是当时东城最大的宅第。

那彦成（1764—1833），字韶九，章佳氏，一字东甫，号绎堂，满洲正白旗人，乾隆年间重臣阿桂孙。清乾隆五十四年（1789）己酉科进士。官至内阁大学士兼军机大臣。

陈用光寓所

陈用光寓所位于今西城区椿树上二条。

陈用光（1768—1835），字硕士，江西新城县（今黎川县）人。清嘉庆六年（1801）辛酉恩科进士。选庶吉士，散馆授翰林院编修。历官江南道、广东道监察御史、国子监司业、内阁学士、福建学政、礼部右侍郎、浙江学政，官至礼部左侍郎。以学行名重一时。著有《太乙舟文集》。

徐宝善故居

徐宝善故居位于今西城区米市胡同。

徐宝善（1790—1838），字廉峰，歙县人。清嘉庆二十五年（1820）庚辰科进士，榜名三宝。改庶吉士，授编修，历官御史。清道光十四年（1834）担任浙江乡试副主考，道光十八年担任会试同考官。黄爵滋说："使如廉峰诸君提倡于上，亨甫（张际亮）、四农（潘德舆）诸子相与奋发而周旋之，则斯道复兴之机也。"卒于道光十八年（1838）。著有《壶园诗钞》。

龚自珍故居

龚自珍故居一处位于今西城区手帕胡同21号。故居坐北朝南，为三进院落，另有东西跨院。前院有北房三间，两侧耳房各两间，东西厅房各三间。院内当年悬有道光帝御笔“福”字匾及“耕读堂”匾。龚自珍与其兄分住在东西跨院。该故居现已不存。

另一处位于今西城区上斜街50号。清道光年间（1821—1850），龚自珍曾居于此。故居分前后两部分，前为住宅，后为花园。道光十一年（1831）龚自珍将此宅卖给了广东番禺县人潘仕成，后潘仕成回归故里，把此宅赠与同乡会，遂成为番禺会馆。

龚自珍（1792—1841），清代思想家、文学家。字尔玉，号定盦，浙江仁和（今杭州）人。清道光九年（1829）己丑科进士，任礼部主事。后任宗人府主事，与贝勒奕绘往来密切。50岁暴卒于丹阳云阳书院。今人辑有《龚自珍全集》。

麟庆宅

麟庆宅位于今东城区黄米胡同5、7、9号。此宅院始建于清初，为贾汉复建造，据麟庆著《鸿雪因缘图记》载，“半亩营园，紫禁城外东北隅，弓弦胡同内，延禧观对过。园本贾膠候中丞宅，李笠翁客贾幕时，为葺斯园，壘石成山，引水作沼，平台曲室，奥如旷如”。并得到叠石名家张南垣父子之助，易主后渐荒落，随又经修整改为会馆和戏院。清道光二十一年（1841）为麟庆所得，并对此宅大加修茸，取名“半亩园”。民国时归瞿宣颖所有，更名为“止园”。

麟庆（1791—1846），完颜氏，字伯余，又字振祥，号见亭、佛寮。内务府满洲镶黄旗人。清嘉庆十四年（1809）己巳恩科进士。善治水，官河道总督。著有《鸿雪因缘记》、《黄河运道古今图说》等。

黄爵滋旧居

黄爵滋旧居位于今西城区莲花胡同。莲花胡同内有莲化寺，清代多名人居住。清道光朝黄爵滋亦曾居此寺。后从莲花寺移居到烂缦胡同。莲花寺树木浓郁，景致极佳，曾为进京述职大吏行馆。现存前后二殿各三楹，东西配殿各二楹。

黄爵滋（1793—1853），字德成，号树斋，江西宜黄人。清道光三年（1823）癸未科进士。黄爵滋七岁能赋，清嘉庆十三年（1808），入府州府学，中进士后，历任御史、给事中、鸿胪寺卿等职，“以直谏负时望”。道光十九年（1839）任大理寺少卿。道光年间力陈鸦片之害，“禁烟之议，创自黄爵滋”。鸦片战争爆发后，与邓廷桢共抗英军。晚年主持豫章书院。清咸丰三年（1853）卒于北京，归葬于宜黄二都乡石巩寺侧。

善次占宅

善次占宅位于海淀区灯笼库，今苏州街至八一中学一带。

善次占（生卒年不详），名恒，满洲正白旗人。清道光二十年（1840）庚子科进士。善次占幼年有“神童”之称，后来做官到西宁，在路闰生先生指导下学习，晚年才考中进士，官善化县令，著《前种菜歌》。

祁寯藻寓所

祁寯藻寓所位于今西城区思源胡同。胡同西旧称四眼井。祁诗称“斜街老屋熟为邻，井洌甘泉意倍亲”。诗中对四眼井水给予高度评价。

祁寯藻（1793—1866），字叔颖，一字淳甫，避讳改实甫，号春圃、息翁，山西寿阳人。清嘉庆十九年（1814）甲戌科进士。由庶吉士授编修，累官至体仁阁大学士、太子太保。谥号文端。

骆秉章寓所

骆秉章寓所位于今西城区贾家胡同。

骆秉章（1793—1867），字吁门，号儒斋，广东花县人。清道光十二年（1832）壬辰恩科进士。选庶吉士，后被授为编修，迁移为江南道、四川道监察御史等职。道光年间官湖南巡抚，治军平乱，功绩卓著。清咸丰（1851—1861）间官四川总督、太子太保。清同治六年（1867）病逝，谥号文忠。与曾国藩、左宗棠、李鸿章等人并称“晚清八大名臣”。

曾国藩寓所

曾国藩的寓所共有四处。一处位于今西城区果子巷。据《曾文正公年谱》载：曾国藩“曾于道光二十年（1840）六月，移寓果子巷客舍，病热危剧，几不救，九月乃愈”。今巷内均为居民住宅。

另一处位于今西城区菜市口胡同。据《曾文正年谱》载，道光二十一年（1841）八月，曾国藩移寓绳匠胡同北路东。1999年在城市改造，将胡同西侧平房全部拆除。

曾国藩另外两处寓所位于今西城区的贾家胡同与南横东街。

曾国藩（1811—1872），初名子城，字伯涵，号涤生，湖南长沙府湘乡县（今湖南省娄底市双峰县）人。清道光十八年（1838）戊戌科进士。晚清重臣，湘军的创立者和统帅者。清朝战略家、理学家、政治家、书法家、文学家，晚清散文“湘乡派”创立人。晚清“中兴四大名臣”之一，官至两江总督、直隶总督、武英殿大学士，封一等毅勇侯，谥文正。

志和宅

志和宅位于东城区府学胡同36号。据《天咫偶闻》、《道咸以来朝野杂记》两书载，志和宅两院均属清末兵部尚书志和府第。清光绪二十九年（1903）李鸿章之孙李国杰以总部胡同旧宅建显忠祠，买此宅奉母居住。民国间，两院均被售出或转让。东宅（府学胡同36号院）曾为清皇室敬懿、荣惠二太妃所居，现为单位办公使用。西宅（交道口南大街136号）在民国期间为海军总长刘冠雄的官邸，后为燕京神学院所用，1931年后作为助产学校、产院，现归北京市东四妇产医院使用。1984年，两宅院作为一体公布为北京市文物保护单位。两所宅院近年来虽有一定变革，但其主要建筑和院落基本完整。

志和（生卒年不详），字蔼云，号春圃，满洲正蓝旗人。清咸丰二年（1852）壬子恩科进士。曾任理藩院尚书、兵部尚书、刑部尚书。工绘事。尝画东堂喜雨图，题者甚众。著有《八旗画录》。

吴可读故宅

吴可读故宅位于今西城区南横西街11号院。吴可读死后，清光绪帝优恤葬惠陵。后人仿明臣杨椒山故宅例，立祠奉祀。清光绪三十一年（1905），由张林炎督工，对故宅加以修葺，并于附近绳匠胡同另购房若干，以增房产。故宅已不存。有吴柳堂先生故宅记碑，今存于北京石刻艺术博物馆。

吴可读(1812—1879)，字柳堂，号冶樵，甘肃兰州人。清道光三十年（1850）庚戌科进士。授刑部主事，晋员外郎，著有《携雪堂诗文集》。

宝鋆宅

宝鋆宅位于今东城区大佛寺东街路西9、11、15号。据《道咸以来朝野杂记》载："宝文靖公鋆第，在东城大佛寺东街路西，即南兵马司拐弯处。屋宇院落虽多，而不统一，盖集之久而成者。"建造年代约在清中晚期，主要房屋工料俱佳，且保存较好。现为民居。

宝鋆（1807—1891），字佩蘅，索绰络氏，满洲镶白旗人。清道光十八年（1838）戊戌科进士。授礼部主事，擢中允，三迁侍读学士。清咸丰时任内阁学士、礼部右侍郎、总管内务府大臣。清同治时任军机处行走，并充总理各国事务大臣、体仁阁大学士。与恭亲王奕訢、瓜尔佳·文祥等自同治初年当枢务，洋务运动时期中央的主要领导者之一，造就同治中兴。清光绪年间晋为武英殿大学士。卒谥文靖，入祀贤良祠。

徐桐府

徐桐府位于今东城区东交民巷。徐桐讨厌与洋人做邻居，署其门联曰"望洋兴叹，与鬼为邻"。八国联军攻入北京，徐桐自杀，府邸则为比利时使馆占用，现为紫金宾馆。

徐桐(1820—1900)，字豫如，号荫轩。汉军正蓝旗人。清道光三十年（1850）庚戌科进士。清咸丰十年（1860）以前任翰林院检讨，实录馆协修等职。同治帝登位后为其师傅。清光绪二十六（1900），支持慈禧力举立溥儁为大阿哥(即皇储)，废光绪帝，遂被任命为溥儁的师傅。义和团运动兴起后，主张借助义和团排外，支持慈禧太后对外宣战。八国联军攻入北京后，自缢身亡。著有《治平宝鉴》。

王懿荣故居

王懿荣故居位于今东城区锡拉胡同21号西端北侧，今为居民住宅楼，其原貌应是坐北朝南，东、西并列的两个宅院。两个宅院内部相通，西院为住宅区，为三进院落；东院为休闲区，有花厅、正房、凉亭、游廊、山石和水井等，院内花木扶疏。当年，花厅为王懿荣的客厅兼办公室，正房则是他的书斋。清光绪二十年（1894），王懿荣购得此宅，携家人入住；光绪二十六年（1900）七月二十一日，王懿荣在此投井殉难；光绪二十九年（1903），将东院辟为"福山王文敏公家祠"，祠内有碑，碑文为光绪皇帝的《赠侍郎衔国子监祭酒王懿荣祭文》和权署两江总督樊增祥撰写的《王文敏祠堂记》，在院内井上建亭刻石，曰“福山王文敏殉难处”。今该处房屋小亭均已拆除，建了高楼，井已埋于地下。原有石碑已于1990年4月运至山东福山王懿荣博物馆。

王懿荣（1845—1900），字正儒、正孺，一字廉生、莲生，谥文敏，山东福山人。清光绪六年（1880）庚辰科进士。曾任国子监祭酒。因精通金石之学尤其是对甲骨文的研究而享誉海内外。光绪二十五年（1899），有商人携带河南彰德安阳小屯乡殷墟发现的甲骨入京。王懿荣审定为殷商卜骨，遂购得数千片进行研究，这是我国研究殷墟甲骨文字的开始。

盛昱宅

盛昱宅位于东城区麻线胡同3号。该院原为清道光时协办大学士敬徵之宅，传至盛昱，是一个带花园的宅第，名为“意园”。北洋军阀时期为当时国务总理唐绍仪购得，不久转卖给清末外务部尚书梁敦彦。梁宅改扩建后有房105间。现有宅院仅为原宅的一部分，其余均无存。院落坐北朝南，街对面有八字影壁。该院布局紧凑，中西合璧，保护较好。该院于2006年迁建至东四五条。为东城区文物保护单位。

盛昱（1850—1900），爱新觉罗氏，字伯希，又字伯熙、伯兮、伯羲、伯韫，号韵莳，室名意园、郁华阁、移林馆。清朝远支宗室镶白旗第三族。清光绪三年（1877）丁丑科进士。自幼才资聪颖好学，博览群书，过目不忘。乡试、会试皆第一名，中进士后选翰林院庶吉士。历任编修、国子监祭酒、山东乡试正考官等，后引疾造假开缺。光绪二十六年（1900）卒于家，年50岁。

翁同龢旧居

翁同龢旧居位于今东城区东单二条7号。该胡同于1991年后拆除，现为东方广场。旧居坐北朝南，原为东、中、西三路并连的大型院落。20世纪50年代以后改动颇大，后逐渐拆除。

翁同龢（1830—1904），字声甫，号叔平，晚号松禅。江苏常熟人。清咸丰六年（1856）丙辰科一甲进士第一。历任陕西学政、户部侍郎、都察院左都御史，刑部、户部、工部尚书、加太子少保衔，协办大学士、军机大臣兼总理各国事务衙门大臣等职，兼为光绪帝的师傅。《马关条约》签订后，支持维新变法，成为“帝党”的重要人物和“后清流”的领袖。光绪二十一年（1895）支持康有为等人在北京成立的强学会，被罢官。死后追谥“文恭”。书法诗词自成一家。著有《瓶庐诗文稿》、《翁文恭公日记》等。

刘光第故居

刘光第故居分别位于今西城区菜市口胡同29号（现为菜市口大街），另一处位于今西城区南横东街155号。

刘光第（1859—1898），字裴邨，四川省自贡市富县人。清光绪九年（1883）癸未科进士。授刑部主事。1898年9月5日，光绪下诏赏他与谭嗣同、杨锐、林旭四人四品卿衔，在军机章京上行走，参与新政。戊戌变法失败后被杀害。为“戊戌六君子”之一。著有《介白堂诗集》、《衷圣斋文集》。

张之洞旧居

张之洞旧居位于今西城区白米斜街11号。旧居大门在白米斜街，门外有照壁、上马石、八字门墙。后临什刹海前海。临海平列三幢小楼，中楼前花厅2间，四面带廊，中楼7间，是一座高台建筑，台为城砖所砌。东楼面阔5间，2层。西楼面阔6间，2层。就在这座气势威武的宅院里，张之洞度过了他人生中的最后两年。

张之洞（1837—1909），字香涛，号壶公，晚号抱冰老人，直隶南皮（今河北南皮县）人。清同治二年（1863）癸亥恩科一甲进士第三。授翰林院编修，历任教习、侍读、侍讲、内阁学士、山西巡抚、两广总督、湖广总督、两江总督（多次署理，从未实授）、军机大臣等职，官至体仁阁大学士。洋务派代表人物之一，其提出的“中学为体，西学为用”，是对洋务派和早期改良派基本纲领的一个总结和概括。张之洞与曾国藩、李鸿章、左宗棠并称晚清“四大名臣”。

沈家本故居

沈家本故居位于今西城区金井胡同1号。因沈家本家门前有金井得名。故居坐北朝南，为四进院，占地面积约1500平方米。第一进院北房三间有过道，自题“枕碧楼”，楼中藏书五万册。楼下是会客和写作的地方。在此曾会见过梁启超、袁世凯、段祺瑞、沈钧儒以及日本的书法家。房屋基本保持原状。

沈家本（1840—1913），字子淳，号寄簃，吴兴（今浙江湖州）人。清光绪九年（1883）癸未科进士。历任刑部左侍郎、大理寺正卿、法部右侍郎、资政院副总裁等职，是清末修订法律的主持人和代表者。他对中国古代法学予以总结和评判，同时也引进近代西方法律理念，制定符合时代精神的法制，对于近代中国法制发展起到了重要作用。他撰写的书稿《沈寄簃先生遗书》，成为研究我国古代法律的重要文献。

陆润庠旧居

陆润庠旧居位于今西城区羊肉胡同75号。故居坐北朝南，大门外有影壁、上马石和石狮。院落五进，东部前为花园，中为祠堂，后为菜地，西北角是马号。原有房屋一百三十余间。1920年冯公度购置此宅居住。现大门已拆改，花园、菜地、马号等处已建房。

陆润庠（1841—1915），字凤石，号云洒、固叟，元和（今江苏苏州）人。清同治十三年（1874）甲戌科一甲进士第一。历任国子监祭酒、山东学政。以母疾归苏州，总办苏州商务。清光绪二十六年（1900）八国联军入侵，慈禧太后西行途中，代言草制。后任工部尚书、吏部尚书，官至太保、东阁大学士、体仁阁大学士。清宣统三年（1911）皇族内阁成立时，任弼德院院长。辛亥后，留清宫，任溥仪老师。民国四年（1915）卒，赠太子太傅，谥文端。

徐致靖寓所

徐致靖寓所位于今西城区上斜街。

徐致靖（1844—1918），字子静，江苏宜兴人，寄籍宛平。清光绪二年（1876）丙子科进士，选庶吉士，散馆授编修。参与清末维新变法，变法失败后，在上斜街寓所被捕。后经李鸿章疏通，荣禄力保，被判绞监候（死缓）。庚子事变，刑部大牢无人职守，请徐致靖回家。慈禧回京后，下诏赦免。后归隐杭州，直至病逝。被称为“六君子”之外的七君子。著有《上虞县志》、《奏议》、《仅叟诗文》若干卷，《论语解》

（未完稿）。

志钧宅

志钧宅位于今东城区大佛寺东街2、4、6号。是典型的清代官邸，中路和西路建筑保存基本完好。志钧宅位于张自忠路南历史文化保护区内，是该文保区历史风貌的组成部分，也是京城王府资源之一，具有较高的历史价值。

志钧（1866—1921），富察氏，字宝臣，满洲镶黄旗人。清光绪九年（1883）癸未科进士。道光皇帝第六女寿恩公主额驸景寿季子，光绪十二年（1886）袭三等承恩公爵。曾任镶红旗汉军副都统、镶红旗护军统领、资政院钦选议员。

梁士诒旧居

梁士诒旧居位于今西城区西单北大街100号。旧居由多进四合院组成。

梁士诒（1869—1933）字翼夫，号燕孙，汉族，广东三水人。清光绪二十年（1894）甲午科进士，授翰林院编修。曾参与袁世凯胁迫清皇室退位的活动，任袁世凯总统府秘书长、交通银行总理、财政部次长、北洋政府国务总理等职务。为中华民国时期北洋政府交通、财政高级官员，旧交通系首领，是清末民初中国政坛的重要人物。

陈宝琛旧居

陈宝琛旧居位于今西城区灵境胡同33号、37号。33号院为清末和民国时期建筑。坐北朝南，三进院落。第一进院正房一座，东西厢房各三间。第二进院由正房、厢房、垂花门组成。第三进院正房一座，东西耳房各一座，存西厢房两间。37号院为坐北朝南三进院落。第一进院正房一间，东西耳房各一间，西厢房两间。第二进院正房一座，耳房两间，东西厢房各三间。第三进院正房一间，耳房两位，东西厢房各五间。建筑虽经后期改造，但总体上保存尚且完整。

陈宝琛（1848—1935），字伯潜，号弢安，福建闽县（今福州市）螺洲人。清同治七年（1868）戊辰科进士。官至正红旗汉军副都统、内阁弼德顾大臣，为毓庆宫宣统皇帝授读，被称为末代“帝师”。

徐世昌宅

徐世昌宅位于今东城区东四六条。故居坐北朝南，原大门在流水巷内，院落宏大。故居的原状不详，现存一座两卷勾连搭和一座三卷勾连搭建筑。故居现为校舍，未对外开放。

徐世昌（1855—1939），字卜五，号菊人，天津人。清光绪十二年（1886）丙戌科进士。1918年由段棋瑞的“安福国会”选为大总统，1922年6月下台。晚年期间，徐世昌同学生、门客编撰了《清儒学案》、《秘笈录存》等书籍二十余种。著有《水竹村人集》。

蔡元培故居

蔡元培故居位于今东城区东堂子胡同75号。故居建筑坐北朝南，原为东、西各三进的院落。后分为75，77号两个院落。蔡元培寓居时，将五间倒座房作为客厅。二进院北房三间，前有走廊，左右各带一间耳房，东西厢房各三间，南房四间，第三进北房五间，带走廊。最后为后罩房。故居被列为东城区文物保护单位。未对外开放。

蔡元培(1868—1940），字鹤卿，号孑民，浙江绍兴人。清光绪十八年（1892）壬辰科进士。与章炳麟等发起组织中国教育会，创办爱国学社和爱国女学，提倡民权，宣传革命。1907年赴德留学，入莱比锡大学研究哲学、文学、美学和心理学。1912年任南京临时政府教育总长，1917 年任北京大学校长，提倡学术研究，主张对新旧思想“兼容并包”。1919年五四运动爆发后被迫辞职。著作有《蔡元培先生全集》。

王揖唐宅

王揖唐故居位于今西城区参政胡同。北洋政府时期，因参议院院长王辑唐宅第在此，故得名参政胡同。日本人多田贞一曾在1944年出版的《北京地名志》一书中说，参政胡同是北京用活着的人名作为地名的唯一例子。宅第今为北京师范大学附属第二小学的部分校址。

王揖唐（1877—1948），名赓、志洋，字什公、一堂、逸堂、慎吾。安徽省合肥市人。清光绪三十年（1904）甲辰科进士。袁世凯秘书，洪宪男爵，北洋上将，安福系主将。曾在日本留学，抗战时叛国投敌。1948年以汉奸罪被枪决。

傅增湘故居

傅增湘故居位于今西城区西四北五条7号。为傅增湘1918年构筑的新宅。因为景仰乡贤苏东坡，特取苏东坡的诗句“万人如海一身藏”之意，命名为“藏园”。园内书斋有长春室、食字斋、池北书堂、龙龛精舍、莱娱室、抱素书屋等。该院落坐北朝南，四进院落。广亮大门一间，位于院落东南角。一进院北侧有垂花门一座，两侧连看面墙，墙内侧为游廊。二进院内有正房三间，前后出廊。正房两侧有耳房各两间，东耳房东一间为过道。东西厢房各三间。三进院有正房三间，东西厢房各三间。第四进院现已翻建划归他院。

傅增湘（1872—1949），字沅叔，号姜庵，四川江安人。清光绪二十四年（1898）戊戌科进士。1917—1919年任教育总长，1927年任故宫博物院图书馆馆长。傅增湘是民国时期著名学者、教育家、藏书家。长期从事图书收藏和版本目录研究，藏书总计达20余万卷，其藏书之处称为“双鉴楼”。

陈宗蕃旧居

陈宗蕃旧居位于今西城区米粮库胡同1号。宅院为陈宗蕃自建的花园式住宅，名“淑园”。园内有假山荷塘，种植奇花异草。今北房尚存。

陈宗蕃（1879—1954），字莼衷，福建福州人，清光绪三十年（1904）甲辰科进士。1927—1935年编著《燕都丛考》三编。

陈叔通故居

陈叔通故居位于今东城区灯草胡同32号。故居旧门牌为灯草胡同30号，院落为座南朝北的四合院。现为杂院。

陈叔通（1876—1966），名敬第，字叔通，号云麋，浙江杭州人。清光绪二十九年（1903）癸卯科进士，同年闰五月，改翰林院庶吉士。甲午战争后留学日本，曾参加戊戌维新运动。辛亥革命后，任第一届国会众议院议员。曾参加反对袁世凯的斗争。此后，长期担任上海商务印书馆董事、浙江兴业银行董事等职。抗日战争期间参加抗日救亡活动。抗战胜利前夕，参加筹组上海市各界人民团体联合会。1949年9月出席中国人民政治协商会议第一届全体会议。中华人民共和国建立后，任中央人民政府委员，全国人大常委会副委员长，政协全国委员会副主席，中华全国工商联合会第一、二、三届主任委员。1966年2月17日卒于北京。

地名

国学胡同

国学胡同位于东城区孔庙北侧，呈东西走向的死胡同。东起官书院胡同，西不通行，南邻孔庙，北靠五道营胡同。全长176米，宽6米，沥青路面。

国学胡同，明清时无称。1947年称此名。因胡同位于国子监(亦称太学)之后而得名。1949年后沿称。现胡同内有国学小学，余为居民住宅。

箭厂胡同

箭厂胡同位于东城区雍和宫大街西侧，呈南北走向。北起五道营胡同，南止国子监街，东与箭厂北巷、箭厂南巷相通，西与后肖家胡同、前肖家胡同、永康胡同、大格巷相通。全长318米，宽8米，沥青路面。

清乾隆十五年（1750）京城全图，在箭厂处标有箭亭，位于国子监西墙外，由此推溯，箭厂应源于乾隆之时的箭亭，是国子监学生射箭习武的处所。清宣统时称慈悲胡同。1949年后沿称。1965年整顿地名，将慈悲胡同改为箭厂胡同，原箭厂改称箭厂北巷，与其相对应，原慈悲胡同南口东侧的盲巷随之称为箭厂南巷。

箭厂北巷

箭厂北巷位于东城区安定门东大街南侧，呈东西走向。西起箭厂胡同，东不通行。全长96米，宽4米，方砖路面。

箭厂北巷，清宣统时称慈悲胡同。1947年称箭厂。1949年后称箭厂胡同。1965年整顿地名时改称箭厂北巷。现胡同内均为居民住宅。

箭厂南巷

箭厂南巷位于东城区国子监街北侧，呈东西走向。西起箭厂胡同，东不通行。全长211米，宽4米，方砖路面。

箭厂南巷，清宣统时称慈悲胡同。1947年称箭厂。1949年后称箭厂胡同。1965年整顿地名时改称箭厂南巷。现胡同内均为居民住宅。

国子监街

国子监街位于东城区安定门内大街东侧，呈东西走向。东起雍和宫大街，西止安定门内大街，南侧有公益巷，北侧从东至西依次为官书院胡同、箭厂胡同、大格巷。全长680米，宽12米，车行道宽6米。沥清路面。

国子监街，元代时已形成，有元之太学。明代属崇教坊，有国子监、文庙。清代属镶黄旗，称国子监。民国后沿称。1965年整顿地名时改称国子监街。“文化大革命”中一度改称红日北路九条，后恢复原名。现街北侧有国家重点文物保护单位孔庙和国子监。孔庙是元、明、清三代祭祀孔子的地方，建于元大德七年（1303），1988年被定为国家重点文物保护单位。国子监在孔庙西侧，建于元大德十年（1306），是元、明、清三代的太学旧址，1961年被定为国家重点文物保护单位。国子监街上还保留有四座牌坊和下马石碑，1984年被定为北京市文物保护街。现街内有水运规划设计院等单位，余为居民住宅。

文丞相胡同

文丞相胡同位于东城区交道口南大街东侧，呈南北走向。北起大兴胡同，南止府学胡同，东与桃条胡同相通，西与东旺胡同相通。全长218米，宽4米，沥青路面。

文丞相胡同，明代属教忠坊，有文丞相祠，民族英雄文天祥曾囚禁于此。清代属镶黄旗，乾隆时称靶儿胡同，宣统时称巴儿胡同。民国后沿称。1949年后称文丞相胡同。“文化大革命”中一度改称庆新胡同，后恢复原名。今文天祥祠并不在此，而在府学胡同西口。现胡同内均为居民住宅。

府学胡同

府学胡同位于东城区张自忠路北侧，呈东西走向。东起东四北大街，西止交道口南寺街，南与中剪子巷相通，北与北剪子巷、文丞相胡同相通。全长681米，宽7米，沥青路面。

府学胡同，明代属教忠坊，称府学胡同，因顺天府学设在胡同内而得名。清代属镶黄旗，沿称。1965年整顿地名时将怀仁里、箭杆胡同并入。明宣德年间（1426—1435），元大兴县学改为顺天府府学，并将原报恩寺址包括在内。顺天府学明伦堂遗址及孔圣殿均尚存，魁星阁亦有遗迹。府学旧址今为府学胡同小学、府学胡同幼儿园，1984年被定为北京市文物保护单位。胡同西口北侧有文丞相祠，建于明洪武九年（1376），明万历年间重建，寺内保存有多方刻石，院内有古枣树一株，相传为文天祥亲手所植。1979年被定为北京市文物保护单位。36号四合院原为清末兵部尚书志和府第，1984年被定为北京市文物保护单位。现胡同内有区人民法院等单位，余为居民住宅。

大学夹道

大学夹道位于东城区景山公园东侧，呈南北走向，中间曲折。北起三眼井胡同，南止沙滩后街，东与东高房胡同相通。全长282米，宽3米，沥青路面。

大学夹道，民国时称大学堂夹道。民国三十六年（1947）称大学校夹道。1949年后称大学夹道。1965年整顿地名时将西高房并入。人民教育出版社（原京师大学堂旧址）侧门在大学夹道内。现胡同内多为居民住宅。

贡院头条

贡院头条位于东城区建国门内大街北侧，呈东西走向。东起贡院东街，西止贡院西街，南与贡院二条相通，北与东总布胡同相通。全长243米，宽10米，沥青路面。

贡院头条，原为元朝礼部旧基，明永乐年间改为贡院。贡院头条原属贡院的一部分。民国三十六年（1947）东段称贡院头条，西段称贡院二条。1949年后沿称。1965年整顿地名时，将贡院三条并入，统称贡院头条。“文化大革命”中一度改称朝霞街一巷，后恢复原名。现胡同内有四川省人民政府驻京办事处等单位，余为居民住宅。

贡院二条

贡院二条位于东城区建国门北大街西侧，呈东西走向。东起贡院头条，西止贡院西街。全长174米，宽6米，沥青路面。

贡院二条，明、清时为贡院的一部分。贡院二条，民国三十六年（1947）称贡院四条。1949年后沿称。1965年整顿地名时，改称贡院二条。“文化大革命”中一度改称朝霞街二巷，后恢复原名。现胡同内多为居民住宅。

贡院东街

贡院东街位于东城区建国门内大街北侧，呈南北走向。北起东总布胡同，南止建国门内大街，西与贡院头条相通。全长312米，宽6米，沥青路面。

贡院东街，明、清时为贡院的一部分。清朝宣统时称贡院东大街。民国沿称。1949年后称贡院东街。“文化大革命”中一度改称朝霞东街，后恢复原名。现街内多为居民住宅。

贡院西街

贡院西街位于东城区建国门内大街北侧，呈南北走向。北起东总布胡同，南止建国门内大街，东与贡院头条、贡院二条相通。全长369米，宽12米，沥青路面。

贡院西街，明、清时为贡院的一部分。贡院系明、清科举考场。清朝宣统时称贡院西大街。民国沿称。1949年后称贡院西街。“文化大革命”中一度改称朝霞街，后恢复原名。现街内有新华通讯社香港分社北京办事处等单位，余为居民住宅。

幸福巷

幸福巷位于东城区东部。西起幸福大街，南至福光路。长526米，宽5米。

此地原称八圣庙，又因庙建于高坡之上，又称八圣高庙。1965年改今名。清《京师坊巷志稿》记：“八圣庙，井一，有南极观。”八圣庙建于清光绪年间，庙内供奉尧、舜、禹、汤、周文王、周武王、周公、孔子八圣之像，故称八圣庙。清末民初盛极一时，后被奉军拆毁。南极观，亦称南极庙，在幸福巷东南，清初建，属蟠桃宫下院。此地旧时居民不多，多为菜田和坟地。居民以种菜、看坟、拉洋车为主。20世纪50年代居民增加，环境有了改善。路旁建有培新小学、光明小学(二部)和幸福北里居民楼。

武学胡同

武学胡同位于东城区智化寺西侧，呈南北走向，中间曲折。北起禄米仓东巷，南止禄米仓胡同，西有支巷通东八宝胡同。全长280米，宽4米，沥青路面。

武学胡同，清朝属镶白旗，称武学胡同，因明朝此地设有武学而得名。民国后沿称。据《京师五城坊巷胡同集》载：明英宗正统八年（1443）设京卫武学。据当地老住户讲，遗址在今16号院。现胡同内均为居民住宅。

力学胡同

力学胡同位于西城区西长安街地区中部。东西走向，东起府右街，西至横二条。全长458米，均宽4米。明代称李阁老胡同，因大学士李东阳宅第在此。李东阳时称李阁老，故名。1965年更名为力学胡同。清代有进士馆，1911年后改为法政大学，今为力学小学所在地。

李东阳年老辞官后回到了南老家。胡同中的宅邸很快就破败了。后来是他的老乡耿定向出资将宅邸修茸，为李东阳建了祠堂。清光绪三十四年（1908），当时的邮传部在李东阳故居及祠堂的遗址上创建了铁道管理传习所，旨在培养铁路管理人才。

进士馆校址设在李阁老胡同，即今力学胡同47号。设立"进士馆"的目的是向新进士传授科学知识和政法知识，培养新进士成为"果、达、艺"的优秀从政人才，学制三年。凡年龄在35岁以下的新进士必须入馆学习，由所在省籍发放补贴。光绪三十年（1904），"仕学馆"与"进士馆"合并，光绪三十二年（1906）停办，"进士馆"改为"京师政法学堂"，完全脱离了京师大学堂。民国后，"京师政法学堂"改为法政大学。

李东阳（1447—1516），字宾之，号西涯，湖广长沙府茶陵州（今湖南茶陵）人。明天顺八年（1464）甲申科进士，授编修，累迁侍讲学士，充东宫讲官，明弘治八年（1495）以礼部侍郎兼文渊阁大学士，直内阁，预机务。著有《怀麓堂集》、《怀麓堂诗话》、《燕对录》。

群力胡同

群力胡同位于西城区厂桥地区西北部。东西走向，东起护仓胡同，西至新街口南大街。全长313米，均宽5米。清代初称麻状元胡同，因清顺治壬辰科满榜首选状元麻勒吉居此，故名。后麻勒吉改名马中骥，麻状元遂称马状元，胡同亦改称马状元胡同，俗称状元街。1965年改称群力胡同。

麻勒吉（？—1689年），汉名马中骥，苏完瓜尔佳氏，满洲正黄旗人，曾任学士、江南江西总督、步军统领等职。参与编修清太祖、太宗圣训，是清世祖遗诏的起草者之一。清顺治九年（1652），满洲进士壬辰科一甲第一，是清朝第一位满洲状元。

前秀才胡同

前秀才胡同位于西城区福绥境地区西南部。东西弯曲走向，东起西直门南小街，西至秀洁胡同。全长295米，均宽4米。名称始于清代，因是三条秀才胡同最南部的一条，故名前秀才胡同。1990—2003年拆除，现为中国京剧院建设用地。

中秀才胡同

中秀才胡同位于西城区福绥境地区西南部。东西走向，东起西直门南小街，西至秀洁胡同。全长191米，均宽4米。名称始见于清代，因在三条秀才中部，故名。1990—2003年拆除，现为中国京剧院建设用地。

后秀才胡同

后秀才胡同位于西城区福绥境地区西南部。主干道东西走向，东段北折至月树胡同，南折至中秀才胡同，西至秀洁胡同。全长210米，均宽4米。名称始见于清代，因是三条秀才胡同最北部一条，故名后秀才胡同。1990—2003年拆除，现为中国京剧院建设用地。

韩家胡同

韩家胡同位于西城区东北部，大栅栏街道办事处辖域西南部，东西走向。东起陕西巷，西至五道街，长约360米，宽5.7米。原名寒葭潭，清代后期因内阁学士韩菼曾居于此，故称韩家潭。巷名沿用至解放后，1965年改今名。街内曾有芥子园，为李渔旧居。李渔，钱塘人，号笠翁，著名戏曲家。李氏对园林建筑艺术造诣颇深，宅内堆石筑亭为园，布局别致，取“内典小如芥子”，故名芥子园。九十五中学址即芥子园遗址。解放前此胡同为娼寮妓院集中的“八大胡同”之一。

韩菼（1637—1704），字元少，别号慕庐，长洲（今苏州）人。清康熙十二年（1673）癸丑科进士第一。授翰林院修撰，修《考经衍义》百卷，历官日讲起居注官、右赞善、侍讲、侍读，礼部侍郎、吏部右侍郎。官至礼部尚书兼翰林院掌院学士。谥文懿。

后孙公园胡同

后孙公园胡同位于西城区东北部，椿树街道办事处辖域东南部，东西走向。东起万源夹道，西至兴胜胡同，长250米，宽约4.5米。

清初称孙公园。清末分成前孙公园、后孙公园。巷名沿用至解放后，1965年改称后孙公园胡同。孙公园即明末大藏书家孙承泽寓所，其住宅和花园称为孙公园。孙生于明万历二十一年(1593)，卒于清康熙十五年（1676），明崇祯三年（1630）中举，翌年登进士，著有《天府广记》、《春明梦余录》等记载北京地理、历史方面资料的书。其住宅和花园内有研山堂、万卷楼、戏台等建筑。康熙年间，在孙公园的戏台上演出了洪昇的《长生殿传奇》，被诬告忌辰演戏，大不敬，按律治罪，洪昇及签发请柬者均被革职。巷内曾有安徽、泉郡、如泰、台州诸会馆。安徽会馆系李鸿章兄弟为首倡议于清同治十年（1871）修建的，其地也是孙公园的一部分。会馆规模宏大，有三大套院、一个花园，有戏台、碧玲珑馆、奎光阁、思敬堂、藤间吟屋等建筑。花园里有云烟收放亭、子山亭、假山、水池。民国期间，美术教育家徐悲鸿的美术学校也曾开设于此。会馆内戏台至今保存完好，为北京市文物保护单位。清代著名收藏家、甲戌本脂批《红楼梦》的作者刘位坦曾寓居巷内。

孙承泽（1593—1676），字耳北，号北海，又号退谷，山东益都人。明崇祯四年（1631）辛未科进士。官至刑科给事中。顺治元年（1644）被起用，历任吏科给事中、太常寺卿、大理寺卿、兵部侍郎、吏部右侍郎等职。富收藏，精鉴别书、画。著有《春明梦余录》、《天府广记》、《庚子消夏记》、《九州山水考》、《溯洄集》、《研山斋集》等四十余种，多传于世。

前孙公园胡同

前孙公园胡同位于西城区东北部，椿树街道办事处辖域东南部，东西走向。东起南新华街，西至魏染胡同北口，长约360米，均宽4.5米。

清前期称孙公园。清后期分为前孙公园、后孙公园。明末风物学家孙承泽曾在此居住，其住宅和花园称“孙公园”，故名。1965年将十间房，东库堆、小富藏、香儿胡同并入，改为前孙公园胡同。巷内曾有朝邑、锡全、广州、沔阳、渭南诸会馆，均为居民住宅。清代著名学者姜宸英、翁方纲、孙星衍曾寓居于此。

姜宸英（1628—1699），字西溟，号淇园，又号韦间，浙江慈溪人。清康熙三十六年（1697）丁丑科一甲进士第三。授翰林院编修。越两年为顺天乡试副考官，因主考官舞弊，被连累下狱死。著有《湛园集》、《苇间集》、《海防总论》。

翁方纲（1733—1818），字正三，一字忠叙，号覃溪，晚号苏斋。直隶大兴（今属北京）人。清乾隆十七年（1752）壬申科进士。授编修，历督广东、江西、山东三省学政，官至内阁学士。清代书法家、文学家、金石学家。精通金石、谱录、书画、词章之学，书法与同时的刘墉、梁同书、王文治齐名。论诗创“肌理说”，著有《粤东金石略》、《苏米斋兰亭考》、《复初斋诗文集》等。

孙星衍（1753—1818），字伯渊，一字渊如，号季述，江苏阳湖县（今属江苏省常州市）人。清乾隆五十二年（1787）丁未科一甲进士第二。清代经史学家，考据学者，金石学家。

宗学胡同

宗学胡同位于西城区西长安街地区南部。走向曲折，东起川店胡同，北至南文昌胡同。全长110米，均宽3米。《日下旧闻考》卷六十二引《大清一统志》载：清雍正三年（1725），特建宗学，以教宗室子弟，左右翼各一。清乾隆十九年（1754），右翼宗学由小石虎胡同移至东绒线胡同。今东绒线胡同小学即其旧址。因胡同地处宗学北侧，故称宗学夹道。1911年，后称宗学后身。1965年改为宗学胡同。

箭章胡同

箭章胡同位于海淀区青龙桥街道办事处辖域的西部，青龙桥镇西。东起六一幼儿园，西止东大井。全长80米，宽3.5米。清代成村，因有张姓在此修理弓箭，简称“箭张”，后讹为今名。

清代的铁匠营、鞍匠营、弓匠营皆为军队匠役作坊和住所。弓箭作坊兴起，发展到弓箭营，又衰落到弓匠大院，最后进胡同，表明军需工业变化的踪迹。清光绪二十七年（1901）以武科所习硬弓、刀、石及马步等，皆与兵事无涉，时至今日，亦无所用，下令永远停止。

篓斗桥

篓斗桥位于海淀区北京大学西门的西南部，东起颐和园路，西止万泉河石桥。全长120米，宽3米，沥青路面，因桥而得名。

此地有座南北走向的石桥，文人称作西勾桥，当地人称作漏斗桥。西沟之水由挂甲屯东南角改道北注，经蔚秀园北东流朗润园。西勾桥下的水面甚像竹编的器具，西面篓子底大，东面篓子口小。

篓斗桥东临米万钟的“勺园”，桥西形成聚落，两侧铺面、酒肆，散落民居。对篓斗桥胡同的记载，始见于明代。

篓斗桥虽然不大，却是座名桥。明代诗人王嘉谟、朱国祚来此唱和，留下许多诗句。

到了清代建有彩霞园，是圆明园的属园，清圣祖玄烨曾住过，清道光十六年（1836）赐给载铨，改称含芳园，俗称“定王园”。载铨故后收回内务府，清咸丰九年（1859）三月王子分府，赐给醇郡王奕譞，又将含芳园改为蔚秀园，占地120亩，殿房80余间。

方宅胡同

方宅胡同位于海淀区青龙桥街道办事处辖域中部偏南，大有庄西北。东起大有庄西大街，西至中央党校东墙。全长60米，宽2米。因有方氏兄弟的宅园而得名。

对方宅胡同的记载，始见于1932年。方宅主人叫方均善，号介眉，其弟个眉，兄弟两人，原籍东北长白山，清咸丰年间，方氏兄弟考中进士，曾放任外差任知府县令，衣锦还乡，修建宅第，占地10余亩。布局是前宅后院，宅西另有跨院。东部大园叠石为山，佳木苍郁。西部小园以池沼取胜，秀映清池。今中央党校北院东门一带便是方家宅园的遗址。

方宅胡同之南有关帝庙和娘娘庙，建于清乾隆年间。占地6.7亩，房屋16间。庙内法物有佛像、钟、磬等，另有石碑、旗杆。仅存遗址。

贡院胡同

贡院胡同位于通州区旧城东北部，清代顺天府科举考试的场所，东起天后宫胡同，西至北大街与司空分署街相对，中与贡院前街相交。全长176米，宽8米，车行道宽3.5米。明永乐年间在此设都察院，清康熙十八年（1679）三河大地震中都察院塌毁，后改建成试院。康熙二十一年（1682）除进行全面维修外，另建东西配房3间。康熙二十九年（1690）修东西号舍32间，另建正房5间。到清乾隆四十八年（1783）试院的规模形式为：照壁围墙1座，两旁辕门栅栏，大门1座，二门1座，东西号房42间，穿堂3间，东边茶房2间，大堂3间，东西平房11间，大厅5间，东西厢房6间，共72间，占地面积7333平方米。为清代顺天府县试、府试、院试的场所。顺天府辖二十四州、县，凡经县试、州试合格的考生齐集在这里参加府试和院试，考试多在四月份举行，各考四场，每场一天。县试、府试不记功名，院试得中者，叫做庠生（秀才），成绩较好的，才能参加乡试；乡试中者（录取），称为举人，才能参加会试；会试中者，再经过殿试，称为进士。科举考试场所是向朝廷贡献人才之地，所以称为贡院。贡院门前东西走向的街道，名贡院胡同；斜对贡院大门南北走向的街道，名贡院前街。每逢考期，这一带有为考生服务出售笔、墨、纸、砚、诗文书籍、生活用品的商店。清光绪二十六年（1900年）8月12日，八国联军攻入通州，程家20余人、梁家8人，均服毒自杀，以示抗争。其后贡院遭火灾成为废墟未修复。光绪三十一年（1905）清廷宣布废除科举考试制度，此地成为通州高等小学堂操场。1922年4月，京兆女子师范学校附属小学设此。1928年称河北省第六女子师范学校附属小学，后虽多次更名，仍为附属小学。1958年改为河北省立通县师范学校第二附属小学。1969年依地名改称贡院胡同小学，简称贡院小学。1990年拆除前院大部分平房，建成建筑面积3662平方米的新型教学楼。

贡院前街

贡院前街位于通州区旧城东北部，名为街，实为胡同，新华地区东部，通州区三中西墙外。南起靳家胡同与磁器胡同相对，北至贡院胡同。全长184米，宽5米，车行道宽3米。清代已形成，因街的北口曾为明代都察院、清代贡院所在地（今贡院小学），为清代顺天府乡试考取贡生的场所。因该巷在贡院之南（南为前），故名。其东侧曾为元代管河公判驻地，清代通永道署所在地。

大成街

大成街位于通州区旧城西北部，北大街之西。东起北大街，西至西塔胡同。全长114米，宽7米。自北齐（550—577）始，其北为潞县治所，金天德三年（1151）为州府所在地，元大德二年（1298），在该街北侧建儒学、文庙，其后形成街巷。依孔子封号“大成至圣文宣王”命名为大成街。1935年，汉奸殷汝耕在此成立伪冀东防共自治政府，投靠日本。1950年，通县地区督察专员公署曾驻此。1958年，北京花丝镶嵌厂迁此。1993年花丝厂拆迁，复建文庙。始建于北周的燃灯佛舍利塔坐落在该街西端之北，今西海子公园葫芦湖畔，为北京市文物保护单位。

司空分署街

司空分署街位于通州区旧城西北隅，西海子公园东侧。东起北大街，西至吉祥路。全长246米，东段宽7米，西段宽8米，车行道宽3.5米。明代已形成。明万历二十八年（1600）工部郎中陆基恕于此街东端正中建奎星楼，楼基为方形，中有门洞，基座上建楼三层，楼中设文昌像，因此街在明代曾设有工部分署衙门，故楼基上端西侧拱门上，嵌有石匾额，刻有“司空分署街”字样，传为明代权臣严嵩手笔，故名。因位于奎（魁）星楼之西，故又名奎星楼胡同。北侧为司空小区，南侧为今吉祥、如意居住区。通县电影发行公司、司空分署街小学及北京铝材厂旧址（今为居民楼）在此。

前射圃胡同

前射圃胡同位于通州区旧城北部西侧，大成街之南。南起司空分署街，北至后射圃胡同。全长105米，宽3—5米。清代，在此地设有射箭比武考取武状元之地，曾有东文（贡院）西武（射圃）之说。其后渐成街巷，曾名射圃胡同。1913年，兴建司空小学时，将胡同截断堵闭，该段在其南，故名前射圃胡同。1985年旧城改造，兴建司空小区时拆除，并入司空小区。燃灯佛舍利塔、文庙在其北侧。

后射圃胡同

后射圃胡同位于通州区旧城北部西侧，大成街之南。南起前射圃胡同，北至大成街。全长50米，宽2.7米。清时，此地为射箭比武考取武状元之地，曾有东文（贡院）西武（射圃）之说。其后渐成街巷，故曾名射圃胡同。1913年后，在兴建司空小学时，将胡同截断堵闭。该段在其北，故名后射圃胡同。1986年旧城改造时拆除，并入司空小区。文庙、燃灯佛舍利塔在其北侧。

查氏胡同

查氏胡同位于大兴区榆垡北端，东邻京开高速路，西为古镇街，总体占地面积30余亩，其中南部建筑占地面积约10亩，建有楼堂庭院，名其园为慕，名其园之堂曰有怀，楼曰致严楼，亭曰一亭。中部为场院、内查家坟及松柏古树林、七烈祠堂，占地约10亩。东北部为外查家坟及松柏古树林，占地约10亩。内、外查家坟之间有小河自西向东川流而过。

其慕园，在民国时期改建为民宅；其七烈祠堂，只有堂前铭刻碑记的碑石尚存村中；其松柏古树林，于1958年“大跃进”时全部被毁；其内、外查家坟，于1966年“破四旧”时被掘，现为查氏胡同“排子房”民宅和榆垡粮库。

查氏胡同因查氏族人数代久居而得名，为查氏别业。查氏为明清顺天府宛平县名门望族，其故里为榆垡庄（亦称西榆垡，今榆垡村），民间有“查半朝”之传说。祖籍江西临川，明永乐初年（约1403）迁居京师。现存《查氏家谱》，撰辑者为查氏五代孙查日乾。查日乾（字天行，号慕园），清初于天津掌管户籍，曾任职长芦盐政，又为候选知县。其曾祖父查永忠为明万历三十七年（1609）己酉科副榜，祖父查国英为明末贡士，仲祖父查国才为明末太学生，父查如鉴早殁。查日乾有三子：长子查为仁，考孝廉，是清康熙五十年（1711）乡试第一名举人（清康熙五十二年正月，因科场舞弊，刑部议定查氏父子斩监候，后获释），为义官至通判；次子查为义是太学生，官至安徽太平府通判；三子查为礼（字旬叔，号俭堂）官至四川布政使、按察史，湖南巡抚。其孙查善长，清乾隆十九年（1754）甲戌科进士，官至刑科给事；重孙查维彬，乾隆四十年（1775）乙未科进士，官至河南信阳知府。查日乾因子孙显赫，被诰赠通议大夫，世人尊称赠公。明崇祯十七年（1644）“甲申之变”中，查日乾祖母周氏、姑祖母等七人为保节自缢身亡。明亡后，仲祖父查国才从京师迁居榆垡。清康熙十八年（1679），查国才之子查如镜将查氏祖茔从北京西直门外迁至榆垡村北。康熙三十五年（1696）查如镜卒，亦葬于此。乾隆六年（1741），查日乾于榆垡村北为其祖母、姑祖母等建七烈祠堂，堂前铭刻碑记。查日乾暮年迁居河北三河。今榆垡村查姓村民均为查如镜后裔。

学房胡同

学房胡同位于房山区城关东南部，东北、西南走向。东起文昌胡同，西至南大街，长120米，宽3米，1952年改铺水泥路面。元代始于此创建房山县儒学校舍，明隆庆年间加以扩建，胡同因以得名。现为民居。

文化胡同

文化胡同位于房山区老县城西北部。北起府右胡同，南止中山西街。东与粮市胡同、太平街相通。旧有文庙，曾称文庙胡同。前后建有师范学校、城关小学等，改今称。清初已成街，1989年，南段修水泥路面，北段仍为泥土路面。长370米，宽4米。

府东一条

府东一条位于怀柔区城区中部，南北走向，南起府前街，北至后横街，长280米，宽6米。因位于区政府东侧第一条胡同，故名。南口东侧原为文庙和儒学，故曾称“成贤街”、“文庙胡同”；又因民国期间南口有“亨源号”杂货铺，故又俗称“亨源家胡同”。1979年改称今名。现南口西侧为林业局和龙山街道办事处办公楼，东侧为怀柔第三小学，两侧多为个体商铺。

文庙胡同

文庙胡同位于平谷区城区东部。东西走向，西高东低，东起旧城东街，西止南门街。南与南城根街、北与旧城街平行。长154米，宽6米。成于明代。因北侧有孔庙，孔庙又称文庙，当地人称“圣人庙”，故称文庙街。1945年前在庙内明伦堂开办县立女子完全小学校，1946年后先后改称平谷县完全小学、城关中学、平谷二中。1975年曾称胜利东巷，1981年恢复原名。

文庙胡同

文庙胡同位于昌平区城区东部，属二街。南北走向，南起政府街，北至铁佛庵胡同。东侧与金香炉胡同、长陵卫胡同相交，西侧与昌平二中相邻。全长160米，宽4米，混凝土方砖路面。两侧为居民住宅，现已不存。

录科胡同

录科胡同位于昌平区城区西北部，属八街。南北走向，北起录科头条，南至大道胡同。全长210米，宽5米，1985年5月铺成混凝土路面。明、清时曾在此处设学正，按时考试生员，称“录科”，故名。两侧为居民住宅。

书院巷

书院巷位于密云区县城中部鼓楼南大街东侧。东西走向，东起通城胡同，西至鼓楼南大街，长142米，宽3.5米。因胡同狭小，清代与民国初称小胡同，后改称学校胡同。因清代巷内设有白檀书院，故1981年更名书院巷。

白檀巷

白檀巷位于密云区县城东南部环新路北侧。为“冂”形，两端均与环新路相通，长80米，宽4米。因巷内残存白檀书院碑址而得名。

苏子街

苏子街位于延庆区旧城东南隅，东西走向，东起儒林街，西止南街。长160米，宽8米。原为土路，1960年改建成沥青路，道路结构为“一”字形。自古为民居，街道虽窄，但砖瓦平房排列整齐。1948年延庆解放后，中共延庆县委员会便设在该街西端北侧。1960年在原址建成县委办公大楼，是延庆的第一座楼房（2000年县委已迁出此楼）。武装部办公楼在县委大楼之东，其余均为民宅住户，大部仍保留古老的四合院建筑格局。明代永乐年间设隆庆州，名澄清街，后因有苏姓大户，苏乾与其父苏明“进士”双及第，住在此街，俗称苏子街，沿用至今。1937年8至9月间日本侵略军飞机曾在县城内扔下两颗炸弹，落在此街路北一家平民住户，炸毁了全院瓦房。据明嘉靖《隆庆志》载：澄清街曾有举人尚辅建木结构“鹏程坊”一座。1960年因建设需要被拆除。

儒林街

儒林街位于延庆区旧城东南隅，南北走向，南起下湾子，北止东街。长120米，宽6.5米。1960年建成沥青路，道路结构为“一”字形。向北紧邻繁华的东街，向南折西可达中共延庆县委原驻地。居民住户较少，街东侧有蔬菜公司、立新旅店；西侧有五金交化商场、劳保门市部，有少数个体店铺夹杂在街两侧。该街明代称文林街。明嘉靖《隆庆志》载：文林街南通儒学，后逐渐改称为儒林街。

豆腐巷

豆腐巷位于延庆区旧城东南隅，东西走向，东起下湾子，西止南街。长160米，宽8米。道路结构为“一”字形，土路面，中间高，两端略低。自古为民居，除少数砖瓦平房有所更新外，其余基本保持古老四合院格局，是较偏僻的一条街，也是县城内为数较少的土路面街巷，因之巷内多行人往来，车辆通行较少。明、清两代称成贤街，后因街内有做“豆腐脑”出名者，遂演为现名。现已改建为儒林苑小区一隅。

其他

清学部

清朝末年，随着西学的传播和洋务运动的发展，科举考试制度已经无法适应时代发展的需要。清光绪三十一年（1905）九月，袁世凯、张之洞奏请立停科举，以便推广学堂，咸趋实学。清政府诏准决定废止科举，各省陆续兴办新式学堂，为总率兴学育才之事，遂于光绪三十一年（1905）十一月初十日，发布谕旨成立学部。学部成为主持全国学政的机构，学部的建立，是清末实行“新政”的产物，它的出现与科举废止紧密相连。

学部选址在宣武门内东铁匠胡同镇国公全荣府（今西城区教育街1、3号）。1912年民国北京政府教育部沿用，东铁匠胡同改称教育部街。1928年为国民党北平市党部，1943年在1号建私立新华中学（今北京市外事职业高中使用）。1965年将教育部街改名教育街至今。王府坐北朝南，东西二院并列。东院府门五间，二门内有东西配楼各五间，正堂三间带左右耳房，后堂三间，东西配房各三间；西院府门三间带左右顺山房，前堂三间，后寝三间及后罩楼。现东院保存尚好，有三进院落，灰筒瓦硬山房，基本保持原有建筑格局。西院（3号院）为武警使用。原有乾隆《奉贡院御制诗》碑，今存北京石刻艺术博物馆，碑座仍在原处。

甘为霖碑

明嘉靖十五年（1536），工部尚书甘为霖来怀柔督运采石时，赋诗《旧石叹》并勒碑于奉圣寺。清康熙元年（1662），怀柔县知县陆腾骏来至奉圣寺，见此寺已破败，杂草丛生，而此碑上的草书苍劲有力，运笔流畅，且内容感人。当时正值重修城隍庙，次年（1663）陆将此碑迁往城隍庙，安放于殿阶右侧空地上。20世纪50年代初，城隍庙被拆毁，遂将此碑又迁往县政府院内，1995年迁往红螺寺院内。现保存完好。碑文首题：督运旧石有感于奉圣寺。落款：嘉靖丙申（十五年，1536）冬尚书甘为霖。碑文草书，碑阴无字。碑高2.47米。碑螭首高0.83米，宽0.9米，厚0.24米。碑身高1.64米，宽0.87米，厚0.22米，碑座佚。

甘为霖（？—1547），字公望，敬修孙。四川富县人。明嘉靖二年（1523）癸未科进士，授知州。历官华州牧，刑部员外，工部郎中，累迁太仆寺少卿，工部侍郎，官至工部尚书加少保兼太子太保。孝友笃至，所学渊深。

灵水举人村

灵水村位于门头沟区斋堂镇东北部，村域面积6.4万平方米，地势西北高，东南低，三面环山，整体形如一只头南尾北的乌龟，颇具特点。

灵水村形成于辽金时代，不仅村落古老庞大，辽、金、元、明、清时的古民居多且布局完整，主次分明，条理清晰，结构精良。根植于传统文化的民间信仰广泛存在。灵水村自然风光秀美，文物古迹众多，其中东岭石人、西山莲花、南堂北眺、北山翠柏、灵泉银杏、举人宅院和寺庙遗址等景点自古有“灵水八景”之称。2005年11月，灵水村被建设部、国家文物局列为第二批公布的“中国历史文化名村”。

灵水村人杰地灵，自古有崇尚文化的遗风，正是这种对文化的认同，让灵水村颇有儒雅之气。这里古代出举人，近代出学子，现代出名人，明清两代最为兴旺，形成独特的文化现象。明初村中即有社学，私塾众多。自明清科举制度盛行以来，村中读书考取功名的人层出不穷，共计出过22名举人、两名进士和10余名全国最高学府国子监的监生，故有“灵水举人村”之赞誉。村前所立影壁“灵水举人村”为全国著名书法家杨再春先生书写。

今存遗迹有位于斋堂镇新高铺村西北山坡的刘懋恒墓。刘懋恒（1631—1692），字君常，号筠屋。顺天府宛平县灵水里人。13岁时考中宛平县秀才，三年后中举人。后以明经考试授内阁中书，但未上任为官。恩倒补授为刑部浙江司主事，进员外郎。任满后，清康熙皇帝在瀛台召见官员，考试各人的政见，刘懋恒以“敬天勤民”的论述得到了皇帝的肯定。官至山西汾州知府。他生性慈善宽恕，治理有方，刚正不苟。山西发生灾荒，倾其俸禄救济百姓。家乡斋堂灾荒，他让家中开仓放粮，赈济灾民。康熙三十一年（1692），刘懋恒积劳成疾，死于归家途中，葬于桑峪社大通坡，文华殿大学士兼户部尚书张玉书为其撰写了碑文。

还有位于斋堂镇煤窝七里沟的刘举人墓。刘增广（1866—1942），清光绪二十一年（1895）甲午科举人，祖居灵水村，历任山西左云县知县、吉州知州、静乐县知县等，是京西著名士绅。现存其撰文碑志有《大台玉皇庙重修碑》、《重修龙虎山天仙庙碑》和《牛战村家族碑》。民国初年他在家乡倡办新式学校，为普及教育做出过贡献。1942年卒。墓地平面呈长方形，坐北朝南，占地百余平方米，周边植翠柏，有石香炉、石供桌及墓碑一通。墓冢由山石垒砌，内填黄土。当地人称“刘举人墓”。

北京科举匾额博物馆

北京科举匾额博物馆，又名励志堂，坐落在北京市朝阳区高碑店民俗文化村，占地面积约3000平方米，仿古建筑面积2600平方米。2007年10月1日，科举匾额博物馆对外开放。

博物馆共收藏木、石匾额500多方。其中石刻匾额近50方，数量之多，在国内尚属首家。收藏有明清32名状元题写的匾额40余方，13名榜眼题写的匾额，12名探花题写的匾额。年代最久的状元匾为明永乐十六年（1418），距今589年。

博物馆共分五个展厅。第一序厅，介绍中国科举简史及有关科举知识，以图片实物为主。第二展厅是生员（秀才）厅；第三展厅是举人（文举、武举）厅；展陈的举人匾额，多数为进士出身的高官为新考中的举人题写，也有举人为他人题写的匾额。用典丰富，书法各异；第四展厅是进士厅，本厅展陈的匾额，皆为进士所题写之匾额，其中以状元题写为最多，次之为榜眼，探花，余者为著名进士所题写。第五展厅是榜书艺术厅，展示大型木匾、石匾。

科举匾额博物馆的镇馆之宝为元代科举门。这座石坊用整块的汉白玉石雕刻而成，刻工严谨精美。中央为雄鹿头顶火珠，两侧高纵灵云，灵云后蹲坐瑞兽，最外侧凸雕鳌头，意寓跨进科举门，将会拥有福，禄，寿，并将独占鳌头。这样的科举门，在国内外极为罕见。因为唐宋时期，虽然在贡院、考棚、州县、府学和文庙等考试与教育场所均立有这样的牌坊，这是一种象征性的仪门，但其所刻均为龙门、禹门。据石刻专家考证，这座直接刻有“科举门”的石坊，为世界上所仅存。在元朝近百年的历史上，仅有40余年实行科举，重武轻文，汉人和知识分子受到歧视，在石坊上直接刻写“科举门”，明确地反映了汉人官员和知识分子渴望实行科举的态度。

博物馆还列举了历代北京人与科举考试的渊源。同时，按照北京贡院1:1的比例，再现了号舍考试和“金榜题名”时的原貌。

匾额见证了中国的千年科举制度，这些匾额串联起来，就是一部国史、家史和地方史。匾额博物馆以科举匾额这一主题为切入点，层次分明地介绍了科举文化，同时充分挖掘匾额中所蕴藏的丰富文化内涵，旨在弘扬国学，更好传承我们悠久的历史文化。

北京市东城区第一图书馆

北京市东城区第一图书馆位于今东城区交道口东大街85号，成立于1956年，是区政府兴办的综合性公共图书馆，是收集、整理文献，并向社会公众提供文献服务的公益性文化教育机构，是北京市精神文明先进单位。2013年12月，北京市东城区图书馆更名为北京市东城区第一图书馆。1998年、2003年、2009年、2013年被文化部评为地市级一级图书馆。2012年，获得“全民阅读推广示范基地”及“全国人文社科普及基地”称号；“书海听涛系列读者活动”荣获北京市学习品牌。2013年，图书馆荣获“第三届北京阅读季先进单位”称号。

东城区第一图书馆在做好基础文化服务的同时，努力在深层次文化服务方面有所突破。十余年来，图书馆同仁，一直致力于科举文化资料的发掘、整理及数据库的建设工作。通过不断的探索，逐渐形成了以科举研究为特色的深层次服务。

在科举文献资源建设方面，地方文献阅览室，专门设立科举图书专架，收藏科举文献500余种。除了不断累积的纸质文献外，2008年，与北京TRS公司合作，建立“科举辑萃”专题文献数据库。专题文献数据库的建立，更加系统完整地展示了图书馆的特色文献资源。科举辑萃数据库自建立至今，内容不断丰富充实，举凡与中国古代科举考试制度相关的资料、信息，均在搜集范围之内，包括科举文献资料、图片及视频资料。下设学界动态、人物传记、专家学者、进士题名、图书期刊、论文、展览、视频等八个栏目。近年来，科举辑萃网站的社会关注度越来越高，不断有海内外的研究者来函电咨询有关科举方面的问题，其中涉及撰修家谱、学术研究、科举文献资料，等等。

在丰富文献数字资源的支持下，近年来图书馆在科举研究方面取得了不少成果：科举研究著作的出版、《千年科举》纪录片的拍摄、“科举辑萃”网站学术影响力的提升。

至今，图书馆已出版科举研究著作有：《中国历代名臣言行录》、《科举名人丛书》（《中国历代文状元》、《中国历代武状元》、《中国历代榜眼》、《中国历代探花》），《中国历代科举名人诗画丛书》。《中国历代名臣言行录》由《历代名臣言行录》和《国朝先正事略》两部古籍组成。因前者止于明代，继之以收罗有清一代名臣的《国朝先正事略》，合为完璧，堪称中国通史规模的名臣列传。此套书把中国两千多年期间的武将文臣、忠正义烈之士、名儒名家之师、平民百姓女中豪杰，凡是关系社会风气、人心向背、知识学问、经世济民之大业的，无不收录其中，确实是处理人际关系的准则，通达治民之术的桥梁。读了这部书，既可为文又可为武，既可以立身求志又可以通晓事理；处理经常的事物知道坚持原则，碰到事物的变异也知道权衡变通。《历代名臣言行录》是进行爱国历史传统教育的重要参考资料。

《科举名人诗画丛书》全集共五集，按唐、宋、辽金元、明、清分卷。通过查阅大量典籍史料和综合考证，挖掘出了自唐至清历代状元、榜眼、探花们的部分诗作，汇编成册。该丛书以人物齐全、题材广泛、选注严谨和风格各异而凸显特色。因可读性强、收藏性和实用性好而弥足珍贵。丛书按系列出版不仅丰富了中国传统文化的文学宝库，也填补了科举文化和科举名人研究的一项空白。

“科举制与科举学国际学术研讨会”是科举界的盛会，自2005年举办以来，该学术专题会议已成功举办了十一届。在国内外同行专家学者的积极参加和社会各界的鼎力支持下，其学术影响力逐年增强，业已成为国内外具有广泛影响的系列学术研讨会。东城区第一图书馆从2011年以来已陆续参加五届科举学术研讨会。2014年11月图书馆参加由中华炎黄文化研究会科举文化专业委员会、厦门大学考试研究中心和广东讯飞启明科技发展有限公司联合主办的“第十一届科举制与科举学国际学术研讨会”，更是满载而归。其间，对刘海峰、李兵、郭培贵及周腊生等多位专家进行了访谈，并对“考试文化博物馆”进行了考察，获得了许多有价值的一手资料。通过学术研讨会这个平台，让更多的人了解东城区第一图书馆，同时也开阔了我们的视野，这对推动图书馆科举文献的收集整理与专题数据库的建设大有裨益。

2013年3月，“科举辑萃”网站因内容丰富、影响广泛，经中华炎黄文化研究会科举文化专业委员会专家阅览考察，科举文化专业委员会主席团决定，将“科举辑萃”作为中华炎黄文化研究会、科举文化专业委员会的学术指导网站。这极大地提升了科举辑萃网站的学术影响力，也激励我们在打造科举特色资源服务平台上继续砥砺前行。

2014年1月，首都图书馆全国文化信息资源共享工程项目，即千年科举专题片进行社会公开招标，2014年2月北京典雅天地文化传播股份有限公司中标。《千年科举》专题片由首都图书馆和北京市东城区第一图书馆联合出品，该记录片的制作，从选题策划、脚本撰写、采访录制、剪辑包装（片头、片尾、片花、正片内容、解说配音、配乐）等全部相关工作，东城区第一图书馆全程参与。在文献保障、专家访问、实地考察等方面给予大力支持。《千年科举》共六集，每集30分钟，讲述了从隋朝科举制度的初创至清末科举被废止，这一千多年间科举制度的兴衰演变。该纪录片共邀请到了刘海峰、毛佩琦、李兵、郭培贵、金滢坤、商传、李世愉、李国荣、周腊生、李弘祺、胡平等十几位专家学者作为顾问，他们都是科举学领域内的权威人物。摄制组实地走访了全国多个省市，收集了非常有价值的科举资料，为《千年科举》增色颇多。该片已经通过专家论证。

东城区第一图书馆的工作目标是通过追求文献利用率的最大化、追求读者满意度的最大化，从而实现图书馆社会文化价值的最大化，使之成为全国一流的、独具特色的、具有现代化管理水平的区级图书馆。

附录　北京试馆名录

会馆名称	所属省份	兴建时间	现在地址	历史曾用地址	会馆现状
安徽会馆	安徽省	清 同治八年（1869）	西城区后孙公园胡同25号	清 后孙公园四号；民国 后孙公园四号	馆舍建筑：基本完整，戏楼修缮一新；现用途：民居、学校、工厂
安徽会馆	安徽省	清 光绪十一年（1872）	西城区后孙公园胡同8号	民国 后孙公园十二、十三号	馆舍建筑：破损；现用途：民居
安庆会馆	安徽省	清 嘉庆年间	西城区铁门胡同35号	民国 铁门十七号	馆舍建筑：已拆除
池州会馆	安徽省	不详	不详	民国 西裱褙胡同五号	馆舍建筑：已拆除
当涂会馆	安徽省	清	西城区东北园胡同	清 东北园巷内	早废
当涂会馆	安徽省	清	西城区桐梓胡同16号	民国 桐梓胡同	馆舍建筑：已改建
凤阳会馆	安徽省	清 嘉庆六年（1801）	西城区排字胡同44号	清 排字胡同二十号；民国 排字胡同二十号	馆舍建筑：破损；现用途：民居
凤阳会馆	安徽省	清 光绪元年（1875）	西城区大宏巷22号	民国 大宏庙十三、十四号	馆舍建筑：改建；现用途：浴池
广德会馆	安徽省	明末	西城区施家胡同2号	清 施家胡同三十一号；民国 施家胡同三十号	馆舍建筑：破损；现用途：民居
贵池会馆	安徽省	明末	东城区长巷四条21号	清 长巷四条；民国长巷四条三十一号	馆舍建筑：破损；现用途：民居
和含会馆（曾用名：含和会馆）	安徽省	明末	西城区杨梅竹斜街16号	清 杨梅竹斜街一三七号；民国 杨梅竹斜街一三四号	馆舍建筑：破损；现用途：民居
怀宁会馆	安徽省	清	西城区粉房琉璃街106号	清 粉房琉璃街；民国 粉房琉璃街巷内	馆舍建筑：待拆；现用途：民居
怀宁会馆	安徽省	清	西城区迎新街62号	清 延旺庙街四十七号；民国 延旺庙街四十七号	馆舍建筑：破损；现用途：民居
怀宁会馆	安徽省	清	西城区潘家胡同	民国 潘家河沿	早废

徽州会馆（曾用名：徽州郡馆）	安徽省	清 光绪年间	西城区宣武门外大街109号	清 宣武门外大街；民国 宣武门外大街五十三号	馆舍建筑：2000年拆除
徽州会馆	安徽省	清	西城区鹞儿胡同20号	清 鹞儿胡同巷内	早废
绩溪会馆	安徽省	清 乾隆年间	西城区椿树上头条1号	清 椿树上头条一号；民国 椿树上头条一号	馆舍建筑：20世纪90年代拆除
泾县会馆（曾用名：泾县新馆）	安徽省	清 乾隆年间	西城区米市胡同64号	清 米市胡同七十九号；民国 米市胡同七十九号	馆舍建筑：破损；现用途：民居
泾县会馆	安徽省	清	东城区长巷头条60号	清 长巷下头条；民国 长巷下头条三十号	馆舍建筑：破损；现用途：民居
泾县会馆	安徽省	清	东城区长巷二条胡同内	清 长巷二条；民国 长巷二条胡同	馆舍建筑：不详
泾县会馆	安徽省	清	东城区长巷三条巷内	清 长巷三条	早废
泾县会馆	安徽省	清 嘉庆年间	西城区中信城	民国 兵马司后街四号	早废
泾县新馆	安徽省	清 嘉庆十七年（1812）	西城区迎新街87号	清 南横街三十二号；民国 南横街三十号	馆舍建筑：已拆除
旌德会馆（曾用名：旌德老馆）	安徽省	明	东城区大江胡同19号	清 大蒋家胡同；民国 大蒋家胡同	馆舍建筑：破损；现用途：民居
旌德会馆	安徽省	清	东城区小江胡同巷内	清 小蒋家胡同；民国 小蒋家胡同	馆舍建筑：破损；现用途：民居
旌德会馆（曾用名：旌德新馆）	安徽省	清 咸丰年间	西城区南大吉巷14号	清 羊肉胡同二十三号；民国 羊肉胡同二十五号	馆舍建筑：破损；现用途：社区办公活动场所
六安会馆	安徽省	清	西城区米市胡同	民国 米市胡同	早废
六安会馆	安徽省	清	西城区骡马市大街	民国 铁门胡同三十五号	馆舍建筑：已拆除
六英霍会馆（曾用名：六安会馆）	安徽省	清	西城区中信城范围内	清 米市胡同六十三号；民国 米市胡同七十二号	馆舍建筑：已拆除

六英霍会馆	安徽省	清	西城区南横西街17号	民国 南横西街二十九号	馆舍建筑：前院部分已拆除；现用途：民居
庐州会馆	安徽省	清	西城区珠市口西大街128号	清 西柳树井大街五十二号；民国 西柳树井四十一号	馆舍建筑：2000年拆除
庐州会馆	安徽省	清	西城区珠市口西大街中段	民国 西柳树井七十一号	早废
庐州试馆（曾用名：庐州会馆）	安徽省	不详	东城区建国门内大街	民国 水磨胡同牛角湾五号	无存
南陵会馆	安徽省	清	东城区草厂三条巷内	清 草厂三条；民国草厂三条	馆舍建筑：不详
潜山会馆	安徽省	清	西城区山西街7号	清 山西街；民国 山西街	馆舍建筑：破损；现用途：民居
青阳会馆	安徽省	清 康熙年间	西城区施家胡同6号	清 施家胡同二十九号；民国 施家胡同二十八号	馆舍建筑：破损；现用途：民居
青阳会馆	安徽省	清	西城区骡马市大街119号	民国 四川营八号	馆舍建筑：已拆除
歙县会馆	安徽省	清 乾隆年间	西城区宣武门外大街103至107号	清 宣武门外大街四十七号；民国 宣武门外大街五十一号	馆舍建筑：2000年拆除大部分；现用途：民居
歙县会馆	安徽省	清	西城区南半截胡同3号	清 南半截胡同巷内；民国 南半截胡同二号	馆舍建筑：破损；现用途：民居
歙县会馆	安徽省	清	西城区老墙根街107号	民国 老墙根三十号	馆舍建筑：已拆除
石埭会馆	安徽省	明 天启四年（1624）	东城区大席胡同20号	清 蓆儿胡同；民国大蓆儿胡同十一号	馆舍建筑：破损；现用途：民居
泗州会馆（曾用名：泗州试馆）	安徽省	不详	东城区后赵家楼胡同11号	民国 后赵家楼六号	馆舍建筑：破损；现用途：民居
太平会馆	安徽省	清	东城区草厂三条19号	清 草厂三条；民国草厂三条三十号	馆舍建筑：大部分已拆
桐城试馆	安徽省	清	西城区前门西大街15、17号	清 正阳门内西城根；民国 前门内顺城街十四号	馆舍建筑：已拆除
望江会馆	安徽省	清	西城区石头胡同60号	清 石头胡同七十五号	馆舍建筑：破损；现用途：民居

望江会馆	安徽省	清	西城区中信城	清 兵马司中街八号；民国 兵马司中街九号	馆舍建筑：已拆除
望江邑馆	安徽省	清末	西城区油坊胡同	清 油房胡同；民国 油房胡同二十号	无存
芜湖会馆	安徽省	明永乐元年（1403）	东城区长巷五条7号	清 高庙；民国 前门外兴隆街高庙十七号	馆舍建筑：破损；现用途：民居
武河会馆（曾用名：五河会馆）	安徽省	清	东城区好景胡同	清 高井胡同；民国 高井胡同	馆舍建筑：破损；现用途：民居
休宁会馆	安徽省	清 乾隆十八年（1753）	西城区菜市口大街北段	清 丞相胡同十四号；民国丞相胡同十三号	馆舍建筑：2000年拆除
休宁会馆（曾用名：休宁西馆）	安徽省	清 乾隆年间	西城区菜市口大街北段	民国 丞相胡同十五号	馆舍建筑：2000年拆除
休宁会馆	安徽省	清中晚期	西城区菜市口大街北段	民国 丞相胡同三十三号	馆舍建筑：已拆除
休宁会馆	安徽省	清	东城区长巷四条	清 长巷下四条；民国 长巷下四条	馆舍建筑：已拆除
休宁会馆	安徽省	清	西城区中信城西南角	民国 米市胡同五十六号	馆舍建筑：已拆除
宣城会馆	安徽省	清 乾隆年间	西城区铁门胡同11号	清 铁门八号；民国 铁门八号	馆舍建筑：2004年拆除
宣城会馆	安徽省	清	东城区香乐胡同	清 铁香炉；民国 铁香炉	馆舍建筑：破损；现用途：民居
宣城会馆	安徽省	清	东城区铁香胡同	清 铁香炉	馆舍建筑：破损；现用途：民居
黟县会馆	安徽省	清 乾隆年间	西城区南半截胡同21号	清 南半截胡同二十六号；民国 南半截胡同十号	馆舍建筑：改动颇多；现用途：民居
黟县会馆	安徽省	清 乾隆年间	西城区烂缦胡同76号	民国 烂缦胡同七十号	馆舍建筑：破损；现用途：民居
黟县会馆	安徽省	清 乾隆年间	西城区西草厂街中段	不详	馆舍建筑：拆除
颖州会馆	安徽省	清 光绪年间	西城区椿树街道裘家街7号	清 裘家街三号；民国 裘家街三号	馆舍建筑：破损；现用途：民居
颖州会馆	安徽省	清	西城区庄胜城内	清 海北寺街巷内	馆舍建筑：已拆除
大宛会馆	北京市	清	西城区前门西河沿街22号	清 西河沿二三七号	馆舍建筑：已拆除
安溪会馆	福建省	清	西城区板章胡同9号	清 板章胡同；民国 板章胡同七号	馆舍建筑：已拆除

安溪会馆	福建省	清	西城区珠市口西大街94号	民国 西柳树井五十六、五十七号	馆舍建筑：拆除大部分；现用途：民居
福建会馆（曾用名：全闽会馆）	福建省	清 光绪三年（1877）	西城区宣武门大街203号（会馆后门）	清 车子营六十四号；民国 车子营六十四号	馆舍建筑：拆除；现用途：菜市口中学
福清会馆	福建省	清 乾隆年间	西城区虎坊路7号院内	清 帐垂营十号；民国 福州馆街一号	馆舍建筑：20世纪50年代拆除
福清会馆	福建省	清	西城区虎坊路19号	民国 虎坊路三十五号	馆舍建筑：已拆除
福州会馆（曾用名：福州老馆）	福建省	明 万历年间	西城区虎坊路7号院内	清 帐垂营二号；民国 福州馆街二号	馆舍建筑：20世纪50年代拆除
福州会馆	福建省	清	西城区菜市口大街北段	民国 丞相胡同六十四号	馆舍建筑：已拆除
福州新馆	福建省	清 嘉庆年间	西城区骡马市大街51号	清 骡马市大街三十一号；民国 骡马市大街三十五号	馆舍建筑：大部分拆除；现用途：所余部分民居
惠安会馆	福建省	清 康乾时期	西城区耀武胡同5号	清 羊肉胡同五号；民国 羊肉胡同五号	馆舍建筑：破损；现用途：民居
建宁老馆	福建省	清初	西城区南华里小区域内	民国 南下洼子	馆舍建筑：已拆除
建宁会馆	福建省	清 乾隆年间	西城区南柳巷44号	清 南柳巷四十七号；民国 南柳巷五十四号	馆舍建筑：破损；现用途：民居
建宁会馆	福建省	清	东城区冰窖斜街	清 冰窖胡同；民国 冰窖胡同	馆舍建筑：不详
晋江会馆	福建省	清初	西城区南柳巷40、42号	清 南柳巷四十八号；民国 南柳巷五十五号	馆舍建筑：破损；现用途：民居
晋江会馆	福建省	清	西城区香炉营头条35号	民国 香炉营头条十八号	馆舍建筑：已拆除
晋江会馆	福建省	清	西城区粉房琉璃街98号	清 粉房琉璃街；民国 粉房琉璃街	馆舍建筑：破损；现用途：民居
龙溪会馆	福建省	清 乾隆二十六年（1761）	西城区椿树园小区	清 椿树上头条六号；民国 椿树上头条九号	馆舍建筑：20世纪90年代拆除
莆仙会馆	福建省	清	西城区前门西河沿街200号	民国 西河沿一九七号	馆舍建筑：破损；现用途：民居
莆阳会馆（曾用名：莆阳老馆、莆阳旧馆）	福建省	清初	西城区福州馆街3号	民国 福州馆街一至四号	馆舍建筑：破损；现用途：民居

莆阳会馆	福建省	清 雍正年间	西城区福州馆街4号	民国 福州馆街五、六号	馆舍建筑：已拆除
莆阳会馆	福建省	清	西城区高家寨胡同9、11、13号	清 高家寨；民国 高家寨五、六号	馆舍建筑：破损；现用途：民居
莆阳新馆	福建省	清 光绪十五年（1889）	西城区贾家胡同35号	清 贾家胡同十六号；民国 贾家胡同十九号	馆舍建筑：破损；现用途：民居
浦城会馆	福建省	不详	东城区长巷二条	清 长巷二条；民国长巷二条	馆舍建筑：破损；现用途：民居
浦城会馆	福建省	明	西城区虎坊路	清 东砖胡同巷内	早废
泉郡会馆	福建省	清 乾隆九年（1744）	西城区后孙公园胡同31号	清 后孙公园六号；民国 后孙公园六号	馆舍建筑：破损；现用途：民居
沙县会馆（曾用名：沙阳会馆）	福建省	明 宣德年间	东城区长巷二条胡同60号	清 长巷二条	馆舍建筑：已拆除
邵武会馆	福建省	明 万历三十四年（1606）	东城区草厂二条3号	清 草厂二条；民国草厂二条	馆舍建筑：破损；现用途：民居
邵武郡馆	福建省	清	东城区西兴隆街154–158号	清 西兴隆街；民国西兴隆街一四〇号	馆舍建筑：改动较大；现用途：商铺
汀州会馆（曾用名：汀州北馆）	福建省	明 万历十五年（1587）	东城区长巷二条46、48号	清 长巷头条；民国长巷下二条三十二号	馆舍建筑：已修缮；现用途：民居
汀州会馆（曾用名：汀州南馆）	福建省	清	东城区长巷头条62号、二条43号	清 长巷二条；民国长巷二条二十六号	馆舍建筑：破损；现用途：民居
同安会馆（曾用名：同安郡馆）	福建省	清 乾隆年间	西城区板章胡同3号	清 板章胡同四号；民国 板章胡同五号	馆舍建筑：已修缮；现用途：民居
仙游会馆（曾用名：仙溪会馆）	福建省	清 同治年间	西城区校场五条44号	清 校场五条胡同；民国 校场五条胡同	早废
仙游会馆（曾用名：仙溪会馆）	福建省	清末	西城区西砖胡同51号	清西砖胡同二十四号	馆舍建筑：售出
仙游会馆（曾用名：仙溪会馆）	福建省	不详	东城区草厂五条	清 草厂五条；民国草厂五条	馆舍建筑：不详
延平会馆（曾用名：延平郡馆）	福建省	明末	西城区粉房琉璃街120号	清 粉房琉璃街；民国 粉房琉璃街八十四号	馆舍建筑：20世纪50年代拆除

永春会馆（曾用名：永春老馆）	福建省	清 乾隆初年	西城区梁家园胡同	不详	早废
永春会馆	福建省	清 道光三十年（1850）	西城区椿树上三条3号	清 椿树上二条十七号（前门）；民国 椿树上三条七号（后门）	馆舍建筑：20世纪90年代拆除
漳浦会馆（曾用名：漳浦老馆）	福建省	明中晚期	西城区小椿树胡同5号	清 小椿树胡同二号	馆舍建筑：破损；现用途：民居
漳浦会馆	福建省	明末	西城区校场二条16号	清 校场二条胡同；民国 校场二条二十九号	馆舍建筑：破损；现用途：民居
漳州会馆（曾用名：漳州东馆）	福建省	明末 崇祯年间	东城区冰窖斜街	清 冰窖胡同；民国 冰窖胡同二十四号	馆舍建筑：不详
漳州会馆（曾用名：漳州西馆）	福建省	清 雍正四年（1726）	西城区煤市街133号	清 煤市街四十九号；民国 煤市街四十六号	馆舍建筑：20世纪50年代拆除
漳州会馆	福建省	清	西城区校场二条27号	民国 校场二条十六号	馆舍建筑：破损；现用途：民居
漳州会馆	福建省	清	西城区大外廊营胡同13号	民国 大外廊营路西	馆舍建筑：破损；现用途：民居
甘肃会馆	甘肃省	清 乾隆末年	西城区教子胡同31号	民国 教子胡同十三号	馆舍建筑：拆除
甘肃会馆（曾用名：甘肃北馆、甘肃武威会馆）	甘肃省	清 嘉庆三年（1798）	西城区宣武门外大街148号	清 宣武门外大街一四二号；民国 宣武门外大街一六五号	馆舍建筑：2000年拆除
甘肃会馆（曾用名：甘肃南馆）	甘肃省	清 光绪初年	西城区菜市口大街中段	清 官菜园上街；民国 官菜园上街	馆舍建筑：20世纪90年代拆除
甘肃会馆	甘肃省	清末	西城区米市胡同33号	民国 米市胡同十四号	馆舍建筑：破损；现用途：民居
甘肃旅平同乡会（曾用名：吴柳堂祠）	甘肃省	清末	西城区南横西街15号	清 南横街；民国 南横街二十七号	馆舍建筑：20世纪50年代拆除

皋兰会馆	甘肃省	清 同治年间	西城区南大吉巷20号	清 羊肉胡同二十二号	馆舍建筑：破损；现用途：民居
皋兰会馆	甘肃省	清末	西城区前兵马街	民国 兵马司前街二十六号	馆舍建筑：已拆除
凉州会馆	甘肃省	清 雍正年间	西城区大外廊营路东	清 大外廊营巷内	早废
凉州会馆（曾用名：甘肃武威会馆）	甘肃省	清 咸丰年间	西城区山西街16号	民国 山西街十二号	馆舍建筑：20世纪50年代拆除
肃州会馆	甘肃省	清	西城区南柳巷20号	清 南柳巷十八号（山西华州会馆内）	馆舍建筑：售出
潮州会馆（曾用名：潮郡会馆）	广东省	清	东城区西打磨厂	清 西打磨厂；民国西打磨厂	馆舍建筑：不详
潮州会馆(曾用名：潮州老馆、潮州南馆)	广东省	清 雍正年间	西城区菜市口胡同84号	清 丞相胡同三十九号；民国 丞相胡同三十号	馆舍建筑：拆迁复建
潮州会馆(曾用名：潮州七邑馆；)	广东省	清 乾隆三十四年(1769)	西城区延寿街12号	清 延寿寺街九十六号；民国 延寿寺街译一〇〇号	馆舍建筑：破损；现用途：民居
潮州会馆(曾用名：潮州西馆)	广东省	清晚期	西城区海柏胡同23号	清 海波寺街；民国海北寺街十三号	馆舍建筑：2003年拆除
东莞会馆	广东省	清 光绪元年（1875）	西城区烂缦胡同131号	清 烂缦胡同四十六号；民国 烂缦胡同四十九号	馆舍建筑：破损；现用途：民居
东莞会馆(曾用名：东莞新馆)	广东省	清末民初	西城区上斜街56号	清 上斜街；民国 上斜街五十四号	馆舍建筑：格局毁坏；现用途：民居
番禺会馆	广东省	清 道光年间	西城区上斜街50号	清 上斜街五十号；民国 上斜街五十五号	馆舍建筑：破损；现用途：民居
番禺会馆	广东省	清 同治二年（1863）	西城区周家大院7号	清 周家大院三号；民国 周家大院三号	馆舍建筑：2003年拆除

高州会馆（曾用名：高郡会馆）	广东省	清 道光年间	西城区贾家胡同15号	清 贾家胡同七号；民国 贾家胡同八号	馆舍建筑：破损；现用途：民居
高州会馆（曾用名：高州新馆）	广东省	清 光绪年间	西城区潘家胡同43号	清 潘家河沿二十二号；民国 潘家河沿二十二号	馆舍建筑：改动颇多；现用途：民居
广州会馆（曾用名：广州老馆）	广东省	明 万历三十九年（1611）	西城区西草场街24号	民国 西草厂街九十七号	馆舍建筑：已拆除
广州会馆(曾用名：广东会馆)	广东省	清 乾隆年间	西城区韩家胡同25号	清 韩家潭；民国 韩家潭十四号	馆舍建筑：原为清初李渔的故居“芥子园”址；现用途：95中学校址
广州会馆	广东省	不详	东城区草厂头条7号	清 草厂头条胡同；民国 草厂头条二十号	馆舍建筑：待拆；现用途：民居
广州会馆（曾用名：广州七邑馆）	广东省	清 乾隆三十五年（1770）	西城区前孙公园胡同25号	清 前孙公园十三号；民国 前孙公园十二号	馆舍建筑：破损；现用途：民居
惠州会馆	广东省	清 乾隆年间	东城区草厂七条12、17号	清 草厂七条；民国 草厂七条五号	馆舍建筑：破损；现用途：民居
嘉应会馆	广东省	清	西城区香炉营头条	清 香炉营头条三十二号；民国 香炉营头条三十一号	馆舍建筑：2003年拆除
嘉应会馆	广东省	清	东城区香乐胡同	清 铁香炉；民国 铁香炉	馆舍建筑：破损；现用途：民居
嘉应会馆	广东省	清	东城区铁香胡同	清 铁香炉；民国 铁香炉	馆舍建筑：破损；现用途：民居
雷阳会馆	广东省	清 乾隆年间	西城区裘家街24号	清 裘家街三十五、三十六号；民国 裘家街三十七号	馆舍建筑：已拆除
岭南会馆	广东省	明 嘉靖四十五年（1566）	东城区北深沟胡同	清 深沟（口）；民国 深沟（口）	馆舍建筑：拆迁中
南海会馆	广东省	清 道光三年（1823）	西城区米市胡同43号	清 米市胡同十六号；民国米市胡同十八号	馆舍建筑：破损；现用途：民居
南海会馆	广东省	清	西城区骡马市大街268号	民国 米市胡同一〇〇号	馆舍建筑：已拆除

南海会馆	广东省	清	西城区庄胜城范围内	香炉营头条16号	馆舍建筑：已拆除
南雄会馆	广东省	清 乾隆年间	东城区长巷四条22号	清 长巷四条；民国 长巷上四条六号	馆舍建筑：拆迁中
三水会馆	广东省	清 光绪元年（1875）	西城区保安寺街29号	清 保安寺街十四号；民国 保安寺街十四号	馆舍建筑：已拆除
韶州会馆	广东省	清	东城区大江胡同	清 大蒋家胡同	早废
韶州会馆（曾用名：韶州新馆）	广东省	清 同治四年（1865）	东城区草厂二条2号	清 草厂二条；民国 草厂二条一号	馆舍建筑：破损；现用途：民居
顺德会馆	广东省	清 嘉庆十九年（1814）	西城区海柏胡同16号	清 海北寺街二十八号；民国 海北寺街二十八号	馆舍建筑：格局尚存；现用途：民居
顺德会馆	广东省	清晚期	西城区前青厂胡同39号	清 前青厂胡同；民国 后青厂十五号	馆舍建筑：2003年拆除
顺德会馆	广东省	清晚期	西城区椿树园小区	民国 椿树上二条六号	馆舍建筑：已拆除
顺德会馆	广东省	清晚期	西城区菜市口大街北段	民国 丞相胡同路西	馆舍建筑：已拆除
顺德会馆(曾用名：顺邑会馆、顺德南馆)	广东省	清 光绪七年（1881）	西城区宣武门外大街8号庄胜崇光商场南座之南	清 永光寺西街五号；民国 永光寺西街六号	馆舍建筑：20世纪90年代拆除
顺德会馆（曾用名：顺德新馆）	广东省	清 光绪十六年（1890）	西城区天景胡同9号	清 大井胡同三号；民国 大井胡同四号	馆舍建筑：破损；现用途：民居
协中会馆	广东省	清	西城区骡马市大街9号	清 棉花头条巷内；民国 棉花头条	馆舍建筑：已拆除
新会会馆（曾用名：新会老馆）	广东省	清 咸丰三年（1853）	西城区粉房琉璃街115号	清 粉房琉璃街五十号；民国 粉房琉璃街五十三号	馆舍建筑：破损；现用途：民居
新会会馆	广东省	清 光绪九年（1883）	西城区宣武门外大街8号庄胜崇光商场域内	清 永光寺西街一号；民国 永光寺西街一号	馆舍建筑：20世纪90年代拆除
兴宁会馆（曾用名：兴宁邑馆）	广东省	清	西城区潘家胡同39号	清 潘家河沿二十一号；民国 潘家河沿二十号	馆舍建筑：破损；现用途：民居

徐闻会馆	广东省	清	西城区菜市口大街北段	清 丞相胡同巷内	馆舍建筑：不详
阳江会馆	广东省	清	西城区粉房琉璃街111号	清 粉房琉璃街四十八号；民国 粉房琉璃街五十七号	馆舍建筑：破损；现用途：民居
粤东会馆	广东省	明	东城区西打磨厂街90号	清 打磨厂；民国 打磨厂一七九号	馆舍建筑：基本完整；现用途：民居
粤东新馆(曾用名：粤东邑馆)	广东省	清	西城区南横西街11号	清 南横街二十四号；民国南横街二十六号	馆舍建筑：东部拆除，西部保存；现用途：民居
粤东会馆（曾用名：广东会馆）	广东省	清	西城区南半截胡同24号	民国 南半截胡同二十八号	馆舍建筑：破损；现用途：民居
粤东会馆（曾用名：广东会馆）	广东省	清	西城区醋章胡同25号	民国 醋章胡同十三号	馆舍建筑：待拆；现用途：民居
粤东会馆（曾用名：广东会馆）	广东省	清	西城区铁门胡同37号	民国 铁门胡同十八号	馆舍建筑：已拆除
粤东会馆（曾用名：广东会馆）	广东省	清	西城区铁鸟胡同17号	民国 铁老鹳庙八号	馆舍建筑：已修缮；现用途：民居
肇庆西馆	广东省	清 乾隆五十六年（1791）	西城区道铁树斜街86号	清 李铁拐斜街六十七号；民国 李铁拐斜街六十八号	馆舍建筑：破损；现用途：民居
肇庆东馆	广东省	清	西城区大栅栏西街114号	民国 李铁拐斜街九十六号	馆舍建筑：破损；现用途：民居
镇平会馆（曾用名：平镇会馆）	广东省	明 崇祯年间	东城区冰窖斜街15号	清 冰窖胡同；民国冰窖胡同二十号	馆舍建筑：大部分已拆除；现用途：民居
镇平会馆(曾用名：蕉岭会馆)	广东省	清 嘉庆年间	西城区珠市口西大街253号	清 虎坊桥大街四十九号；民国 虎坊桥大街五十一号	馆舍建筑：2000年拆除
中山会馆(曾用名：香山会馆)	广东省	清 嘉庆年间	西城区珠朝街5号	清 珠巢街二号；民国 珠巢街二号	馆舍建筑：基本完整；现用途：电力博物馆
广西会馆(曾用名：粤西会馆、粤西东馆)	广西壮族自治区	明 嘉靖年间	东城区銮庆胡同9号	清 銮庆胡同；民国銮庆胡同九号	馆舍建筑：破损；现用途：民居

广西会馆(曾用名：广西中馆)	广西壮族自治区	清 嘉庆元年 （1796）	西城区果子巷74号	清 驴驹胡同二十号；民国 驴驹胡同十七号	馆舍建筑：破损；现用途：民居
广西会馆(曾用名：广西新馆)	广西壮族自治区	清 道光三年 （1823）	西城区香炉营东巷2号院	民国 北柳巷四十七号	馆舍建筑：2003年拆除
广西南馆(曾用名：广西三馆)	广西壮族自治区	清 乾隆六十年 （1795）	西城区达智桥胡同12号	清 教场三条四十九号	迁出
广西南馆(曾用名：广西三馆)	广西壮族自治区	清 宣统二年 （1910）	西城区贾家胡同43号	民国 贾家胡同二十四号	馆舍建筑：破损；现用途：民居
广西三馆(曾用名：广西三馆老馆)	广西壮族自治区	清初	西城区庄胜城范围内	民国 海北寺街四号	早废
广西三馆(曾用名：广西会馆)	广西壮族自治区	清 乾隆二十五年（1760）	西城区后青厂胡同9号	清 海北寺街三十二号；民国 后青厂五号	馆舍建筑：2003年拆除
广西三馆(曾用名：广西三馆新馆)	广西壮族自治区	清 嘉庆年间	西城区庄胜城范围内	民国 香炉营四条三十二号	馆舍建筑：已拆除
廉钦新馆(曾用名：廉州会馆)	广西壮族自治区	清 道光十五年 （1835）	西城区粉房琉璃街69号	清 粉房琉璃街三十号；民国 粉房琉璃街三十一号	馆舍建筑：破损；现用途：民居
柳州会馆	广西壮族自治区	清 光绪十二年 （1886）	西城区贾家胡同26号	清 贾家胡同五十号；民国 贾家胡同五十六号	馆舍建筑：破损；现用途：民居
柳州会馆	广西壮族自治区	清末	西城区校场五条40号	民国 校场五条三十一号	馆舍建筑：破损；现用途：民居
平乐会馆(曾用名：平乐九邑会馆)	广西壮族自治区	清 道光二十年（1840）	西城区延寿街29、31号	清 延寿寺街十九号；民国 延寿寺街十六号	馆舍建筑：破损；现用途：民居
兴安会馆	广西壮族自治区	清	西城区门楼巷	清 门楼胡同九号	馆舍建筑：已拆除
贵州会馆(曾用名：贵州东馆)	贵州省	明 万历二十年 （1592）	东城区大江胡同83号	清 大蒋家胡同；民国 大蒋家胡同三十九号	馆舍建筑：已修缮；现用途：民居

贵州会馆(曾用名：贵州老馆)	贵州省	清 康熙五十四年（1715）	西城区樱桃斜街57号	清 樱桃斜街二十九号；民国 樱桃斜街二十八号	馆舍建筑：20世纪80年代拆除；现用途：旅店
贵州会馆(曾用名：贵州中馆)	贵州省	清 乾隆十七年（1752）	西城区樱桃斜街50号	清 樱桃斜街七十八号；民国 樱桃斜街八十四号	馆舍建筑：已修缮；现用途：民居
贵州会馆(曾用名：贵州西馆)	贵州省	清 乾隆年间	西城区广安门内大街93号	清 广安门内大街四十七号；民国 广安门内大街四十八号	馆舍建筑：20世纪90年代拆除大部分；现用途：民居
贵州会馆(曾用名：贵州南馆)	贵州省	清 道光年间	西城区校场二条33号	清 教场二条十九号	馆舍建筑：破损；现用途：民居
贵州会馆(曾用名：贵州北馆)	贵州省	清 咸丰年间	西城区校场小六条13号	清 教场六条巷内 民国校场小六条七号	馆舍建筑：破损；现用途：民居
贵州会馆(曾用名：贵州新馆)	贵州省	清 道光五年（1825）	西城区棉花上七条13号	清 棉花上七条六号；民国 棉花上七条七号	馆舍建筑：已拆除
贵州会馆	贵州省	清 光绪二十年（1894）	西城区四平园小区内西部	清 椅子圈一号；民国 椅子圈一号	馆舍建筑：20世纪90年代拆除
毕节会馆	贵州省	清	西城区潘家胡同	民国 潘家河沿	馆舍建筑：待拆
琼州会馆	海南省	清 乾隆三十七年（1772）	西城区大外廊营胡同8号	清 大外廊营三十号；民国 大外廊营三十一号	馆舍建筑：已拆除
琼州分馆	海南省	清 乾隆年间	西城区西砖胡同13号	民国 西砖胡同四号	馆舍建筑：破损；现用途：民居
高阳会馆（曾用名：高郡会馆）	河北省	清末	西城区贾家胡同13号	民国 贾家胡同七号	馆舍建筑：已拆除
河北会馆	河北省	清	西城区珠市口大街237号	民国 虎坊桥四十三号	馆舍建筑：不详
河北会馆	河北省	清	西城区中信城范围内	清 兵马司中横街；民国 兵马司中横街一号	馆舍建筑：破损；现用途：民居
河北会馆	河北省	清	西城区潘家胡同1号	民国 潘家河沿一号	馆舍建筑：不详
河北会馆（曾用名：同乡会馆、严嵩私园）	河北省	清 光绪年间	西城区达智桥胡同43–45号	民国 达智桥十三至十八号	馆舍建筑：破损；现用途：民居

河北会馆（曾用名：同乡会馆、松筠庵）	河北省	清末	西城区达智桥胡同12号、校场胡同2号	清 达智桥胡同；民国 达智桥胡同四十号、甲四十号	馆舍建筑：基本格局完整；现用途：民居
河北会馆（曾用名：抱冰别墅）	河北省	清末	西城区龙爪槐胡同16号旁门	民国 龙爪槐八号	馆舍建筑：已改建
河间会馆（曾用名：古瀛郡馆）	河北省	清 乾隆年间	西城区果子巷77号	民国 驴驹胡同六号	20世纪80年代拆除改建
蓟州试馆	河北省	清	东城区花市上二条	民国 上二条胡同	馆舍建筑：已拆除
蓟州会馆	河北省	清	西城区莲花胡同11号	民国 莲花寺湾	馆舍建筑：已拆除
津南试馆	河北省	清 道光年间	西城区珠市口西大街41号	清 西珠市口二十八号；民国 西珠市口二十九号	馆舍建筑：2000年大部分拆除；现用途：民居
南皮会馆	河北省	清	西城区珠市口大街129号	民国 西柳树井二十九号	馆舍建筑：已拆除
深州会馆	河北省	清晚期	西城区“报国晨钟”花园	民国 报国寺前街	馆舍建筑：已拆除
唐县会馆	河北省	清	东城区冰窖斜街	清 冰窖胡同；民国 冰窖胡同四十号	馆舍建筑：不详
唐县会馆	河北省	清晚期	西城区下斜街53号	民国 下斜街二十七、二十八号	馆舍建筑：不详
邢州会馆	河北省	清	西城区樱桃斜街14号左近	不详	馆舍建筑：不详
盐山会馆	河北省	清	西城区珠市口大街131号	民国 西柳树井三十号	馆舍建筑：已拆除
正定会馆	河北省	明	西城区教佳胡同1号、3号	清 敫家坑一号；民国 敫家坑一号	馆舍建筑：破损；现用途：民居
正定会馆	河北省	清	东城区铁香胡同	清 铁香炉	馆舍建筑：破损；现用途：民居
直隶老馆	河北省	清	西城区宣武门外大街137号	清 宣武门外大街；民国 宣武门外大街六十四号	馆舍建筑：拆除；现用途：其地曾为宣外大街小学
直隶会馆	河北省	清	西城区骡马市大街9号	清 骡马市大街七十号；民国 骡马市大街七十五号	2000年拆除

直隶会馆（曾用名：畿辅先哲祠、河北会馆）	河北省	清 光绪四年（1878）	西城区下斜街22号	清 下斜街六十四号；民国 下斜街八十号	20世纪80年代拆除
直隶会馆	河北省	清	西城区贾家胡同43号	民国 贾家胡同二十四、二十五号	馆舍建筑：基本格局完整；现用途：民居
直隶会馆	河北省	清	西城区四川营胡同7号	民国 四川营四号	馆舍建筑：不详
遵化试馆	河北省	清	东城区花市上头条	清 花市上头条；民国 上头条七十号	无存
陈州会馆	河南省	清 宣统二年（1910）	西城区醋章胡同33号	民国 醋章胡同三十二号	馆舍建筑：已拆除
光州会馆（曾用名：潢光固息商五县会馆）	河南省	清	西城区中信城范围内	清 米市胡同五十号；民国 米市胡同五十九号	馆舍建筑：已拆除
光州会馆（曾用名：潢光固息商五县会馆）	河南省	清	西城区中信城范围内	清 兵马司前街；民国 兵马司前街十三号	馆舍建筑：20世纪60年代拆除
光州新馆（又称“潢光固息商五县会馆”）	河南省	清	西城区菜市口大街	清 官菜园上街九号；民国 官菜园上街九号	馆舍建筑：20世纪90年代拆除
归德会馆	河南省	清 咸丰年间	西城区贾家胡同42号	清 贾家胡同四十三号；民国 贾家胡同四十八号	馆舍建筑：待拆；现用途：民居
归德会馆	河南省	不详	东城区草场头条	清 草场头条；民国 草场头条	馆舍建筑：待拆；现用途：民居
河郑汝会馆	河南省	清	西城区宣武门外大街127号	民国 宣武门外大街六十号	馆舍建筑：部分已拆除；现用途：民居和门面房
河南会馆（曾用名：中州乡祠、河南老馆）	河南省	明 万历年间	西城区宣武门外大街1号	清 上斜街十号；民国 上斜街十三号	馆舍建筑：2004年拆除

河南会馆（曾用名：中州会馆、中州东馆）	河南省	清 顺治十四年（1657）	西城区骡马市大街9号	民国 骡马市大街八十七号	馆舍建筑：已拆除
河南会馆（曾用名：嵩云草堂）	河南省	清 康熙十年（1671）	西城区达智桥胡同55号	清 达智桥；民国 达智桥	馆舍建筑：拆除大部分；现用途：民居
河南会馆（曾用名：嵩阳别业会馆、中州会馆）	河南省	清	西城区骡马市大街9号	清 骡马市大街八十四号；民国 骡马市大街八十九号	2000年拆除
河南会馆（曾用名：中州南馆）	河南省	清	西城区米市胡同111号	清 米市胡同四十二号；民国 米市胡同四十九号	馆舍建筑：已拆除
河南会馆（曾用名：中州新馆）	河南省	清	西城区菜市口大街北段	清 丞相胡同五十九号；民国 丞相胡同六十六号	馆舍建筑：2000年拆除
河南会馆	河南省	清	西城区粉房琉璃街104号	清 粉房琉璃街九十二号；民国 粉房琉璃街九十二号	馆舍建筑：破损；现用途：民居
河南会馆	河南省	清	西城区醋章胡同29号	民国 醋章胡同十五号	馆舍建筑：已拆除
河南会馆（曾用名：河南分馆）	河南省	清	西城区校场五条48号	民国 校场五条二十七号	馆舍建筑：破损；现用途：民居
河陕汝会馆（曾用名：河洛会馆）	河南省	清	西城区果子巷44号	民国 果子巷南口	馆舍建筑：已拆除
河陕汝会馆（曾用名：河洛会馆）	河南省	清	西城区宣武门外大街112号	清 宣武门外大街一六〇号；民国 宣武门外大街一八六号	馆舍建筑：2000年拆除
怀庆会馆(曾用名：覃怀会馆）	河南省	清 道光年间	西城区潘家胡同11号	清 潘家河沿六号；民国 潘家河沿六号	馆舍建筑：待拆；现用途：民居
怀庆会馆(曾用名：覃怀会馆）	河南省	清晚期	西城区潘家胡同7号	清 潘家河沿四号；民国 潘家河沿四号	馆舍建筑：待拆；现用途：民居

怀庆会馆(曾用名：覃怀会馆)	河南省	清	西城区宣武门外大街南段东侧	民国 象牙胡同四号	馆舍建筑：不详
怀庆会馆(曾用名：覃怀会馆、怀庆新馆)	河南省	清末	西城区红线胡同3号	民国 麻线胡同二号	馆舍建筑：破损；现用途：民居
开郑会馆	河南省	清 嘉庆年间	西城区贾家胡同47号	清 贾家胡同二十五号；民国 贾家胡同二十九号	馆舍建筑：破损；现用途：民居
开郑会馆	河南省	清中晚期	西城区南横东街79号	民国 贾家胡同三十二号（正门）南横东街十四号	馆舍建筑：已拆除
洛中会馆	河南省	清中晚期	西城区珠市口西大街西段北侧	不详	无存
孟县会馆	河南省	清	西城区南横东街四平园小区7号楼址	清 南横街；民国 南横街	馆舍建筑：已拆除
孟县会馆	河南省	清	西城区珠市口西大街173号	清 虎坊桥大街十一号 民国 虎坊桥大街八号	馆舍建筑：已拆除
孟县会馆	河南省	清	西城区宣武门外大街40号	民国 宣武门大街南段	馆舍建筑：已拆除
孟县会馆	河南省	清	西城区石头胡同75号	民国 石头胡同中段	馆舍建筑：破损；现用途：民居
孟县会馆	河南省	清	东城区精忠街	清 紫竹林；民国 紫竹林（俗称担子市）	早废
濮阳会馆	河南省	清	西城区福州馆街17号	清 福州馆街巷内	馆舍建筑：破损；现用途：民居
嵩新会馆	河南省	清	西城区大沙土园胡同2号	不详	馆舍建筑：破损；现用途：民居、门面房
宛南会馆	河南省	清	西城区菜市口大街中段偏北	民国 官菜园上街八号	馆舍建筑：已拆除
宛南十三县会馆	河南省	清	西城区长椿街南段路东	清 下斜街；民国 下斜街四十六号	馆舍建筑：已拆除
祥符会馆	河南省	清	西城区南横东街西段四平园小区1号楼东	清 南横街六十八；民国 南横街六十六号	馆舍建筑：1995年拆除

彰德会馆	河南省	清 光绪二十年（1895）	西城区南半截胡同16号	清 南半截胡同二十六号；民国 南半截胡同三十一号	馆舍建筑：已修缮；现用途：民居
安陆会馆	湖北省	明 万历年间	东城区新革路	清 新开路；民国 东打磨厂新开路五号	馆舍建筑：已拆除
安陆会馆	湖北省	清	西城区红线胡同17号	清 麻线胡同巷内；民国 麻线胡同九号	馆舍建筑：破损；现用途：民居
德安会馆	湖北省	清	西城区迎新街70号	民国 阎旺庙街四十三号	馆舍建筑：已拆除
广济会馆（曾用名：抚越会馆）	湖北省	清	西城区万源夹道16号	民国 万源夹道十四号	馆舍建筑：破损；现用途：民居
广济会馆（曾用名：广济邑馆）	湖北省	清 光绪三十四年（1908）	西城区崇善里	清 崇善里；民国 崇善里七号	馆舍建筑：破损；现用途：民居
汉阳会馆	湖北省	明末清初	东城区草厂八条1号	清 草厂八条；民国 草厂八条三十七号	馆舍建筑：破损；现用途：民居
湖北会馆	湖北省	清	西城区宣武门外大街8号	清 永光寺；民国 永光寺西街八号	20世纪90年代拆除
湖北会馆（曾用名：鄂城会馆）	湖北省	清	东城区长巷头条13号	民国 长巷头条六十五号	馆舍建筑：已拆除
湖广会馆	湖北省	清 嘉庆年间	西城区虎坊路3号	清 骡马市大街二五四号；民国 骡马市大街二五七号	馆舍建筑：基本完好；用途：北京市戏曲博物馆
黄安会馆	湖北省	明	东城区新革路1号	清 新开路；民国 前门外打磨厂新开路十六号	馆舍建筑：破损；现用途：民居
黄冈会馆	湖北省	明	东城区草厂二条5号	清 草厂二条；民国 草厂二条三十号	馆舍建筑：破损；现用途：民居
黄冈会馆	湖北省	清	西城区椿树园小区	民国 椿树上头条十九号	馆舍建筑：已拆除
黄梅会馆	湖北省	清	西城区夹道居7号	清 车子营一号；民国 车子营二十二号	馆舍建筑：待拆
黄梅会馆	湖北省	清	东城区草场五条	清 草厂五条；民国 草厂五条	馆舍建筑：不详
黄陂会馆（曾用名：黄陂老馆）	湖北省	明	不详	清 东草厂胡同	早废
黄陂会馆（曾用名：黄陂邑馆）	湖北省	清 嘉庆八年（1803）	西城区潘家胡同59号	清 潘家河沿三十一号；民国 潘家河沿三十号	馆舍建筑：破损；现用途：民居（稿中是已拆除）

黄陂新馆	湖北省	清 光绪三年（1877）	西城区棉花下三条3、4号	清 棉花下三条胡同；民国 棉花下三条四号	馆舍建筑：破损；现用途：民居
黄陂会馆	湖北省	清	西城区晋太胡同中段路北四平园小区9号楼	清 晋太高庙胡同；民国 晋太高庙二号	馆舍建筑：待拆20世纪90年代拆除
江夏会馆	湖北省	清	西城区大栅栏街道排子胡同40号	清 排子胡同二十二号；民国 排子胡同二十一号	馆舍建筑：破损；现用途：民居
京山会馆	湖北省	明	东城区草厂十条	清 草厂十条；民国 草厂十条	馆舍建筑：不详
荆州会馆	湖北省	明	西城区东珠市口大街与祈年大街交汇处	清 平乐园胡同十号；民国 平乐园胡同十号	馆舍建筑：已拆除
麻城会馆	湖北省	清	东城区草厂头条24号	清 草厂头条；民国 草厂头条十号	馆舍建筑：保存尚好；现用途：民居
沔阳会馆	湖北省	清中前期	西城区前孙公园胡同41号	民国 前孙公园20号	早废
沔阳会馆	湖北省	清 同治二年（1863）	西城区前孙公园胡同57号，现又开侧门在铁鸟胡同32号	清 十间房六号；民国 十间房七号	馆舍建筑：破损；现用途：民居
蒲圻会馆	湖北省	清	西城区万源夹道7号	清 万源夹道；民国 万源夹道四号	馆舍建筑：破损；现用途：民居
蕲水会馆	湖北省	清 咸丰年间	西城区珠市口西大街中段	民国 西柳树井路南	馆舍建筑：光绪间售出
蕲水会馆	湖北省	清	西城区贾家胡同60号	清 贾家胡同三十三号；民国 贾家胡同三十七号	馆舍建筑：已拆除
蕲州会馆(曾用名：蕲春会馆)	湖北省	清 光绪初年	西城区永庆胡同	清 七圣庙十一号；民国 七圣庙十一号	馆舍建筑：2003年拆除
蕲州会馆	湖北省	不详	东城区瓷器口大街	民国 瓷器口	馆舍建筑：不详
蕲州会馆	湖北省	清	东城区草厂九条	清 草厂九条；民国 草厂九条	馆舍建筑：破损；现用途：民居
全楚会馆	湖北省	明 万历年间	西城区菜市口大街	清 丞相胡同	馆舍建筑：改建成湖广会馆
随县会馆	湖北省	清	东城区珠市口东大街	清 东柳树井；民国 东柳树井大街三十一号	馆舍建筑：已拆除

天门会馆	湖北省	清 嘉庆年间	西城区宣武门外大街98号	清 宣武门外大街一六六号；民国 宣武门外大街一九四号	馆舍建筑：2000年拆除
武昌会馆	湖北省	清宣统元年（1909）	西城区琉璃厂西街77号	民国 琉璃厂一一九号	馆舍建筑：已拆除
武昌会馆	湖北省	清宣统元年（1909）	西城区南半截胡同51号	民国 南半截胡同二十四号	馆舍建筑：破损；现用途：民居
咸宁会馆	湖北省	清末	西城区椿树园小区	清 椿树上头条五号；民国 椿树上头条七号	馆舍建筑：20世纪90年代拆除
襄阳会馆（曾用名：襄阳郡馆、襄阳老馆）	湖北省	清	西城区南柳巷56号	清 铁老鹳庙九号；民国 铁老鹳庙十一号	馆舍建筑：20世纪60年代拆除
襄阳会馆（曾用名：襄郡会馆、襄阳新馆）	湖北省	清 光绪年间	西城区潘家胡同5号	清 潘家河沿三号；民国 潘家河沿	馆舍建筑：已拆除
襄阳会馆	湖北省	清	西城区南横西街19号	清 南横街巷内	馆舍建筑：破损；现用途：民居
襄阳会馆	湖北省	清	西城区兴胜胡同4号	民国 兴胜寺北段	馆舍建筑：破损；现用途：民居
襄阳会馆	湖北省	清	东城区銮庆胡同	清 鸾庆胡同；民国 鸾庆胡同	馆舍建筑：破损；现用途：民居
孝感会馆	湖北省	清	东城区草厂七条19号	清 草厂六条；民国 草厂七条二十六号	馆舍建筑：破损；现用途：民居
孝感会馆	湖北省	清	西城区前孙公园胡同65号	民国 十间房十一号	馆舍建筑：破损；现用途：民居
宜昌会馆（曾用名：宜昌七邑会馆）	湖北省	清	西城区珠市口西大街247号	清 虎坊桥大街四十六号；民国 虎坊桥大街甲四十八号	馆舍建筑：2000年拆除
应城会馆	湖北省	明	东城区草厂二条	清 草厂二条；民国 草厂二条胡同	馆舍建筑：破损；现用途：民居
应山会馆	湖北省	清道光十六年（1836）	东城区西打磨厂街	清 打磨厂；民国 打磨厂一三八号、一三九号	馆舍建筑：不详
郢中会馆	湖北省	明 天启二年（1622）	西城区红线胡同16、18号	清 麻线胡同四十一号；民国 麻线胡同四十二号	馆舍建筑：破损；现用途：民居

郢中会馆	湖北省	清 道光十六年 （1836）	东城区西打磨厂街	清 打磨厂；民国 打磨厂	早废
云梦会馆	湖北省	清 乾隆十四年 （1749）	东城区远望东街	清 阎王庙前街；民国 阎王庙前街四号	馆舍建筑：已拆除
郧阳会馆	湖北省	清	西城区寿刘胡同5号	清 教子胡同十六号；民国 教子胡同十四号	2000年拆除
钟祥会馆	湖北省	清 乾隆十四年 （1750）	东城区西打磨厂街	清 打磨厂；民国 打磨厂	馆舍建筑：不详
宝庆会馆（曾用名：宝郡会馆、宝庆五邑会馆）	湖南省	清	东城区草厂五条26、27、28、30号	清 草厂五条胡同；民国 前门外草厂五条二十七号	馆舍建筑：基本完整；现用途：民居
宝庆会馆（曾用名：湘庆会馆）	湖南省	清	西城区骡马市大街208号左近	清 骡马市大街；民国 骡马市大街一五七号	馆舍建筑：已拆除
长沙郡馆	湖南省	明	东城区草厂十条19号	清 草厂十条；民国 草厂十条五号	馆舍建筑：破损；现用途：民居
长沙郡馆（曾用名：长沙郡西馆）	湖南省	清 乾隆年间	东城区草厂十条	清 草厂十条二十八号；民国 草厂十条二十八号	馆舍建筑：破损；现用途：民居
长沙邑馆(曾用名：长沙会馆）	湖南省	清	东城区南、北孝顺胡同	清 孝顺胡同；民国 孝顺胡同	馆舍建筑：不详
长沙邑馆(曾用名：长沙会馆）	湖南省	清 同治十一年 （1872）	西城区椿树园小区	清 椿树上三条七号；民国 椿树上三条九号	馆舍建筑：20世纪90年代拆除
常德会馆（曾用名：常桃汉沅会馆）	湖南省	清	东城区长巷五条	清 高庙胡同；民国 前门外高庙二十号	馆舍建筑：破损；现用途：民居

辰沅会馆	湖南省	明	东城区草厂八条27号	清 草厂八条；民国 草厂八条二十七号	馆舍建筑：破损；现用途：民居
衡州会馆	湖南省	清	西城区菜市口胡同60号	清 丞相胡同四十号；民国 丞相胡同四十二号	2000年拆除
湖南会馆	湖南省	清 同治十一年（1872）	西城区广安门内大街2号	民国 北半截胡同七号	馆舍建筑：已拆除
湖南会馆	湖南省	清 光绪十三年（1887）	西城区烂缦胡同99、101号	清 烂漫胡同三十八号；民国 烂缦胡同四十一号	馆舍建筑：基本格局尚存；现用途：教工幼儿园
湖南会馆	湖南省	清 光绪三年（1877）	西城区铁鸟胡同14号	民国 铁老鹳庙十八号	馆舍建筑：破损；现用途：民居
湖南会馆	湖南省	清 光绪六年（1880）	西城区粉房琉璃街117号	民国 粉房琉璃街五十四号	馆舍建筑：已拆除
湖南会馆	湖南省	清 光绪十三年（1887）	西城区烂缦胡同70号	民国 烂缦胡同七十四号、七十五号	馆舍建筑：破损；现用途：民居
湖南会馆（曾用名：先贤祠堂）	湖南省	清 光绪十三年（1887）	西城区七井胡同3、5号	民国 九间房二、三号	馆舍建筑：破损；现用途：民居
湖南会馆	湖南省	清 光绪十三年（1887）	西城区西砖胡同74号	民国 西砖胡同三十六号	馆舍建筑：破损；现用途：民居
湖南会馆	湖南省	清 光绪年间	西城区香炉营西巷31号	清 香炉营；民国 香炉营	馆舍建筑：20世纪90年代拆除
澧阳会馆（曾用名：澧州会馆）	湖南省	清 道光三年（1823）	西城区海柏胡同18号	清 海北寺街二十七号；民国 海北寺街二十七号	馆舍建筑：2003年拆除
澧阳会馆	湖南省	清中晚期	西城区庄胜城范围内	民国 后青厂	馆舍建筑：已拆除
澧阳新馆	湖南省	清末	西城区庄胜城范围内	民国 香炉营四条二十三号	馆舍建筑：已拆除
浏阳会馆	湖南省	清 同治年间	西城区北半截胡同41号	清 裤腿胡同四号；民国 北半截胡同二十号	馆舍建筑：基本格局尚存；现用途：民居
宁乡会馆	湖南省	清	西城区陶然亭街道米市胡同63、65号	清 米市胡同二十五号；民国 米市胡同二十八号	馆舍建筑：破损；现用途：民居

善化会馆	湖南省	清 道光三年（1823）	西城区宣武门外大街6号	清 宣武门外大街一八八号；民国 宣武门外大街二一五号	馆舍建筑：20世纪90年代拆除
上湖南会馆	湖南省	明	东城区奋章胡同11号	清 草厂十条；民国 草厂十条二号	馆舍建筑：破损；现用途：民居
上湖南会馆	湖南省	清 乾隆三年（1738）	东城区草厂五条	清 草厂五条北口	馆舍建筑：不详
上湖南会馆	湖南省	清	西城区东北园胡同50号	民国 东北园五十七号	馆舍建筑：破损；现用途：民居
上湖南会馆	湖南省	清	西城区菜市口大街北段	民国 丞相胡同三十六号	馆舍建筑：已拆除
上湖南会馆	湖南省	清	西城区贾家胡同28号	民国 贾家胡同五十五号	馆舍建筑：破损；现用途：民居
武陵会馆	湖南省	清	东城区长巷二条	清 长巷二条；民国 长巷二条	馆舍建筑：不详
湘潭会馆	湖南省	清	东城区南官园胡同	清 南官园胡同；民国 南官园	馆舍建筑：已拆除
湘潭会馆	湖南省	清 光绪二十八年（1902）	西城区保安寺街5号	清 保安寺街三号；民国 保安寺街三号	馆舍建筑：已拆除
湘潭会馆	湖南省	清	东城区草厂十条胡同	清 草厂十条；民国 草厂十条胡同	馆舍建筑：不详
湘乡会馆	湖南省	清	东城区草厂十条	清 草厂十条；民国 草厂十条	馆舍建筑：不详
湘乡会馆	湖南省	清	西城区烂漫胡同89号	清 烂漫胡同三十二号；民国 烂漫胡同三十五号	馆舍建筑：已拆除
湘阴会馆	湖南省	清 光绪二十八年（1902）	西城区前兵马街7号	清 兵马司前街四号；民国 兵马司前街四号	20世纪80年代拆除
湘阴会馆	湖南省	清末	西城区南横东街103号	民国 南横街二十六号	馆舍建筑：已拆除
永靖会馆	湖南省	清 光绪九年（1883）	西城区永光东街9号院3号楼	清 永光寺中街一号；民国 永光寺中街一号	馆舍建筑：20世纪90年代拆除
永州会馆（曾用名：永州老馆）	湖南省	清 嘉庆五年（1800）	西城区宣武门外大街83号	民国 宣武门大街三十八号	馆舍建筑：已拆除
永州会馆	湖南省	清 光绪六年（1880）	西城区贾家胡同39号	清 贾家胡同十九号；民国 贾家胡同二十三号	馆舍建筑：破损；现用途：民居

酉西会馆	湖南省	清 同治十三年（1874）	西城区杨梅竹斜街59、61号	清 杨梅竹斜街三十号；民国 杨梅竹斜街三十号	馆舍建筑：破损；现用途：民居
岳阳会馆（曾用名：巴陵会馆）	湖南省	清	西城区留学路	清 牛血胡同巷内	馆舍建筑：不详
岳阳会馆	湖南省	清	东城区长巷四条57号	清 长巷四条；民国 长巷四条二十八号	馆舍建筑：破损；现用途：民居
吉林会馆（曾用名：吉林老馆、吉林试馆）	吉林省	清 光绪十年（1884）	东城区干面胡同	清 干面胡同；民国 干面胡同三十五号	馆舍建筑：不详
吉林会馆（曾用名：吉林先哲祠）	吉林省	清 光绪年间	西城区地安门西大街西部路北	清 西皇城根；民国 西皇城根十七号	现用途：改作厂桥小学
长吴会馆	江苏省	清 嘉庆十一年	东城区长巷三条甲14、乙14、16号	清 长巷三条；民国 长巷三条丙五号	馆舍建筑：破损；现用途：民居
常熟会馆	江苏省	清 乾隆五十三年（1788）	西城区烂漫胡同133号	清 烂缦胡同四十七号；民国 烂漫胡同五十号	馆舍建筑：破损；现用途：民居
淮安会馆	江苏省	清中前期	西城区南横东街四平园小区7号楼址	清 南横街；民国 南横街四十八号	馆舍建筑：已拆除
淮安会馆	江苏省	清 道光二十八年（1848）	西城区红线胡同51号	清 麻线胡同二十三号；民国 麻线胡同二十七号	馆舍建筑：破损；现用途：民居
淮安会馆	江苏省	清	东城区珠市口东大街	清 三里河大街；民国 三里河大街	馆舍建筑：已拆除
淮山邑馆	江苏省	清	西城区潘家胡同19号	清 潘家河沿；民国 潘家河沿十一号	馆舍建筑：拆迁中
江南会馆	江苏省	清初	西城区潘家胡同	清 潘家河沿巷内	早废
江宁郡馆	江苏省	清 康熙二十二年（1683）	东城区长巷三条	清 长巷三条；民国 长巷三条三十九号	馆舍建筑：破损；现用途：民居
江宁郡馆（曾用名：上江会馆、元宁会馆）	江苏省	清 雍正六年（1728）	西城区南半截胡同41号	清 南半截胡同十二号；民国 南半截胡同十七号	馆舍建筑：破损；现用途：民居

江宁郡馆	江苏省	清 嘉庆年间	西城区烂缦胡同88号	清 烂漫胡同六十四号；民国 烂漫胡同	馆舍建筑：破损；现用途：民居
江宁郡馆（曾用名：江宁惜字馆）	江苏省	清	西城区骡马市大街9号	民国 棉花上四条七号	馆舍建筑：已拆除
江苏会馆	江苏省	清 光绪十三年（1887）	西城区菜市口大街1号	清 北半截胡同九号；民国 北半截胡同八号	馆舍建筑：2000年拆除
江苏会馆	江苏省	清 光绪二十六年(1900）	西城区菜市口大街2号	民国 北半截胡同六号	馆舍建筑：2000年拆除
江苏会馆	江苏省	清 光绪二十九年（1903）	西城区菜市口大街北段	民国 丞相胡同五十一号	馆舍建筑：已拆除
江苏会馆	江苏省	清 光绪年间	东城区东四五条	民国 东四五条西口外九十三四五号	馆舍建筑：破损；现用途：民居
江苏会馆	江苏省	清 光绪 二十九年 （1903）	西城区琉璃厂西街71、73号	民国 琉璃厂西门内门一百十五号	馆舍建筑：已拆除
江苏会馆	江苏省	清 光绪二十九年（1903）	西城区校场五条8号	民国 教场五条四十五号	馆舍建筑：破损；现用途：民居
江苏会馆	江苏省	清 光绪二十九年（1903）	西城区永光寺东街九号院1号楼	民国 西草厂五十四号	馆舍建筑：已拆除
江苏会馆	江苏省	清 光绪二十九年（1903）	西城区南横西街95号	民国 南横街四十八号	馆舍建筑：已拆除
江阴会馆	江苏省	清 同治年间	西城区米市胡同98号	清 米市胡同五十五号；民国 米市胡同六十四号	馆舍建筑：已拆除
江阴会馆	江苏省	清末	西城区广安门内大街6号院枫桦豪景小区D座楼	民国 烂缦胡同八十一至八十八号	馆舍建筑：已拆除
江震会馆（曾用名：吴江会馆）	江苏省	清 乾隆初年	西城区贾家胡同17号	清 贾家胡同；民国 贾家胡同六十二号	馆舍建筑：已拆除
江震会馆（曾用名：吴江会馆）	江苏省	清中晚期	西城区贾家胡同11号	民国 贾家胡同六号	馆舍建筑：已拆除

江震会馆（曾用名：吴江会馆）	江苏省	清 道光年间	西城区南柳巷东	清 南柳巷内	馆舍建筑：早废
京江会馆	江苏省	清	东城区南芦草园胡同	清 南芦草园；民国 南芦草园胡同	馆舍建筑：破损；现用途：民居
京江会馆	江苏省	清	西城区建功南里小区左近	民国 南菜园	馆舍建筑：已拆除
句容会馆	江苏省	清	东城区崇文门西河沿	清 东沿河；民国 东沿河	馆舍建筑：已拆除
句容会馆	江苏省	清 咸丰年间	西城区米市胡同40号	清 米市胡同巷内；民国 米市胡同九十一号	馆舍建筑：已拆除
昆新会馆（曾用名：昆山会馆）	江苏省	清	西城区小沙土园胡同10号	清 小沙土园胡同十七号；民国 小沙土园胡同十九号	馆舍建筑：破损；现用途：民居
南京试馆	江苏省	清	西城区珠市口西大街32号	民国 珠市口五十三号	馆舍建筑：已拆除
南通会馆（曾用名：南通州会馆、南通县馆）	江苏省	清 雍正二年（1724）	西城区宣武门外大街94号	清 宣武门外大街一六七号；民国 宣武门外大街一九五号	馆舍建筑：已拆除
宁浦会馆	江苏省	清	不详	清 打磨厂；民国 打磨厂	馆舍建筑：不详
如泰会馆	江苏省	清	西城区前门西河沿西段	清 西河沿巷内；民国 西河沿西口	早废
如泰会馆	江苏省	清	西城区后孙公园胡同12号	清 后孙公园八号；民国 后孙公园八号	馆舍建筑：破损；现用途：民居
太仓会馆（曾用名：太嘉宝崇会馆）	江苏省	清 道光三年（1823）	西城区宣武门外大街6号	清 宣武门外大街一九三号；民国 宣武门外大街二二〇号	馆舍建筑：20世纪90年代拆除
太仓会馆	江苏省	清晚期	西城区菜市口大街1号	民国 北半截胡同三十七号	馆舍建筑：已拆除
太仓会馆	江苏省	清晚期	西城区珠巢街13号	民国 珠巢街六号	馆舍建筑：已拆除
太仓会馆（曾用名：娄海山庄）	江苏省	清晚期	西城区枣林东街东段	民国 枣林前街五十六号	馆舍建筑：已拆除

吴县会馆（曾用名：长元吴会馆）	江苏省	清 乾隆年间	西城区延寿街33号	清 延寿寺街十八号；民国 延寿寺街十五号	馆舍建筑：破损；现用途：民居
吴县会馆	江苏省	清 乾隆年间	西城区东北园胡同2号	民国 东北园一二六号	馆舍建筑：破损；现用途：民居
吴县会馆	江苏省	清中晚期	西城区延寿街41号	民国 延寿寺街十九号	馆舍建筑：破损；现用途：民居
武进会馆（曾用名：武阳会馆）	江苏省	清中前期	西城区后青厂胡同40号	清 前青厂；民国 前青厂十四号	馆舍建筑：已拆除
武进会馆（曾用名：武阳会馆）	江苏省	清 雍正年间	西城区庄胜城范围内	清 前青厂十一号；民国 前青厂	馆舍建筑：已拆除
武进会馆（曾用名：武阳会馆）	江苏省	清	西城区北堂子胡同14号	民国 北堂子胡同一四号	馆舍建筑：破损；现用途：民居
惜字会馆	江苏省	清	西城区梁家园北胡同9号	清 梁家园后身五号；民国 梁家园后身五、六号	馆舍建筑：破损；现用途：民居
锡金会馆	江苏省	清 同治年间	西城区前孙公园胡同11号	清 前孙公园七号；民国 前孙公园七号	馆舍建筑：破损；现用途：民居
徐州会馆	江苏省	清 光绪十五年（1889）	西城区米市胡同62号	清 米市胡同六十九号；民国 米市胡同八十号	馆舍建筑：破损；现用途：民居
扬州会馆（曾用名：扬州老馆、江甘仪会馆）	江苏省	清 乾隆年间	西城区广安门内大街37号	清 广安门内大街；民国 广安门内大街二十一号	馆舍建筑：2003年大部分拆除
扬州会馆（曾用名：扬州中馆）	江苏省	清中晚期	西城区耀武胡同	民国 羊肉胡同	馆舍建筑：破损；现用途：民居
扬州会馆	江苏省	清中晚期	西城区菜市口大街北段	民国 丞相胡同三十一号	馆舍建筑：已拆除
扬州会馆	江苏省	清中晚期	西城区果子巷70、72号	民国 驴驹胡同十八、十九号	馆舍建筑：已拆除

扬州会馆（曾用名：扬州新馆）	江苏省	清 嘉庆二十二年（1817）	西城区儒福里6号建工医院域内	清 珠巢街十三号；民国 珠巢街十五号	馆舍建筑：已拆除
宜兴会馆（曾用名：宜荆会馆）	江苏省	清前期	西城区校场头条15号	清 教场头条七号；民国 校场头条六号	馆舍建筑：破损；现用途：民居
宜兴会馆	江苏省	清中晚期	西城区校场头条3号	民国 校场头条二号	馆舍建筑：破损；现用途：民居
宜兴会馆	江苏省	清中晚期	西城区佘家胡同1号	民国 佘家胡同一号	馆舍建筑：已拆除
宜兴会馆（曾用名：宜荆会馆、宜兴新馆）	江苏省	清	西城区校尉营44号	清 校尉营二十四号；民国 校尉营二十四号	馆舍建筑：基本完整；现用途：民居
宜荆试馆	江苏省	不详	东城区芝华胡同	民国 贤孝牌十六号	馆舍建筑：拆迁中
镇江会馆	江苏省	清	西城区官菜园上街6号	清 官菜园上街二十六号；民国 官菜园上街二十五号	馆舍建筑：2006年拆除
镇江会馆	江苏省	清	西城区教佳胡同26号	民国 敫家坑十一号	馆舍建筑：已拆除
镇江会馆	江苏省	清	西城区大保吉巷26号	民国 大保吉巷十四号	馆舍建筑：破损；现用途：民居
安福会馆	江西省	清	西城区永光寺东街九号院1号楼址	清 西草厂五十二号；民国 西草厂五十三号	馆舍建筑：20世纪90年代拆除
德化会馆	江西省	清 道光年间	东城区大席胡同25号	清 溪儿胡同；民国 大席胡同十五号	馆舍建筑：破损；现用途：民居
德兴会馆	江西省	清	东城区长巷四条	清 长巷四条；民国 长巷四条十号	馆舍建筑：拆迁中
分宜会馆	江西省	清	西城区板章胡同26号	清 板章胡同	早废
丰城会馆	江西省	清 乾隆年间	东城区长巷头条53号	清 长巷头条；民国 前外长巷下头条四十号	馆舍建筑：破损；现用途：民居
丰城会馆（曾用名：广丰会馆）	江西省	清	东城区长巷二条胡同内	清 长巷二条	早废

丰城会馆（曾用名：丰城南馆、广丰会馆）	江西省	清 乾隆年间	西城区保安寺街1号	清 保安寺街一号；民国 保安寺街一号	馆舍建筑：破损；现用途：民居
丰城会馆（曾用名：丰城新馆）	江西省	清 同治年间	西城区保安寺街23号	清 保安寺街十一号；民国 保安寺街十一号	馆舍建筑：20世纪60年代拆除
奉新北馆	江西省	清乾隆二十六年（1761）	西城区南大吉巷4号	清 羊肉胡同二十九号；民国 羊肉胡同三十一号	馆舍建筑：破损；现用途：民居
奉新会馆	江西省	清	东城区崇文门西河沿	清 （前门）东沿河；民国 （前门）东沿河五十四号	无存
奉新南馆	江西省	清 乾隆二十六年（1761）	西城区果子巷73号	清 驴驹胡同四号；民国 驴驹胡同三号	馆舍建筑：破损；现用途：民居
奉新西馆	江西省	清	西城区庄胜城院内	清 北极庵路西2号	馆舍建筑：已拆除
奉新中馆	江西省	清	西城区保安寺街26号	清 保安寺街二十三号；民国 保安寺街二十四号	馆舍建筑：破损；现用途：民居
浮梁会馆（曾用名：江西浮梁会馆）	江西省	清	东城区崇文门西河沿	清 东沿河；民国 （前门）东沿河五十四号	无存
浮梁会馆（曾用名：浮梁老馆）	江西省	清	西城区廊房三条	清 廊房三条；民国 廊房三条	早废
浮梁会馆（曾用名：江西浮梁会馆）	江西省	清 嘉庆二十二年（1817）	西城区菜市口大街中段	清 官菜园上街；民国 官菜园上街二十六号	馆舍建筑：2006年拆除
抚临会馆	江西省	清	西城区宣武门外大街30号	清 宣武门外大街巷内	早废
抚临西馆	江西省	清	西城区广安门大街西口路北	清 万春胡同	馆舍建筑：20世纪90年代拆除

抚州会馆（曾用名：抚郡南馆）	江西省	清	西城区香炉营头条26号	清 香炉营头条五十二号；民国 香炉营头条五十号	馆舍建筑：2003年拆除
抚州会馆	江西省	清	西城区永光寺东街9号院内	清 永光寺中街十四号；民国 永光寺中街	馆舍建筑：20世纪90年代拆除
抚州会馆	江西省	清	西城区庄胜城院内	民国 香炉营二条七号	馆舍建筑：已拆除
抚州会馆（曾用名：抚州东馆）	江西省	清	西城区北大吉巷20号	清 大吉巷内；民国 大吉巷四十二号	馆舍建筑：已拆除
赣宁会馆（曾用名：赣宁老馆）	江西省	明末	西城区珠市口西大街49号	清 西珠市口三十二号；民国 西珠市口三十四号	馆舍建筑：1992年拆除
赣宁会馆	江西省	清	西城区珠市口西大街65号	民国 西珠市口四十号	馆舍建筑：已拆除
赣宁会馆（曾用名：赣宁分馆）	江西省	清	西城区甘井胡同18号	清 甘井胡同巷内；民国 甘井胡同二十四号	馆舍建筑：已拆除
赣宁新馆	江西省	清 同治年间	西城区珠市口西大街83号	清 西柳树井五号；民国 西柳树井五号	馆舍建筑：已拆除
赣州会馆	江西省	清	西城区煤市街131号	清 煤市街；民国 煤市街四十四号	馆舍建筑：拆改严重；现用途：门面房
高安会馆	江西省	清 雍正元年（1723）	西城区西杨茅胡同3号	清 杨茅胡同一号；民国 西杨茅胡同一号	馆舍建筑：破损；现用途：民居
广信会馆	江西省	清 咸丰年间	西城区宣武门外大街铁门胡同13号	清 铁门九号；民国 铁门九号	馆舍建筑：2004年拆除
吉安会馆（曾用名：吉安二忠祠、吉州二忠祠）	江西省	明	东城区新潮胡同	清 抄手胡同；民国 前门外抄手胡同	馆舍建筑：保存尚好；现用途：民居
吉安会馆（曾用名：吉州十属老馆）	江西省	明末清初	东城区大江胡同85号	清 大蒋家胡同；民国 大蒋家胡同三十八号	馆舍建筑：已修缮；现用途：民居

吉安会馆	江西省	明末清初	西城区粉房琉璃街71号	民国 粉房琉璃街三十二号	馆舍建筑：待拆；现用途：民居
吉安会馆	江西省	明末清初	西城区珠市口大街东段	民国 西珠市口路南	早废
吉安会馆（曾用名：吉州十属新馆）	江西省	清	西城区潘家胡同29号	清 潘家胡同13号；民国 潘家河沿12号	馆舍建筑：破损；现用途：民居
吉安会馆（曾用名：吉州十属惜字会馆）	江西省	清	西城区骡马市大街9号	清 棉花上四条二十号；民国 棉花上四条二十号	馆舍建筑：2003年拆除
江西会馆	江西省	清 光绪九年（1883）	西城区宣武门外大街28号	清 宣武门外；民国（前门）宣武门外大街一九六号（后门）永光寺西街二十二号	馆舍建筑：20世纪80年代已拆
江西会馆	江西省	清	西城区潘家胡同	清 潘家河沿巷内；	早废
江西会馆	江西省	清	西城区南横西街13号	民国 南横西街二十七号	馆舍建筑：破损；现用途：民居
江西会馆	江西省	清	西城区琉璃厂东街西段	琉璃厂一八八号	馆舍建筑：已修缮；现用途：商铺
江西会馆（曾用名：谢枋得祠）	江西省	明中晚期	西城区法源寺后街3、5、7号	清 法源寺后街；民国 法源寺后街五号	馆舍建筑：已修缮；现用途：民居
江西会馆（又称萧公堂）	江西省	清	东城区崇文门西河沿	清 东河沿；民国 打磨厂	无存
江西会馆	江西省	清	西城区庄胜城范围内	民国 香炉营四条	馆舍建筑：已拆除
江西会馆	江西省	清	西城区菜市口大街北段	民国 丞相胡同六号	馆舍建筑：已拆除
江西会馆	江西省	清	西城区广安门内大街2号	北半截胡同四十九号	馆舍建筑：已拆除
江西会馆	江西省	清	西城区椿树园小区	椿树上二条西段路北	馆舍建筑：已拆除
江右会馆	江西省	明	东城区长巷头条	清 长巷上、下头条	馆舍建筑：清末毁于兵燹
金溪会馆	江西省	清	东城区长巷三条37号	清 长巷三条；民国 长巷三条九号	馆舍建筑：破损；现用途：民居
金溪新馆	江西省	清	东城区长巷四条	清 长巷四条；民国 长巷上四条三十六号	馆舍建筑：破损；现用途：民居

进贤会馆	江西省	清	东城区好景胡同	清 高井胡同；	馆舍建筑：不详
靖安会馆	江西省	清	西城区魏染胡同49号	清 魏染胡同二十四号；民国 魏染胡同二十六号	馆舍建筑：已改建；现用途：北京市西城区（宣武区）创业人员服务大厅
九江会馆（曾用名：九江府五邑馆）	江西省	明 万历三年（1575）	西城区珠市口西大街57号	清 西珠市口三十三号；民国 西珠市口三十五号	馆舍建筑：1992年拆除
乐平会馆	江西省	明 万历三十四年（1606）	东城区长巷四条24号	清 长巷上、下四条；民国 长巷上四条五号	馆舍建筑：前半部已拆；现用途：民居
乐平会馆	江西省	清	西城区珠市口西大街259号	清 虎坊桥大街；民国 虎坊桥大街五十三号	馆舍建筑：1992年拆除
临川会馆	江西省	清	西城区裘家街11号	清 裘家街五号；民国 裘家街五号	馆舍建筑：破损；现用途：民居
临川会馆	江西省	清	西城区庄胜城范围内	香炉营二条37号	馆舍建筑：已拆除
临江会馆	江西省	清	东城区草厂二条	清 草厂二条；民国 草厂二条	馆舍建筑：不详
临江会馆	江西省	清	东城区草厂三条	清 草厂三条；民国 草厂三条	馆舍建筑：不详
临江会馆	江西省	清	东城区长巷二条	清 长巷上二条；民国 长巷上二条三号	馆舍建筑：不详
临江会馆（曾用名：临江后馆）	江西省	清	东城区长巷三条	清 长巷三条；民国 长巷三条三号	馆舍建筑：不详
庐陵会馆（曾用名：庐陵老馆）	江西省	明 天启四年（1624）	东城区大江胡同29号	清 大蒋家胡同；民国 大蒋家胡同七十三号	馆舍建筑：待拆；现用途：民居
庐陵会馆	江西省	清	东城区大席胡同	清 席儿胡同；民国 席儿胡同	馆舍建筑：不详
庐陵会馆	江西省	清	西城区粉房琉璃街79号	民国 粉房琉璃街三十五号	馆舍建筑：已拆除
庐陵会馆（曾用名：庐陵新馆）	江西省	清	西城区潘家胡同60号	清 潘家河沿五十一号；民国 潘家河沿五十二号	馆舍建筑：已拆除

泸溪会馆	江西省	清	东城区南翔凤胡同	清 墙缝胡同；民国 墙缝胡同	早废
南安会馆	江西省	清 乾隆年间	西城区宣武门外大街30号富卓商厦域内及楼前部分	清 宣武门外大街一八八号；民国 宣武门外大街一八八号	馆舍建筑：2000年拆除
南安会馆	江西省	清	东城区草厂七条6号	清 草厂七条、八条；民国 草厂七条二号、八条三十六号	馆舍建筑：保存基本完整；现用途：民居
南昌会馆（曾用名：南昌县馆）	江西省	明 永乐年间	东城区长巷头条39号	清 长巷头条三十九号；民国 长巷下头条四十八号	馆舍建筑：保存基本完整；现用途：前门街道办事处
南昌会馆（曾用名：南昌东馆）	江西省	明 永乐年间	东城区长巷四条	清 长巷四条；民国 长巷四条三号	馆舍建筑：破损；现用途：民居。
南昌会馆（曾用名：南昌郡馆）	江西省	清 雍正二年（1724）	西城区宣武门外大街162、164、166号	清 宣武门外大街；民国 宣武门外大街一五八号、一五九号	馆舍建筑：2000年拆除
南昌会馆（曾用名：南昌西馆）	江西省	清	西城区魏染胡同36号	民国 魏染胡同三十一、三十二号	馆舍建筑：已拆除
南昌会馆	江西省	不详	东城区长巷三条	民国 长巷上三条	馆舍建筑：不详
南昌会馆（曾用名：南昌新馆）	江西省	清末	西城区潘家胡同	潘家河沿	馆舍建筑：不详
南城会馆（曾用名：建昌会馆）	江西省	清前期	西城区宣武门外大街	清 宣武门外大街巷内	早废
南城会馆（曾用名：南城东馆）	江西省	清 同治五年（1866）	东城区长巷三条	清 长巷三条；民国 长巷下三条三十七号	馆舍建筑：破损；现用途：民居
南城会馆（曾用名：南城新馆、南城西馆）	江西省	清 同治七年（1868）	西城区魏染胡同28号	清 魏染胡同二十八号；民国 魏染胡同三十七号	馆舍建筑：破损；现用途：民居

南城会馆	江西省	清	西城区中信城东北部	清 兵马司中街；民国 兵马司中街	馆舍建筑：已拆除
南丰会馆	江西省	清	西城区北柳巷29号	清 北柳巷19号；民国 北柳巷20号	馆舍建筑：2003年拆除
南康会馆	江西省	明	东城区珠市口东大街393号	清 东珠市口大街；民国 东珠市口二十三号	馆舍建筑：2000年拆除
南康会馆	江西省	清	东城区鲜鱼口街	清 鲜鱼口胡同；民国（鲜鱼口）小桥十号旁门	馆舍建筑：已修缮；现用途：商业店铺
宁州会馆	江西省	清	东城区好景胡同	清 高井胡同；民国 高井胡同	馆舍建筑：不详
萍乡会馆	江西省	清	西城区粉房琉璃街93号	清 粉房琉璃街三十九号；民国 粉房琉璃街四十二号	馆舍建筑：已拆除
萍乡西馆	江西省	清	西城区潘家胡同60号	民国 潘家河沿四十八、四十九号	馆舍建筑：大部分已拆除
鄱阳会馆	江西省	清	西城区茶儿胡同27号	清 吴柴儿胡同；民国 茶儿胡同十四号	馆舍建筑：破损；现用途：民居
清江会馆	江西省	清	西城区保安寺街3号	清 保安寺街2号；民国 保安寺街2号	馆舍建筑：已拆除
饶州会馆	江西省	清	西城区潘家胡同33号	清 潘家河沿十八号；民国 潘家河沿十七号	馆舍建筑：已拆除
上新会馆	江西省	明 万历三十三年（1605）	东城区长巷四条30号	清 长巷四条；民国 长巷四条二十号	馆舍建筑：待拆；现用途：民居
万年会馆	江西省	明 万历年间	东城区草场四条	清 草场四条；民国 草场四条	馆舍建筑：不详
万载会馆	江西省	清	西城区粉房琉璃街85号	清 粉房琉璃街三十五号；民国 粉房琉璃街三十八号	馆舍建筑：待拆；现用途：民居
武宁老馆	江西省	清	西城区上斜街34号	清 上斜街；民国 上斜街57号	馆舍建筑：破损；现用途：民居
武宁会馆	江西省	清	东城区好景胡同	清 高井胡同；民国 高井胡同	馆舍建筑：不详
武宁会馆	江西省	清	东城区南芦草园胡同	清 南芦草园；民国 南芦草园	馆舍建筑：不详
婺源老馆	江西省	清 乾隆二十五年（1760）	西城区石猴街7号	清 石猴街四号；民国 石猴街四号	馆舍建筑：破损；现用途：民居
婺源新馆	江西省	清 嘉庆十九年（1814）	西城区大耳胡同6号	清 大二胡同二十五号；民国 大二胡同三十六号	馆舍建筑：破损；现用途：民居

婺源会馆	江西省	清道光二十一年（1841）	西城区宣武门外大街179、181号	宣武门大街85、86号	馆舍建筑：已拆除
新城会馆（曾用名：黎川会馆）	江西省	清	东城区长巷四条18号	清 长巷四条；民国 长巷四条	馆舍建筑：待拆；现用途：民居
新城会馆（曾用名：黎川会馆）	江西省	清	西城区椿树园小区	清 椿树上头条十八号；民国 椿树上头条二十一号	馆舍建筑：已拆除
新城会馆（曾用名：新城新馆）	江西省	清嘉庆年间	西城区椿树园小区	椿树上二条十号	馆舍建筑：已拆除
新城会馆（曾用名：黎川会馆）	江西省	清	西城区椿树园小区	椿树下三条	馆舍建筑：已拆除
新建会馆（曾用名：新建老馆）	江西省	清乾隆三年（1738）	西城区宣武门外大街28号	民国 宣武门大街一九六号	馆舍建筑：已拆除
新建会馆（曾用名：新建东馆）	江西省	清	东城区长巷头条35号	民国 长巷头条五十号	会馆建筑：已翻建
新建会馆（曾用名：新建西馆）	江西省	清光绪九年（1883）	西城区棕树斜街45号	清 王广福斜街十六号	馆舍建筑：破损；现用途：民居
兴国会馆	江西省	清	东城区草长头条	清 草长头条；民国 草长头条五号	馆舍建筑：拆迁中；现用途：民居
宜分万会馆	江西省	清	西城区上斜街43号	民国 上斜街十九号	馆舍建筑：破损；现用途：民居
宜分万会馆（曾用名：袁州会馆）	江西省	清光绪年间	西城区板章胡同14号	清 板章胡同十八号；民国 板章胡同二十一号	馆舍建筑：已拆除
宜黄会馆	江西省	清	东城区远望东街	清 阎王庙前街；民国 阎王庙前街二十六号	无存

义宁会馆	江西省	清	东城区好景胡同	清 高井胡同；民国 高井胡同	早废
永丰会馆	江西省	清	西城区宣武门外大街	清 宣武门外大街巷内	早废
永新会馆（曾用名：永新南馆）	江西省	清	西城区广安门内大街208号	民国 香儿胡同	馆舍建筑：已拆除
永新会馆（曾用名：永新北馆）	江西省	清	西城区校场五条8号	清 校场上、下条；民国 校场头条	馆舍建筑：破损；现用途：民居
永新会馆（曾用名：永新新馆）	江西省	清	西城区中兵马街5号	清 兵马司中街二号；民国 兵马司中街三号	馆舍建筑：已拆除
袁州会馆	江西省	清	东城区草厂七条6号	清 草厂七条；民国 草厂七条一号及后门	馆舍建筑：保存尚好；现用途：民居
奉天会馆	辽宁省	清	西城区珠市口西大街10号	清 西柳树井六十九号；民国 西柳树井六十九号	馆舍建筑：2000年拆除
奉天会馆	辽宁省	清	西城区复兴门内大街	清 旧刑部街；旧刑部街十二号	馆舍建筑：已拆除
奉天试馆	辽宁省	清	东城区冠英胡同	清 东观音寺；民国 东观音寺	馆舍建筑：已拆除
第二蒙疆会馆	内蒙古自治区	清	西城区椿树园小区	清 椿树上二条；民国 椿树上二条五号	馆舍建筑：破损已拆除
固山会馆	内蒙古自治区	清 嘉庆年间	东城区雨儿胡同	清 雨儿胡同；民国 雨儿胡同	馆舍建筑：不详
登莱胶馆（曾用名：登莱胶义园公所”、登莱会馆）	山东省	清	西城区登莱胡同29、31号	清 干面胡同十二号；民国 干面胡同十二号	无存
海阳会馆	山东省	清 道光年间	朝阳区呼家楼南里2号	清 舍茶棚四号；民国 舍茶棚四号（朝外）	馆舍建筑：已拆
济南会馆（曾用名：济南十六邑馆）	山东省	清	西城区烂漫胡同97号	清 烂漫胡同三十六号；民国 烂缦胡同三十九号	馆舍建筑：破损；现用途：民居

青州会馆	山东省	清	西城区门楼巷6号	清 门楼胡同巷内；民国 门楼巷十号	馆舍建筑：已改建；现用途：回民小学
山东会馆	山东省	清	东城区崇文门外大街	清 崇文门大街；民国 崇文门大街	无存
山东会馆（曾用名：山东试馆）	山东省	清	东城区鲤鱼胡同	清 鲤鱼胡同；民国 鲤鱼胡同	馆舍建筑：2006年拆除
山东会馆（曾用名：齐鲁会馆）	山东省	清中前期	西城区潘家胡同35号	清 潘家河沿；民国 潘家河沿十八号	馆舍建筑：早废
山东会馆（曾用名：山左会馆）	山东省	清 嘉庆年间	西城区校场头条17号	清 校场头条八号；民国 校场头条七号	馆舍建筑：破损；现用途：民居。有三座大小院子，现破旧，为民宅
山东会馆（曾用名：山左会馆、三义庙）	山东省	明 万历九年（1851）	通州区新城东里	清 通县玉带河大街；民国 通县玉带河大街	馆舍建筑：保存较完整
寿张会馆（曾用名：寿张试馆）	山东省	清	西城区迎新街34号	清 延旺庙街巷内	早废
寿张会馆	山东省	清	西城区广安门内大街6号院枫桦豪景小区内	民国 烂缦胡同九十七号	馆舍建筑：已拆
汶水会馆	山东省	清	西城区粉房琉璃街107号	不详	馆舍建筑：已拆
武定会馆	山东省	不详	东城区东交民巷	清 东江米巷	早废
章丘会馆	山东省	清	西城区校场三条43号	民国 校场三条	馆舍建筑：破损；现用途：民居
代郡会馆(曾用名：代州会馆）	山西省	清 咸丰年间	西城区后铁厂1号	清 西河沿一六八号；民国 西河沿一六七号	馆舍建筑：1995年拆除
汾水会馆	山西省	清	西城区粉房琉璃街21号	清 粉房琉璃街	馆舍建筑：已拆除
汾阳会馆	山西省	清	西城区棕树斜街26号	清 王广福斜街七十一号；民国 王广福斜街七十一号	馆舍建筑：20世纪50年代拆迁；现用途：小学
浮山会馆	山西省	清	西城区鹞儿胡同16号	清 鹞儿胡同三十六号；民国 鹞儿胡同三十六号	馆舍建筑：破损；现用途：店面、民居

河东会馆	山西省	清	东城区小江胡同	清 小蒋家胡同；民国 小蒋家胡同	馆舍建筑：不详
洪洞会馆	山西省	清 乾隆二十二年（1757）	西城区广安门内大街6号枫桦豪景大楼西半部	清 广安门内大街四六〇号；民国 广安门内大街四六八号	馆舍建筑：2000年拆除
绛山会馆	山西省	清 乾隆年间	西城区椿树园小区域内	清 椿树下三条七号；民国 椿树下三条七号	馆舍建筑：2003年拆除
解梁会馆	山西省	清 乾隆年间	西城区粉房琉璃街109号	清 粉房琉璃街四十七号；民国 粉房琉璃街五十号	馆舍建筑：已拆除
介休会馆	山西省	清	东城区北官园胡同15号	清 北官园巷内；民国 北官园二十一号	馆舍建筑：已拆除
晋太会馆	山西省	清	西城区百顺胡同巷内	清 百顺胡同巷内	早废
晋翼会馆	山西省	清 雍正十年(1732）	东城区小江胡同30号	清 小蒋家胡同；民国 前外小蒋家胡同十二号	馆舍建筑：已修缮
灵石会馆	山西省	清	西城区宣武门外大街99、101号	清 宣武门外大街二四六号；民国 宣武门外大街五十号	馆舍建筑：2000年拆除
潞安会馆	山西省	清	西城区珠市口西大街53号	清 西珠市口三十一号；民国 西珠市口三十一号	馆舍建筑：2000年大部分拆除；现用途：民居
平定会馆	山西省	清	西城区珠市口西大街106号	清 西柳树井六十一号；民国 西柳树井五十二号	馆舍建筑：2000年拆除
蒲州会馆	山西省	清	西城区骡马市大街194号	清 骡马市大街一九二号；民国 骡马市大街一九四号	馆舍建筑：已拆除
曲沃会馆	山西省	清	西城区珠市口西大街265号	清 虎坊桥大街五十六号；民国 虎坊桥五十七号	馆舍建筑：2000年拆除
曲沃会馆	山西省	清初	东城区同乐胡同	清 新开路；民国 新开路	馆舍建筑：已拆除
三晋会馆	山西省	清初	东城区同乐胡同	清 贾家花园；民国 贾家花园	馆舍建筑：已拆除
三晋会馆	山西省	清	东城区远望东街	清 阎王庙前街；民国 阎王庙前街	馆舍建筑：已拆除
三晋会馆（曾用名：三晋东馆）	山西省	清 道光九年(1829）	东城区北五老胡同	清 北五老胡同；民国 北五老胡同二十二号	馆舍建筑：已拆除

三晋会馆	山西省	清 康熙六年 （1667）	西城区骡马市大街9号	清 骡马市大街六十九号；民国 骡马市大街七十四号	馆舍建筑：2000年拆除
三晋会馆	山西省	清	西城区施家胡同7号	民国 施家胡同	馆舍建筑：已拆除
山西会馆（曾用名：山右三忠祠）	山西省	清	西城区上斜街37号	清 上斜街十四号；民国 上斜街十四号	馆舍建筑：20世纪50年代拆除
山西会馆（又称云山别墅）	山西省	清	西城区下斜街1号	清 下斜街一号；民国 下斜街一号	馆舍建筑：20世纪90年代拆改
山西会馆	山西省	清	东城区锦绣巷	清 鞭子巷四条；民国 鞭子巷	馆舍建筑：已拆除
山西会馆	山西省	清	东城区东晓市街	民国 东晓市	馆舍建筑：不详
山右会馆	山西省	清	东城区香乐胡同	清 铁香炉	馆舍建筑：不详
山右会馆	山西省	清	东城区铁香胡同	清 铁香炉	馆舍建筑：不详
太平会馆（曾用名：晋太高庙会馆、汾城会馆）	山西省	清 乾隆五十七年 （1792）	西城区红土店南里6号楼址	清 晋太高庙胡同；民国 晋太高庙十号	馆舍建筑：20世纪50年代拆除
太平会馆（曾用名：晋太平会馆）	山西省	清 乾隆年间	西城区百顺胡同巷内	清 百顺胡同巷内	早废
太平会馆（曾用名：太平试馆、汾城试馆）	山西省	清	西城区菜市口胡同46号	清 丞相胡同四十八号；民国 丞相胡同五十号	馆舍建筑：拆除；拆迁年代：2000年
太平会馆	山西省	清	西城区庄胜城小区域内	民国 德馆夹道八号	馆舍建筑：已拆除
太原会馆	山西省	清	西城区广内街道储库营15号	清 皮库营四号；民国 储库营四号	馆舍建筑：基本格局尚存；现用途：民居
太原会馆（曾用名：西晋会馆）	山西省	清	西城区广安门内大街352号	清 广安门内大街三三一号；民国 广安门内大街三三一号	馆舍建筑：20世纪90年代拆除

闻喜会馆	山西省	清	西城区宣武门外东河沿街	清 赶驴市二十三号；民国 赶驴市二十二号	馆舍建筑：20世纪90年代拆除
襄陵会馆	山西省	清	西城区铁树斜街96号	清 李铁拐斜街巷内	馆舍建筑：破损；现用途：民居
襄陵会馆	山西省	清	西城区潘家胡同9号	民国 潘家河沿五号	馆舍建筑：大部分已拆除；现用途：民居
襄陵会馆	山西省	清	不详	清 南下洼子巷内	馆舍建筑：不详
忻定南馆（曾用名：忻定试馆）	山西省	清	东城区苏州胡同53号	民国 苏州胡同二十六号	馆舍建筑：已拆除
阳平会馆（又称平阳会馆）	山西省	清	东城区小江胡同32–38号	清 小蒋家胡同；民国 小蒋家胡同	馆舍建筑：已修缮；现用途：刘老根大舞台演出场所
翼城会馆	山西省	清	西城区宣武门外大街125号	清 宣武门外大街巷内	馆舍建筑：已拆除
永济会馆	山西省	清	西城区宣武门外大街中段路东	清 宣武门外大街巷内；民国 宣武门外大街	馆舍建筑：已拆除
盂县会馆	山西省	清 嘉庆年间	西城区椿树上三条19号	清 椿树上三条；民国 椿树上二条十七号	20世纪90年代拆除
泽州会馆	山西省	清 道光年间	东城区东花市大街中段路北	民国 崇外中四条二十五号	馆舍建筑：已拆除
泽州会馆	山西省	清 道光年间	东城区晨光街10号红霞公寓西部	清 南夹道康家胡同；民国 南夹道康家胡同六号	馆舍建筑：已拆除
赵城会馆	山西省	清 乾隆年间	东城区刷子市胡同	清 刷子市；民国 刷子市胡同三十一号	馆舍建筑：不详
朝邑会馆	陕西省	清	西城区前孙公园胡同9号	清 前孙公园五号；民国 前孙公园五号	馆舍建筑：破损；现用途：民居
朝邑会馆	陕西省	清 乾隆五十五年（1790）	西城区臧家桥胡同1号	民国 臧家桥一号	馆舍建筑：已拆除
大荔会馆	陕西省	清	西城区铁鸟胡同20号	清 铁老鹳庙十号；民国 铁老鹳庙十五号	馆舍建筑：破损；现用途：民居
凤翔会馆（曾用名：凤翔八邑馆）	陕西省	清	西城区北极巷	清 北极庵四号；民国 北极庵四号	馆舍建筑：2003年拆除

凤翔会馆（曾用名：凤翔前馆）	陕西省	清	西城区椿树街道前青厂胡同15号	清 前青厂二号；民国 前青厂三号	馆舍建筑：2003年拆除
富平老馆	陕西省	明 天启年间	西城区南新华街58号	民国 小沙土园7号	无存
富平西馆	陕西省	明	西城区南新华街103号	清 玉皇庙五号；民国 南新华街十四号	馆舍建筑：2003年拆除
关中会馆（曾用名：关中北馆）	陕西省	清	西城区宣武门外大街167号	清 宣武门外大街七十六号；民国 宣武门外大街七十九号	馆舍建筑：2000年拆除
关中会馆（曾用名：关中南馆）	陕西省	清 乾隆二十七年（1762）	西城区保安寺街7号	清 保安寺街；民国 保安寺街四号	馆舍建筑：保存较好；现用途：民居
关中会馆（曾用名：关中东馆）	陕西省	清	西城区南新华街6号	民国 南新华街六十七号	馆舍建筑：不详
关中西馆	陕西省	清	西城区上斜街91、93号	清 上斜街；民国 上斜街三十六、三十七号及三十六号旁门	馆舍建筑：不详
韩城会馆（曾用名：韩城北馆）	陕西省	清 乾隆三年（1738）	西城区宣武门外大街8号庄胜崇光商场南座	清 宣武门外大街一八四号；民国 宣武门外大街二一〇号	馆舍建筑：20世纪90年代拆除
韩城会馆（曾用名：韩城南馆）	陕西省	清 嘉庆十年（1805）	西城区宣武门外大街8号庄胜崇光商场南座之南	清 宣武门外大街一八四号；民国 宣武门外大街二一〇号	馆舍建筑：20世纪90年代拆除
汉中会馆	陕西省	清	西城区前青厂胡同	不详	无存
汉中会馆（曾用名：南郑会馆）	陕西省	清 嘉庆年间	西城区前青厂胡同55号	清 前青厂巷内；民国 前青厂巷内	馆舍建筑：20世纪90年代拆除
汉中会馆（曾用名：汉中十二邑会馆、宁羌会馆）	陕西省	清 光绪二十六年(1900）	西城区烂缦胡同64号	清 烂缦胡同六十五号；民国 烂缦胡同七十九号	馆舍建筑：2003年拆除

汉中会馆（曾用名：宁羌会馆）	陕西省	清 道光年间	西城区烂缦胡同108号	民国 烂缦胡同五十一号	早废
郃阳会馆	陕西省	清 乾隆年间	西城区椿树园小区域内	清 椿树上二条十四号；民国 椿树上二条十四号	馆舍建筑：20世纪90年代拆除
华州会馆	陕西省	清	西城区椿树街道南柳巷20号	清 南柳巷五十九号；民国 南柳巷六十四号	馆舍建筑：改动颇多；现用途：民居
泾阳会馆（曾用名：泾阳老馆）	陕西省	明 天启年间	西城区樱桃斜街97号	清 樱桃斜街；民国樱桃斜街	馆舍建筑：破损；民居
泾阳会馆	陕西省	清 雍正年间	西城区大外廊营胡同8号	清 大外廊营巷内	无存
泾阳会馆（曾用名：泾阳西馆、泾阳新馆”）	陕西省	清 乾隆年间	西城区校场五条50号	清 教场五条巷内	无存
蒲城会馆（曾用名：蒲城老馆）	陕西省	明 天启年间	西城区虎坊路北口	清 东砖胡同	早废
蒲城会馆	陕西省	清 康熙十年(1671)	西城区铁鸟胡同30号	清 铁老鹳庙八号；民国 铁老鹳庙十号	馆舍建筑：破损；现用途：民居
蒲城会馆（曾用名：蒲城新馆）	陕西省	清 咸丰十一年 (1862)	西城区广内街道校场五条20号	清 教场五条三十六号；民国 校场五条三十九号	馆舍建筑：破损；现用途：民居
三原会馆(曾用名：三原老馆)	陕西省	清	西城区南新华街86号	民国 南新华街五十五号	早废
三原会馆	陕西省	清	西城区珠市口西大街249号	清 骡马市大街；民国 虎坊桥四十八号	馆舍建筑：已拆除
三原会馆(曾用名：三原西馆、三原新馆)	陕西省	清 乾隆四十六年（1781）	西城区广内街道校场头条1号	清 教场头条二号；民国 校场头条一号	馆舍建筑：破损；现用途：民居

三原会馆(曾用名：三原南馆)	陕西省	清	西城区潘家胡同17号	清 潘家河沿十号；民国 潘家胡同十号	馆舍建筑：已拆除
三原会馆	陕西省	清	西城区五道街50号	清 五道庙十八号；民国 五道庙十八号	馆舍建筑：2004年拆除
商山会馆	陕西省	清 光绪二十三年(1897）	西城区老墙根街41号	清 老墙根八号；民国 老墙根八号	馆舍建筑：破损；现用途：民居
渭南会馆（曾用名：渭南老馆）	陕西省	清 康熙年间	西城区潘家胡同	清 潘家河沿；民国潘家河沿	早废
渭南会馆	陕西省	清 康熙年间	西城区前孙公园胡同6号	清 前孙公园胡同；民国 前孙公园四十九号	馆舍建筑：2003年拆除
渭南会馆	陕西省	清中晚期	西城区琉璃巷4号	清 八角琉璃井；民国 八角琉璃井九号	馆舍建筑：破损；现用途：民居
渭南会馆	陕西省	清中晚期	西城区前门西河沿188号	清 西河沿；民国 前门西河沿街二〇一号	馆舍建筑：破损；现用途：民居
渭南会馆	陕西省	清中晚期	西城区臧家桥胡同15号	民国 臧家桥六号	馆舍建筑：破损；现用途：民居
咸长会馆	陕西省	清	西城区宣武门外大街97号	清 宣武门外大街四十五号	馆舍建筑：2000年拆除
咸长西馆（曾用名：长安会馆"	陕西省	清	西城区校场五条27号	清 教场五条；民国校场五条二十二号	馆舍建筑：破损；现用途：民居
延安会馆	陕西省	明	西城区四川营胡同7号	清 四川营四号；民国 四川营五号	馆舍建筑：2003年拆除
延安会馆	陕西省	清	西城区骡马市大街东段	民国 骡马市大街五号	无存
延定会馆	陕西省	明	西城区铁树斜街100号	民国 李铁拐斜街	馆舍建筑：破损；现用途：民居
榆林会馆	陕西省	清 康熙年间	西城区前青厂胡同56号	清 前青厂十九号；民国 前青厂二十四号	馆舍建筑：20世纪90年代拆除
榆林会馆	陕西省	清 同治年间	西城区庄胜城	民国 后青厂胡同路西	馆舍建筑：已拆除
云间会馆（曾用名：松江会馆）	上海市	清中前期	东城区大江胡同112号	民国 大蒋家胡同一二六号	馆舍建筑：已重修；现用途：纳入台湾会馆

云间会馆（曾用名：松江会馆）	上海市	清	西城区延寿街7号左近	清 延寿寺街巷内	馆舍建筑：已拆除
云间会馆（曾用名：松江会馆）	上海市	清	西城区菜市口大街中段	民国 官菜园上街四十二号	馆舍建筑：已拆除
云间会馆（曾用名：松江会馆）	上海市	清	西城区大外廊营胡同18号左近	民国 大外郎营二十五号	馆舍建筑：基本完整；现用途：民居
云间会馆（曾用名：云间惜字馆义学）	上海市	清乾隆三十九年（1774）	西城区梁家园北胡同7号	民国 梁家园后身五、六、七号	馆舍建筑：破损；现用途：学校
成都会馆（曾用名：成都郡馆）	四川省	明	西城区珠朝街7号、9号	清 珠巢街三号；民国 珠巢街三号	馆舍建筑：2006年拆除
成都邑馆	四川省	清	西城区菜市口大街中段	民国 官菜园上街二十八号	馆舍建筑：已拆除
川东会馆	四川省	清	西城区棉花头条	清 棉花头条巷内	馆舍建筑：已拆除
川东会馆	四川省	清	西城区官菜园上街8号	清 官菜园上街二十五号；民国 珠巢街甲十二号	馆舍建筑：2006年拆除
川南会馆	四川省	清	西城区椿树街道宣武门外大街30号	清 宣武门外大街巷内；民国 宣武门外大街一九〇号	馆舍建筑：已拆除
川西会馆（曾用名：川西新馆、蜀中先贤祠）	四川省	清	西城区校场三条27号	清 教场上、下三条；民国 校场三条十八号	馆舍建筑：破损；现用途：民居
夔州会馆（又称“夔府会馆”）	四川省	清同治十二年(1873）	西城区山西街3号	清 山西街二号；民国 山西街二号	馆舍建筑：破损；现用途：民居

龙绵会馆	四川省	清 乾隆年间	西城区粉房琉璃街29号	清 粉房琉璃街十号；民国 粉房琉璃街十一号	馆舍建筑：已拆除
泸州会馆（曾用名：泸州郡馆、泸县会馆）	四川省	清 光绪初年	西城区迎新街63号	清 延旺庙街二十一号；民国 延旺庙街三十三号	馆舍建筑：已拆除
全蜀会馆	四川省	明末	西城区宣武门外大街新8号“庄胜广场”域内	清 永光寺西街二号；民国 永光寺西街三号	馆舍建筑：20世纪90年代拆除
四川会馆（曾用名：四川老馆）	四川省	明末	西城区棉花上七条1号	清 棉花上七条；民国 棉花上七条一号	馆舍建筑：破损；现用途：民居
四川会馆（曾用名：四川西馆）	四川省	清 雍正年间	西城区储库营17号	清 储库营；民国 储库营五号	馆舍建筑：多有改动；现用途：民居
四川会馆（曾用名：四川总馆）	四川省	清 道光年间	西城区广安门内大街2号	民国 北半截胡同四号	馆舍建筑：2000年拆除
四川会馆（曾用名：四川东馆）	四川省	清	西城区山西街	清 山西街十七号；民国 山西街	馆舍建筑：20世纪50年代拆除
四川会馆（曾用名：四川东馆）	四川省	清	西城区陕西巷35号	民国 陕西巷十七号	馆舍建筑：破损；现用途：民居
四川会馆（曾用名：四川分馆）	四川省	清	西城区前青厂胡同巷内	清 前青厂巷内	馆舍建筑：拆除
四川会馆（曾用名：四川中馆）	四川省	清	西城区庄胜城范围内	民国 后青厂	馆舍建筑：已拆除
四川会馆（曾用名：四川新馆）	四川省	清末	西城区校场小七条13号	民国 东小横胡同	馆舍建筑：破损；现用途：民居
潼川会馆	四川省	清 同治十年（1871）	西城区北半截胡同20号	清 北半截胡同二十六号；民国 北半截胡同四十三号	馆舍建筑：2000年拆除

叙府会馆（曾用名：叙州会馆）	四川省	清	西城区后铁厂胡同8号	清 后铁厂六号；民国 后铁厂七号	馆舍建筑：2004年拆除
叙府会馆	四川省	清	西城区魏染胡同29号	民国 魏染胡同十二号	馆舍建筑：破损；现用途：民居
重庆会馆	四川省	清	西城区菜市口大街	清 丞相胡同巷内	馆舍建筑：已拆除
重庆会馆	四川省	清	西城区永光寺中街	清 永光寺中街巷内；民国 永光中街	馆舍建筑：20世纪90年代拆除
重庆会馆	四川省	清	西城区米市胡同94号	清 米市胡同五十七号；民国 米市胡同六十六号	馆舍建筑：破损；现用途：民居
台湾会馆(曾用名：福建全台会馆)	台湾省	清 光绪十九年（1893）	西城区后铁厂胡同20号	清 后铁厂巷内	早废
台湾会馆(曾用名：全台新馆)	台湾省	清 光绪二十二年（1896）	东城区大江胡同114号	清 铁门胡同；民国 大蒋家胡同一二七号	馆舍建筑：已修缮扩建；现用途：交流、展览
天津会馆（曾用名：天津老馆）	天津市	清中前期	西城区粉房琉璃街89号	清 粉房琉璃街；民国 粉房琉璃街巷内	馆舍建筑：已拆除
天津会馆（曾用名：天津同乡试馆)	天津市	清	东城区珠市口东大街219号	清 东珠市口；民国 东珠市口	馆舍建筑：已拆除
理化会馆	云南省	清	西城区福州馆街19号	清 崇兴寺三号；民国 崇兴寺三号	馆舍建筑：破损；现用途：民居
云南会馆（曾用名：云南老馆）	云南省	明 崇祯年间	东城区朝阳门内北小街	清 朝阳门内北小街	无存
云南会馆（曾用名：云南北馆）	云南省	清 顺治十六年（1659）	西城区校场头条7号	清 教场头条四号；国民 校场头条三号	馆舍建筑：破损；现用途：民居
云南会馆（曾用名：赵公祠、云南西馆）	云南省	清 乾隆二年（1737）	西城区法源寺前街11号	清 法源寺前街三号；民国 法源寺前街	馆舍建筑：2003年拆除

云南会馆（曾用名：云南南馆）	云南省	清	西城区迎新街67号	清 延旺庙街二十三号；民国 延旺庙街三十五号	馆舍建筑：破损；现用途：民居
云南会馆（曾用名：云南新馆）	云南省	清 同治年间	西城区珠朝街4号	清 珠巢街二十一号；民国 珠巢街二十四号	馆舍建筑：破损；现用途：民居
云南会馆	云南省	清	西城区铁门胡同53号	民国 铁门胡同二十三至二十六号	馆舍建筑：已拆除
云南会馆	云南省	清	西城区南新华街49号	民国 南新华街八号	馆舍建筑：破损；现用途：门面房
云南会馆	云南省	清	西城区门楼巷5号	民国 门楼胡同三号	馆舍建筑：破损；现用途：民居
云南会馆	云南省	清	西城区米市胡同61号	民国 米市胡同二十七号	馆舍建筑：待拆；现用途：民居
云澄试馆（曾用名：云澄会馆）	云南省	清	北京市东城区北京站右侧	清 鲜鱼巷；民国 姜察胡同	馆舍建筑：已拆除
昭通会馆	云南省	清	西城区校场五条32号	民国 校场五条三十五号	馆舍建筑：破损；现用途：民居
常山会馆	浙江省	清	东城区新革路	清 新开路；民国 新开路	馆舍建筑：已拆除
处州会馆	浙江省	清 道光年间	西城区西砖胡同17号	清 西砖胡同六号；民国 西砖胡同六号	馆舍建筑：破损；现用途：民居
慈溪会馆	浙江省	清 光绪年间	西城区中兵马街5号	清 兵马司中街；民国 兵马司中街四号	馆舍建筑：破损；现用途：民居
慈溪试馆	浙江省	清 嘉庆年间	东城区大纱帽胡同	清 小甜水井；民国 小甜水井九号	馆舍建筑：已拆除
归安会馆（曾用名：吴兴会馆）	浙江省	清	西城区广内街道金井胡同1号	清 金井胡同；民国 金井胡同	馆舍建筑：基本格局完整；现用途：民居
海昌会馆	浙江省	明末	西城区教佳胡同4号、6号	清 敫家坑十号；民国 敫家坑九、十号	馆舍建筑：已拆除
海昌会馆	浙江省	清初	东城区铁香胡同	清 铁香炉	早废
杭州会馆（曾用名：杭郡会馆）	浙江省	清	东城区西裱褙胡同	清 裱褙胡同；民国 裱褙胡同十四号	馆舍建筑：已拆除
杭州会馆（曾用名：仁钱会馆）	浙江省	清 道光年间	西城区珠市口西大街255号	清 虎坊桥大街五十号；民国 虎坊桥大街五十二号	馆舍建筑：2000年拆除

杭州会馆	浙江省	清	西城区潘家胡同30号	民国 潘家河沿六十号	馆舍建筑：拆迁中
杭州会馆（曾用名：武林会馆）	浙江省	清	东城区长巷头条	清 长巷头条；民国 长巷头条	早废
湖州会馆（曾用名：吴兴会馆）	浙江省	清	西城区北半截胡同25号	清 北半截胡同十二号；民国 北半截胡同十三号	馆舍建筑：2000年拆除
湖州会馆	浙江省	清	西城区宣武门外大街1号	民国 上斜街十五号	馆舍建筑：已拆除
湖州会馆	浙江省	清	西城区珠市口西大街中段	民国 西柳树井	馆舍建筑：已拆除
湖州会馆	浙江省	清	西城区潘家胡同29号	民国 潘家河沿十六号	馆舍建筑：拆迁中
黄岩会馆	浙江省	清	西城区石头胡同	清 石头胡同；民国 石头胡同巷内	馆舍建筑：已拆除
黄岩会馆	浙江省	清	西城区庄胜城区域内	清 周家大院二号；民国 周家大院三号	馆舍建筑：2003年拆除
嘉兴会馆（曾用名：嘉兴六邑馆）	浙江省	清 光绪初年	西城区南横东街59号	清 南横街五号；民国 南横街五号	馆舍建筑：已拆除
嘉兴会馆	浙江省	清 雍正年间	西城区粉房琉璃街95号	民国 粉房琉璃街四十三号	馆舍建筑：已拆除
江山会馆	浙江省	清	西城区香炉营头条	清 香炉营头条巷内	早废
江山会馆	浙江省	清	东城区南深沟胡同	清 深沟口	早废
金华会馆	浙江省	清	东城区东晓市街	清 苏家坡；民国 苏家坡四号	馆舍建筑：已拆除
兰溪会馆	浙江省	清	东城区西晓市街	清 估衣市（南小市）；民国 估衣市（南小市）	早废
乐清会馆	浙江省	清	西城区广安东里	民国 广安东里巷内	馆舍建筑：已拆除
宁波会馆	浙江省	清	东城区北五老胡同	清 北五老胡同；民国 北五老胡同	馆舍建筑：已拆除
宁波会馆（曾用名：宁波试馆）	浙江省	不详	东城区大纱帽胡同10号	民国 小甜水井六号	馆舍建筑：已拆除

全浙会馆	浙江省	清 康熙年间	西城区长椿街45号及以东	清 下斜街；民国 下斜街三十五至三十九号及三十九号旁门	馆舍建筑：2003年全部拆除
全浙会馆（曾用名：全浙新馆）	浙江省	清	西城区南横东街95号	清 南横街二十七号；民国 南横街二十二号	馆舍建筑：已拆除
全浙会馆	浙江省	清 嘉庆年间	西城区长春苑文化广场	民国 妙光阁一号	馆舍建筑：已拆除
全浙会馆	浙江省	清中晚期	西城区长椿街	民国 妙光阁五号	馆舍建筑：已拆除
仁钱会馆	浙江省	清 乾隆年间	西城区珠市口西大街77号	清 西柳树井五十四号；民国 西柳树井四十四号；	馆舍建筑：1992年拆除
仁钱会馆（曾用名：仁和会馆）	浙江省	清	西城区广安胡同	民国 老墙根二十七、二十八号	无存
仁钱会馆	浙江省	清	西城区老墙根街107号	民国 老墙根三十一号	无存
仁钱会馆	浙江省	清	西城区铁树斜街29号	民国 李铁拐斜街十二号	馆舍建筑：破损；现用途：民居
上虞会馆	浙江省	清 道光初年	西城区韩家胡同	清 韩家潭十六号	馆舍建筑：已拆除
上虞会馆	浙江省	清 咸丰年间	西城区佘家胡同36号	民国 佘家胡同二十四号	馆舍建筑：部分拆除；现用途：民居
绍兴会馆	浙江省	清 道光九年（1829）	西城区牛街街道南半截胡同7号	清 南半截胡同四号；民国 南半截胡同四号	馆舍建筑：拆改严重；现用途：民居
绍兴会馆（曾用名：绍兴北馆）	浙江省	清	西城区上斜街48号	民国 上斜街五十六号	馆舍建筑：破损；现用途：民居
绍兴会馆（曾用名：绍兴县馆）	浙江省	清	西城区南半截胡同14号	民国 南半截胡同三十二、三十三号	馆舍建筑：破损；现用途：民居
绍兴会馆（曾用名：绍兴县馆）	浙江省	清	西城区广安门内大街6号	民国 烂缦胡同二十六号	馆舍建筑：已拆除

台州会馆	浙江省	清 乾隆年间	西城区后孙公园胡同10号	清 后孙公园十号；民国 后孙公园十号	馆舍建筑：破损；现用途：民居
台州会馆（曾用名：台州分馆）	浙江省	清	西城区下斜街13号	民国 下斜街七号	馆舍建筑：破损；现用途：民居
温州会馆（曾用名：温州老馆、浙瓯会馆）	浙江省	清 道光五年（1825）	东城区冰窖斜街	清 冰窖胡同；民国 冰窖斜街七号	馆舍建筑：不详
温州会馆	浙江省	清	西城区校场头条23号	民国 校场头条十号	馆舍建筑：破损；现用途：民居
温州会馆（曾用名：温州新馆）	浙江省	清 光绪年间	西城区校场五条28号	清 教场五条三十四号；民国 校场五条三十七号	馆舍建筑：拆改严重；现用途：民居
武郡会馆	浙江省	清	不详	清 正阳门内东城根；民国 正阳门内东城根	馆舍建筑：不详
萧山会馆	浙江省	清	西城区前门西河沿街192号	清 西河沿二〇三号；民国 西河沿二〇〇号	馆舍建筑：基本完整；现用途：民居
严州会馆（曾用名：严陵会馆）	浙江省	不详	东城区银丝胡同	民国 银丝胡同一号	馆舍建筑：已拆除
严州会馆（曾用名：严陵会馆）	浙江省	清	东城区珊瑚胡同	清 石虎胡同；民国 石虎胡同	馆舍建筑：已拆除
严州会馆	浙江省	清	西城区大外廊营胡同	清 大外廊营巷内	馆舍建筑：不详
严州会馆	浙江省	清	东城区北五老胡同	清 北五老胡同；民国 北五老胡同	馆舍建筑：已拆除
严州会馆（曾用名：严陵会馆）	浙江省	清	西城区石头胡同	不详	馆舍建筑：破损；现用途：民居
鄞县会馆	浙江省	明	东城区薛家湾胡同11号	清 薛家湾；民国 薛家湾胡同	馆舍建筑：待拆中

鄞县会馆	浙江省	清 乾隆年间	西城区福州馆街6号	清 南下洼子巷内	早废
鄞县会馆	浙江省	清	东城区大纱帽胡同	民国 小甜水井五号	馆舍建筑：已拆除
鄞县西馆	浙江省	清	西城区盆儿胡同55号	民国 盆儿胡同八号	馆舍建筑：已拆除
余姚会馆（曾用名：姚江会馆）	浙江省	清	西城区姚江胡同1号	清 姚江会馆夹道一号；民国 姚江会馆夹道一号	馆舍建筑：破损；现用途：民居
余姚会馆	浙江省	清	西城区潘家胡同18号	清 潘家河沿巷内；民国 潘家河沿六十九号	早废
余姚会馆	浙江省	清	西城区小沙土园胡同12号	民国 小沙土园	馆舍建筑：已拆除
浙江会馆	浙江省	清 乾隆年间	西城区宣武门外大街111号	民国 宣武门大街五十四号	馆舍建筑：已拆除
浙江会馆	浙江省	清	西城区北线阁2号	民国 北线阁二十六号	馆舍建筑：已拆除
浙江会馆	浙江省	清	西城区上斜街37号	民国 上斜街十八号	馆舍建筑：已拆除
浙江会馆	浙江省	清	西城区校场大六条1、3号	民国 校场大六条一、二号	馆舍建筑：破损；现用途：民居
浙江会馆	浙江省	清	西城区铁门胡同106号	民国 铁门胡同六号	馆舍建筑：破损；现用途：民居
浙江会馆（曾用名：浙江学会、浙江旅京学会）	浙江省	清	西城区佘家胡同15、17号	清 佘家胡同；民国 佘家胡同八号	馆舍建筑：破损；现用途：民居
浙江会馆	浙江省	清	西城区樱桃斜街95号	民国 樱桃斜街四十四号	馆舍建筑：破损；现用途：民居
浙江会馆	浙江省	清	西城区中信城	民国 兵马司中横街二号	馆舍建筑：已拆除
浙江会馆	浙江省	清	西城区中信城	民国 米市胡同五十七号	馆舍建筑：已拆除
浙江会馆	浙江省	清	西城区粉房琉璃街33号	民国 粉房琉璃街十三号	馆舍建筑：已拆除
浙绍会馆（曾用名：越中先贤祠、浙绍乡祠）	浙江省	明	西城区珠市口西大街148号	清 虎坊桥大街；民国 虎坊桥一一四号	馆舍建筑：2000年大部分拆除；现用途：民居

浙绍会馆	浙江省	清	西城区校场口56号	民国 校场口四十四号	馆舍建筑：已拆除
浙绍会馆	浙江省	清	西城区校场三条12号	民国 校场三条四十四号	馆舍建筑：破损；现用途：民居
浙绍会馆	浙江省	清	西城区潘家胡同65号	民国 潘家河沿三十三号	馆舍建筑：已拆除
镇海试馆	浙江省	清	东城区大纱帽胡同8号	民国 小甜水井四号	馆舍建筑：已拆除
才盛会馆	不详	清	西城区宣武门外大街	清 宣武门外大街；民国 宣武门外大街巷内	馆舍建筑：不详
德宁会馆	不详	清	西城区迎新街	清 阎旺庙街三十六号	馆舍建筑：拆迁中

参考文献

1. [元]脱脱：《金史》，中华书局，1975年。
2. 李华：《明清以来北京工商会馆碑刻选编》，文物出版社，1980年。
3. [清]潘荣陛：《帝京岁时纪胜》，北京古籍出版社，1981年。
4. [清]朱一新：《京师坊巷志稿》，北京古籍出版社，1982年。
5. [元]熊梦祥：《析津志辑佚》，北京古籍出版社，1983年。
6. [明]刘侗、[明]于奕正：《帝京景物略》，北京古籍出版社，1983年。
7. [清]于敏中：《日下旧闻考》，北京古籍出版社，1983年。
8. 林克光、王道成：《近代京华史迹》，中国人民大学出版社，1985年。
9. 侯仁之：《北京历史地图集》，北京出版社，1986年。
10. [清]周家楣、[清]缪荃孙：《光绪顺天府志》，北京古籍出版社，1987年。
11. 北京市文物事业管理局：《北京名胜古迹辞典》，北京燕山出版社，1988年。
12. [清]陈宗蕃：《燕都丛考》，北京古籍出版社，1991年。
13. [明]张爵：《京师五城坊巷胡同集．京师坊巷志稿》，北京古籍出版社，1991年。
14. 东城区地名志编纂委员会：《北京市东城区地名志》，北京出版社，1992年。
15. 崇文区地名志编纂委员会：《北京市崇文区地名志》，北京出版社，1992年。
16. 西城区地名志编纂委员会：《北京市西城区地名志》，北京出版社，1992年。
17. 海淀区地名志编辑委员会：《北京市海淀区地名志》，北京出版社，1992年。
18. 宣武区地名志编纂委员会：《北京市宣武区地名志》，北京出版社，1993年。
19. 汤锦程：《北京的会馆》，中国轻工业出版社，1994年。
20. 北京市对外文化交流协会、北京市宣武区地方志编纂委员会：《北京湖广会馆志稿》，北京燕山出版社，1994年。
21. 胡春焕、白鹤群：《北京的会馆》，中国经济出版社，1994年。
22. 胡玉远：《燕都说故》，北京燕山出版社，1996年。
23. 北京市档案馆：《北京会馆档案史料》，北京出版社，1997年。
24. 王世仁：《宣南鸿雪图志》，中国建筑出版社，1997年。
25. 北京市教育志编纂委员会：《北京普通教育志稿》，北京出版社，1998年。
26. 同安县地方志编纂委员会：《同安县志》，中华书局，2000年。
27. 冯小川：《北京名人故居》，人民日报出版社，2001年。
28. 王灿炽：《北京安徽会馆志稿》，北京燕山出版社，2001年。
29. 桂栖鹏：《元代进士研究》，兰州大学出版社，2001年。
30. 中国会馆志编纂委员：《中国会馆志》，方志出版社，2002年。
31. 李诚：《北京历史舆图集》，外文出版社，2005年。
32. 陈平、王世仁：《东华图志：北京东城史迹录》，天津古籍出版社，2005年。
33. 俞启定：《书院北京》，旅游教育出版社，2005年。
34. 朱保炯、谢沛霖：《明清进士题名碑录索引》，上海古籍出版社，2006年。
35. 王熹、杨帆：《会馆》，北京出版社，2006年。
36. 潘荣胜：《明清进士录》，中华书局，2006。

37. 江庆柏：《清朝进士题名录》，中华书局，2007年。
38. 段柄仁：《北京胡同志》，北京出版社，2007年。
39. 李金龙、孙兴亚：《北京会馆资料集成》，学苑出版社，2007年。
40. 刘仲华：《北京教育史》，人民出版社，2008年。
41. 北京市文物局：《北京文物地图集》，科学出版社，2009年。
42. 杨刚：《儒学之旅：全国孔庙、书院、贡院、考棚完全手册》，外语教学与研究出版社，2009年。
43. 陶易：《唐代进士录》，安徽大学出版社，2010年。
44. 白继增：《北京宣南会馆拾遗》，中国档案出版社，2011年。
45. 鲁天龙：《北京东城学校老照片：追寻中国教育历史印记》，中华书局，2012年。
46. 北京市台湾同胞联谊会：《台湾会馆与同乡会》，北京大学出版社，2012年。
47. 李桂芝：《辽金科举研究》，中央民族大学出版社，2012年。
48. 刘虹、石焕霞、张森：《清代直隶科举研究》，科学出版社，2012年。
49. 王日根：《中国老会馆的故事》，山东画报出版社，2014年。
50. 周向华、张翔：《北平泾县会馆录汇辑》，安徽师范大学出版社，2014年。

后 记

2015年岁末，师毅、王文慧、包纪波、见世君四位馆员编著的《北京科举地理：金榜题名的历史遗迹》行将付梓。这是2008年东城区图书馆参考咨询部成立后，将科举专题研究与地方文献工作结合而成的力作，且是四位青年馆员独立而为，可喜可贺。

1998年，图书馆收到中国人事出版社的一封来信，希望双方合作，收集、挖掘、整理中国古代科举人物资料，编辑出版，以飨社会。对此，董海馆长极为重视，安排肖佐刚、王鸿鹏、王凯贤、张荫堂承接此任务。八个月后，第一部由图书馆馆员自己编著的《中国历代状元传略》问世，被评为该社优秀图书，印数1万册，行销一空。

2000年世纪之交，解放军出版社陈未央老师将《中国历代状元传略》介绍给马成翼编辑，马老师希望图书馆编著《中国历代武状元》，并收集榜眼、探花资料，以填补空白。2001年，《中国历代武状元》问世，印数1万，行销再次告罄。2004年，《中国历代榜眼》、《中国历代探花》与修订后的《中国历代武状元》、《中国历代文状元》编为丛书，一同出版。2007年至2010年，解放军出版社又陆续为图书馆出版《历代科举名人诗画丛书》10余册。

2008年起，本馆以相对丰厚的科举文献为基础，建立“科举辑萃”数据库。2009年，中华炎黄文化研究会科举文化专业委员会将“科举辑萃”指定为该会学术指导网站。

2013年至2014年，东城区创建国家公共文化服务体系示范区，图书馆迎来更好的发展环境。《北京科举地理：金榜题名的历史遗迹》由东城区文化委出资出版，是对两代馆员工作的进一步肯定与支持。此前图书馆编著的科举图书，大多由出版社投资出版。

1998年至2015年，18年两代人的风雨兼程，默默耕耘，使图书馆科举专题研究小有所成。从1998年四位馆员的兼职，到2009年起四位馆员的专职；从第1册到第18册，图书馆平均一年一部书，砥砺前行。

在18年科举专题研究中，图书馆得到了方方面面有识之士的帮助。为此，今天的我们应该记住他们，感谢他们：

感谢1998年中国人事出版社侯福兴社长，石中元、姚松柳编辑，是你们给了图书馆馆员一个难得的机会；感谢董海、包靖国、何银山三位馆长的决策；感谢2000年解放军出版社马成翼、陈未央老师帮助图书馆推出《科举人物系列丛书》；感谢2007年首都图书馆倪晓建馆长、东城区文化委程永涛主任对“科举辑萃”数据库建设的支持；感谢2015年东城区文化委李承刚主任、王伟东书记、魏瑞峰副主任对《北京科举地理：金榜题名的历史遗迹》编辑、出版的支持；需要感谢的还有王鸿鹏、王凯贤、张荫堂、周惠几位已退休的馆员，感谢你们在困难之时的坚守。

2016年，图书馆将迎来自己的60周年生日。站在60年历史的坐标点上，此书的出版将是一个新起点。

肖佐刚

2015年12月8日